협동조합으로 지역경제 살리기

고령화와 자동화 시대의 해법

협동조합으로
지역경제 살리기

고령화와 자동화 시대의 해법

고재명 지음

Cooperative Firms and
the Sustainable Development Goals

한울
아카데미

차 례

제2부 21세기에 왜 협동조합이 필요한가

제3부 협동조합운동을 어떻게 확산시킬 것인가

나혜림 로사리아에게
깊은 감사를 표합니다

감사의 글

필자는 오랜 기간 개발협력 분야의 현장과 정책 업무에 종사하면서 개도국의 소득을 증대하기 위해서는 민간 주도의 고용 창출이 핵심적인 역할을 해야 한다는 결론에 도달했고, 협동조합에서 그 해법을 찾았다. 이러한 통찰은 이 책을 집필하는 데 지대한 영향을 미쳤다. 이 분야로 이끌어 주신 최중경 전 지식경제부 장관, 김성환 전 외교부 장관, 박은하 전 영국대사께 깊은 감사의 말씀을 드린다. 협동조합운동과 관련해 사고를 확대하는 과정에서 많은 분의 도움을 받았다. 장승권 성공회대 교수, 수재나 모어헤드(Susanna Moorehead) 경제협력개발기구(OECD) 개발원조위원회(DAC) 의장, 테아 룬 크리스티안센(Thea Lund Christiansen) 개발원조위원회 부의장, 닥터 재클린 우드(Dr. Jacqueline Wood) OECD 개발협력국(DCD) 시민사회팀장, 미스터 데이비드 K. 오보뇨(Mr. David K. Obonyo) 케냐 농업부 협동조합 담당 차관께도 사의를 표한다. 또한 여러 이슈에 대한 이해를 넓히는 과정에서 최종문 전 외교차관, 한국보건사회연구원(KIHASA)의 고혜진 박사, 한국국제협력단(KOICA) 케냐 사무소장 임장희 박사, 산업통상자원부 김용태 재생에너지산업과장, 고용노동부 양현수 안전보건감독기획과장의 도움도 받았다. 출판 과정에서 로스 앤서니(Ross Anthony) 박사의 통찰력 있는 코멘트와 편집은 책의 균형과 깊이를 확보하는 데 큰 도움이 되었다. 또한 주OECD대표부의 최원봉 박사와 기획재정부의 장준혁 연구원에게도 자료 조사와 관련해 감사의 마음을 전한다. 이 책을 출판하는 과정에서 한울엠플러스(주) 윤순현 부장과 신순남 팀장의 조언도 매우 유용했다. 마지막으로 사랑과 기도로 격려해 준 부모님께도 깊이 감사드린다.

　이 책에 포함된 내용은 오로지 필자 본인의 견해이며, 필자와 연관된 어떠한 기구나 정부 부처의 입장도 대변하지 않는다. 책 내용에 대한 모든 책임은 필자에게 있다. 이 책의 내용은 2022년 12월을 기준으로 작성되었으며, 가능한 범위 내에서 그 이후 시점의 내용도 반영하기 위해 노력했다.

서문

21세기 들어 고령화와 자동화의 물결은 선진국과 개도국 공히 피해 갈 수 없는 하나의 현실이 되었다. 이러한 시대적 어젠다에 대해 협동조합이 중요한 해법을 제공할 수 있다는 점을 논증하기 위해 필자는 이 책을 집필했다.

그간 경제학계 및 정책수립자 그룹은 시장경제에서 협동조합형 기업이 가진 잠재력을 그다지 높게 평가하지 않는 경향이 있었으나, 필자는 이 책을 통해 그러한 고정관념을 깨뜨리고자 시도했다(제2장 참조). 오늘날 기업의 형태는 '투자자 소유형 기업'과 '협동조합형 기업'으로 양분할 수 있다. 시장경제를 1차 산업(농수산업), 2차 산업(제조업), 3차 산업(서비스업)으로 구분할 때, 1차 산업과 3차 산업에서는 협동조합형 기업이 일반 투자자 소유형 기업보다 시장경쟁력과 생존율이 높다는 것이 다양한 현장 사례와 함께 직관적으로 논증되었다. 자동화로 인해 일자리 창출이 점점 어려워지는 현실을 감안하면, 2차 산업보다 자동화의 영향을 상대적으로 적게 받는 1차 산업과 3차 산업에서 협동조합형 기업이 투자자 소유형 기업보다 경쟁력이 더 높다는 것은 고용 창출 측면에서 매우 희망적이다. 또한 고령화로 인해 국가 재정의 지속가능성에 위기가 도래할 것으로 예측되고 있으므로, 협동조합형 기업을 육성해서 고령 인력과 여성 인력층을 노동시장으로 흡수한다면, 개인의 소득이 증가하는 것은 물론이고 국가 재정의 지속가능성에도 상당히 이바지할 수 있을 것이다. 결론적으로, 필자는 이 책을 통해 세 가지 목표를 추구하고자 한다.

첫째, 협동조합의 잠재력을 객관적으로 조명함으로써 주류 경제학계에서 협동조합에 대한 이론적 관심과 연구를 재점화하는 데 도움이 되었으면 한다.

둘째, 국내적·국제적으로 정책수립자들이 중소기업 지원 정책을 수립할 때 참고가 되었으면 한다. 아울러 개도국에서 협동조합을 확산시키기 위해 공적개발원조(이하 ODA)가 기여할 수 있다는 점도 알리고 싶다. 개도국도 고령화와 자동화라는 시대적 물결을 피해갈 수 없기 때문에 이 책의 정책 권고가 개도국에서도 시사성을 가질 것이다.

셋째, 협동조합 창업을 희망하는 일반인들에게는 창업 가이드라인으로 활용되었으면 한다. 협동조합의 생존율을 높이기 위해서는 무엇보다도 일반인들이 협동조합의 강점을 직관적으로 이해하고 이를 자신의 현장 사업전략에 쉽게 반영하는 것이 관건이다. 협동조합 논의가 추상적인 철학적 논쟁으로 흐르지 않도록 다양한 현장 사례와 단순한 논리를 통해 협동조합의 장점을 분석한 것이 이 책의 강점이다. 물론 일부 장(제4장과 제10장)에서는 다소 깊은 학문적 논의를 진행하지만 대부분은 일반인의 입장에서 이해할 수 있고 유용하게 받아들일 수 있는 내용이다.

기획재정부에서는 국가협동조합육성계획을 3년마다 수립, 시행하고 있다. 우리나라가 1960~1980년대에 국가 주도로 압축경제성장을 이룬 것처럼, 협동조합 분야도 2012년 이후로 국가 주도로 압축성장을 이루고 있다. 그 결과 협동조합 수가 2013년 1,206개에서 2023년 2만 3,562개로 약 20배 성장했다. 이러한 성장세는 앞으로도 지속될 것으로 예상된다. 따라서 우리나라의 협동조합 발전 사례는 (과거 '한국형 경제발전 모델'처럼) 국제적으로 '한국형 협동조합 발전 모델'로 자리 잡을 것으로 예상된다. 그리고 많은 국가로부터 우리의 경험을 알려달라는 요청을 받을 것으로 예상된다. 따라서 이 책은 국내 최초로 최근의 한국 협동조합 제도의 발전 과정과 정책 사례를 구체적으로 이론화하고 분석하고 있다는 점에서도 의미가 있다(제8장, 제9장 참조).

서론
—

이 책의 접근법

전 세계적으로 경제적 불평등이 악화되고 인류 문명의 지속가능성도 위협받고 있는 현실 속에서, 최근 협동조합과 대안적 경제이론/정책에 대한 관심이 증가하고 있다. 이 책은 협동조합이 21세기에 양질의 일자리를 창출하고 경제적 불평등을 감소시키는 데서 중요한 역할을 수행할 수 있다는 점을 논증하고, 정책수립자들이 협동조합에 대한 정책 논의를 재점화해야 한다고 주장한다.

이와 같은 논지를 전개하기 위해, 이 책은 먼저 경제적 불평등의 원인 가운데 노동소득과 관련된 원인을 두 가지로 압축한다. 하나는 자본소득이 노동소득보다 빠르게 증가한다는 것이고, 또 하나는 노동시장이 점점 더 양극화되어 간다는 것이다. 『21세기 자본론』(2014)을 저술한 토마 피케티(Thomas Piketty)와 같은 부류의 학자들은 주로 자본소득에 대한 과세를 주장하면서 시장경쟁에서의 '승자'를 견제하려고 한다.

하지만 이 책은 중저임금 노동자들의 노동임금 증대를 주장하면서 '패자'를 지원하는 방안에 초점을 둔다.

이 책의 주요 특징은 다음과 같다. 첫째, 협동조합이 경제적 불평등을 완화하기 위한 글로벌 캠페인에서 중심적인 역할을 할 것을 제안한다. 2018년 마르크 플뢰르배이(Marc Fleurbaey) 및 300명이 넘는 사회과학자들은 거시적인 관점에서 '협동조합운동과 이해관계자 자본주의(Stakeholder Capitalism)'를 경제적 불평등을 완화시키기 위한 '제3의 길'로 주목한 바 있다(Fleurbaey et al., 2018). 이를 기초로 이 책은 미시적인 관점에서 협동조합이 양질의 일자리를 창출하고 불평등을 완화시키는 구체적인 메커니즘을 규명했다. 결과적으로 이 책은 협동조합이 노동소득을 증대시키는 데 있어 독보적인 역할을 수행할 수 있다는 것을 보여준다. 이와 같은 논지를 전개하기 위해 우선 이 책은 협동조합이 노동집약 분야에서 일반 기업에 대해 경쟁적 우위를 점하고 있고 이 때문에 고용 창출에서 더 유리해지는 메커니즘을 설명한다. 다음으로, 이 책은 정책적으로 노동집약적 분야에 초점을 맞추는 것이 중요하다고 주장하는데, 이는 21세기 들어 노동집약적 분야가 고용 창출에서 점점 더 중요해지고 있기 때문이다. 주지하다시피, 노동집약적 분야(예를 들어, 서비스 산업)는 자본집약적 분야(예를 들어, 제조업)보다 노동소득 증대에 대한 기여도가 더 크다. 이는 노동집약적 분야와 자본집약적 분야의 영업 이익 규모가 동일하더라도, 자본소득 대비 노동소득의 비율을 보면 노동집약적 분야에서 그 비율이 더 높기 때문이다. 아울러 고용을 창출하는 과정에서 노동집약적 분야가 자본집약적 분야보다 자원이 더 적게 소요된다.

둘째, 협동조합과 새롭게 부상하고 있는 글로벌 어젠다인 고령화를 연결시키면서, 협동조합이 고령화 사회의 폐해를 완화시킬 수 있는 잠재력을 지니고 있다고 주장한다. 이러한 연결고리는 기존의 문헌에서는 별로 다루어지지 않았는바, 이 책을 쓴 주요 동기이기도 하다.

셋째, 협동조합운동을 지원하는 정부의 역할을 분석한다. 유엔(UN, 2001)과 국제노동기구(ILO, 2002)가 2000년대 초반부터 정부로 하여금 협동조합운동을 적극적으로 지원하도록 권고하고 있는 점을 고려할 때, 이 책은 한국 사례를 연구함으로써 지방분권화된 협동조합 지원 메커니즘에 대한 중요한 분석을 제공하고 있다.

넷째, 개발도상국의 협동조합을 지원하기 위해 ODA를 어떻게 활용할 것인지에 대한 제안을 담고 있다. 특히 OECD의 개발원조위원회가 2016년에 채택한 민간지원수단(Private Sector Instrument: PSI)과 같은 사업모델을 어떻게 협동조합 지원에 활용할 것인가에 대한 아이디어를 제시한다.

결론적으로, 이 책은 정책수립자들이 협동조합을 경제적 불평등을 완화하기 위한 주요 수단으로 다시 고려할 것을 제안한다.

이 책의 구성

이 책은 왜 협동조합운동이 중요한지를 설명하고, 이를 확대하기 위한 실용적인 방안을 제안한다. 이를 위해 이 책의 구조를 총 세 개의 부와 열 개의 장으로 설계했다.

제1부에서는 일반 회사와 대비해 협동조합의 강점을 분석하고, 이를 통해 협동조합이 경쟁시장에서 일반 회사에 대해 우위를 점하는 메커니즘을 설명한다.

제1장은 협동조합이 경제 및 사회발전에 기여할 수 있는 잠재력이 상당함에도 불구하고, 협동조합에 대한 일반 대중의 이해도와 인지도가 낮다는 점에 주목한다. 협동조합운동을 전 세계로 확산시키기 위해서는 일반 대중에게 협동조합의 실체를 정확히 이해시키는 것이 중요하기 때문에, 이 장에서는 협동조합의 기본 정체성이 기업이라는 점을 강조한다. 그리고 국제협동조합연맹(ICA)이 1996년 채택한 일곱 가지의 협동조합 운영원칙 때문에 협동조합이 일반 기업과 비교되는 독특한 특징을 지니고 있다는 점도 설명한다.

제2장은 많은 신생 협동조합이 협동조합의 강점을 정확하게 이해하지 못해 실패한다는 점에 주목한다. 이 장은 협동조합의 강점을 일곱 가지로 분류하는 한편, 협동조합의 경쟁자인 일반 회사의 강점은 두 가지로 분류한다. 이러한 배경하에서 이 장에서는 협동조합과 일반 회사 간 주된 경쟁의 장이 노동집약적 분야라고 설명한다. 왜냐하면 협동조합은 자본집약적 분야에 진입하는 데 있어 구조적 어려움을 지니고 있기 때문이다. 결론적으로, 이 장은 노동집약적 분야에서는 협동조합이 일반 회사에 비해 경쟁적 우위를 점할 가능성이 매우 크다고 주장하면서 경험적 증거도 제시한다.

제3장은 전 세계적으로 협동조합운동을 확산시키기 위해 분야별로 협동조합 모델을 표준화해야 한다고 주장한다. 그러나 현재로서는 협

동조합이 지나치게 다양한 방식으로 유형화되고 있다. 따라서 이 장은 '산업'과 '시장에서의 역할'이라는 두 가지 기준에 따라 협동조합을 총 여섯 가지 유형으로 분류한다. 즉, 1차 산업, 2차 산업, 3차 산업에서 생산자 협동조합과 소비자 협동조합을 분류한다. 나아가 이 장에서는 근로자 협동조합(worker cooperatives)과 다중이해관계자 협동조합(multistakeholder cooperatives)의 특징을 살펴본다. 다중이해관계자 협동조합과 근로자 협동조합은 생산자 협동조합과 소비자 협동조합의 파생형으로, 근본적으로는 생산자 또는 소비자로서의 정체성을 가지고 있지만, 이들만의 독특한 특징도 가지고 있다. 각 유형의 특징을 분석해 보면, 2차 산업 생산자 협동조합을 제외하고 나머지 다섯 가지 유형의 협동조합은 시장경쟁력이 있다. 이 때문에 시장에서 쉽게 찾아볼 수 있다. 한편 이 장에서는 협동조합이 고유의 장점을 가지고 있음에도 불구하고 여전히 세계 경제에서 그 비중이 작은 이유에 대해 살펴보는데, 그 이유로 협동조합의 자본 조달 능력 부족, 구소련과 신생 개도국에서 이루어진 정부의 협동조합운동에 대한 잘못된 통제, 협동조합 사업모델에 대한 일반 대중의 낮은 이해도, 사회적 자본 부족, 협동조합운동을 이끌 지도자 부족을 꼽는다.

제2부에서는 현재의 불평등 위기를 조명하고 협동조합이 중저임금 근로자들을 지원하는 데서 독보적인 역할을 수행할 수 있음을 논증하면서, 정부가 이러한 협동조합을 지원하기 위해 무엇을 할 수 있는지도 살펴본다. 아울러 협동조합이 유엔 지속가능발전목표(SDG)를 달성하는 데 다양하게 기여할 수 있음을 보여주는데, 이를 위해 협동조합의 위

기 극복 역량과 고령화 사회의 폐해를 완화할 수 있는 잠재력 등을 분석한다.

제4장은 불평등 이슈에 대해 분석한다. 불평등 현상이 전 세계적으로 심화되고 있는데, 이러한 현상은 경제 성장의 기반을 침식하고 사회 불안을 야기한다. 이 장은 노동소득과 관련된 결과적 불평등의 원인을 두 가지로 지목한다. 하나는 자본소득이 노동소득보다 빠르게 증가한다는 것이고, 다른 하나는 노동시장이 점점 더 양극화되어 간다는 것이다. 이 책은 과세보다 노동에 초점을 맞추고 있으므로 이 장은 이 두 가지 원인에 대한 주된 해법으로 중저임금 근로자들의 노동소득을 증대시킬 것을 제안한다. 이러한 맥락에서 이 책은 정부가 노동소득을 증대시키기 위해 능동적으로 개입할 것을 주장하면서, 케인즈학파식 접근법을 적극 채택할 것을 촉구한다. 이 장은 노동소득을 증대시키는 효과적인 방법 중 하나가 바로 협동조합운동을 확산시키는 것이라고 주장한다. 경제사를 보면 기업에 대한 국가의 지원은 경제발전을 촉진하는데 있어 절대적인 역할을 수행했다. 이러한 점을 고려해서, 이 장에서는 지방개발국가(Local development state: LDS) 모델과 같은 정부의 협동조합 지원 모델을 옹호한다. LDS 모델의 효용성은 제8장의 한국에 대한 사례 분석에서도 검증한다.

제5장은 협동조합이 글로벌 위기 상황과 지역적 위기 상황에서 회원 간 상호부조를 통해 개인의 위기 극복에 기여한다는 것을 보여준다. 일반적으로 위기 상황에서는 노동소득이 감소하고 기본 상품과 서비스가 부족해지면서 개인 간의 불평등이 악화된다. 그런데 글로벌 위기 상황

에서 협동조합은 개인의 실직과 수입 손실을 줄임으로써 노동소득 감소를 최소화한다. 나아가 지역적 위기 상황의 경우 협동조합은 상호부조를 통해 지역 주민들이 기본 재화와 서비스(식량, 에너지, 물, 보건 서비스)를 확보할 수 있도록 도와준다.

제6장은 고령화로 인해 발생하는 가장 큰 도전 요인 중 하나가 바로 재정 지속가능성의 위기라는 점에 주목한다. 재정 지속가능성 위기의 주요 원인은 연금, 건강보험, 장기요양과 관련한 공공지출이 증대하는 것이다. 이러한 맥락에서 이 장은 협동조합이 고령화 사회의 재정 건전성을 증진하는 데 상당히 기여할 수 있다는 것을 보여준다. 즉, 협동조합은 일반 회사가 할 수 없는 방식으로 고령자(그리고 여성, 이민자, 청소년)의 일자리를 창출시킴으로써 납세자를 증가시키며, 개인이 건강하게 늙어갈 수 있는 환경을 조성하는 데 기여함으로써 고령인구에 대한 공공재정 지출을 감소시킨다.

제7장은 협동조합이 유엔 지속가능발전목표(SDG)를 달성하는 데 다양한 측면에서 기여할 수 있음을 개괄적으로 보여준다. 협동조합은 우선 양질의 일자리 창출과 경제성장(SDG 8), 그리고 불평등 감소(SDG 10)에 기여한다. 또한 협동조합은 나머지 15개의 SDG를 달성하는 데에도 직간접적으로 기여하기 때문에 그 기여도는 매우 포괄적이다. 그러나 이 장은 이처럼 협동조합이 SDG를 달성하는 데 기여하고 유엔이 협동조합운동을 확산하려 노력하고 있음에도 불구하고, 협동조합이 SDG에는 직접 포함되지 못한 현실에 주목한다. 협동조합운동이 SDG 체계에서 누락되었고 주요 국제 정책포럼에서도 별로 논의되지 않고 있기

때문에 협동조합은 정부의 각종 지원을 확보하는 데서 불리한 입장에 처해 있다. 일반적으로 정부는 SDG와 관련된 행위자와 사업에 대해 우선적으로 예산을 지원하기 때문이다. 따라서 이 장은 협동조합운동을 국제적으로 영향력이 큰 정책 논의의 장에 의제로 상정해야 하고 차기 유엔의 개발목표 체계에 협동조합운동을 포함시키기 위한 준비를 해야 한다고 주장한다.

제3부에서는 협동조합운동을 전 세계로 확산시키기 위한 방안을 모색한다. 구체적으로는 지방분권화된 협동조합 지원 메커니즘을 구축하는 방안, 협동조합을 디지털화하는 방안, ODA를 활용해 개발도상국 내 협동조합을 지원하는 방안을 살펴본다.

제8장은 협동조합운동을 전 세계적으로 확산하기 위해 공공 지원 메커니즘이 필요하다고 주장한다. 그리고 중앙정부와 지방정부의 역량을 비교할 때, 지방분권화된 지원 메커니즘이 중앙집중식 지원 메커니즘보다 협동조합에 더 도움이 된다고 주장한다. 이러한 지원 메커니즘의 '콘텐츠'는 적극적 노동시장정책(Active Labor Market Policy: ALMP)의 형태를 띨 수 있을 것이다. 이 장은 정부가 적극적 노동시장정책을 펼치기 위해 협동조합 지원 메커니즘의 '구조'를 잘 설계해야 한다고 주장하면서, 한국의 지방분권화된 지원 메커니즘을 모범사례로 소개한다.

제9장은 디지털화와 전자상거래가 시장경제에 미친 영향에 주목하고, 협동조합이 자신들의 사업 활동에 디지털플랫폼을 도입해야 한다고 주장한다. 이를 통해 협동조합은 각 회원의 수입을 증가시킬 수 있고 신규 회원도 쉽게 모집할 수 있다. 그러나 전자상거래의 혜택을 누

리기 위해 협동조합은 두 가지 도전 요인을 극복해야 한다. 하나는 협동조합 웹사이트에 대한 지역 주민의 인지도를 높이는 것이고, 다른 하나는 이 웹사이트에서 판매하는 협동조합 상품에 대한 지역 주민의 신뢰를 확보하는 것이다. 이러한 도전 요인을 극복하기 위해 이 장은 한국의 사례처럼 지방정부가 소비자와 지역 협동조합의 웹사이트를 연결시키는 대표 웹사이트를 운영하는 방안, 또는 독일의 사례처럼 협동조합연합회가 자체적으로 대표 웹사이트를 출범시키는 방안을 제안한다.

제10장은 협동조합운동이 개도국에서 유용한 정책 도구로 활용되어야 한다고 주장한다. 왜냐하면 개도국은 인구가 급증하는 현실에 직면해 있어 일자리를 최대한 증가시켜야 하기 때문이다. 이 장은 노동집약적 분야가 일자리 창출에서 재원이 더 적게 소요되고 개도국이 이러한 노동집약적 분야에서 비교우위를 가지고 있다는 점에 주목해, 협동조합이 개도국에서 유력한 고용 창출 수단으로 부상할 수밖에 없다고 예상한다. 추가적으로 이 장은 협동조합이 선진국과 개도국 간에 한시적 이주 노동자(temporary migrant worker) 교류를 촉진하는 역할을 할 것을 제안한다. 이 경우 개도국은 외화 수입이 증가하게 되고, 선진국은 인구 고령화로 노동력 부족을 겪고 있는 가운데 양질의 노동력을 확보할 수 있게 된다. 마지막으로, 이 장은 ODA가 개도국의 협동조합운동을 지원해야 한다고 주장한다. 이러한 맥락에서 ODA를 통해 협동조합을 지원할 수 있는 다섯 가지 방안을 소개한다. 첫째, ODA는 개도국 정부가 지방분권화된 협동조합 지원 메커니즘을 설립하는 것을 지원해야 한다. 둘째, ODA는 협동조합의 디지털화를 지원해야 한다. 셋째, ODA

는 협동조합을 대상으로 직업 훈련과 기술 훈련을 지원해야 한다. 넷째, ODA는 민간지원수단을 활용해 협동조합에 대한 금융 지원을 제공해야 한다. 다섯째, ODA는 선진국의 협동조합이 개도국의 협동조합에 대해 기술적 지원을 제공할 수 있도록 도와주어야 한다.

마지막 제언의 장에서는 2030년에 채택될 차세대 유엔 개발목표에 협동조합운동을 포함시키기 위한 노력의 일환으로 미리 준비해야 하는 협동조합 관련 세부목표 후보군과 이를 위한 글로벌 공동체의 행동계획을 제안한다.

기존 문헌 조사

협동조합에 대한 기존 문헌을 조사해 보면, 협동조합 연구에는 다섯 가지 흐름이 있다는 사실을 파악할 수 있다. 첫째 흐름은 19세기부터 시작되었는데, 협동조합 사업모델을 분석하는 것이다. 당시 위대한 경제학자였던 J. S. 밀(Mill, 1848)과 L. 왈라스(Walras, 1865)는 각 회원의 소유권, 재원 조성 등 협동조합의 개념과 기술적 이슈를 논했다. 이후 H. H. 뮌커(Münker, 1986), W. P. 왓킨스(Watkins, 1986), 그리고 I. 맥퍼슨(MacPherson, 1995)은 계속해서 협동조합의 운영원칙을 분석했는데, 이는 궁극적으로 1996년 국제협동조합연맹이 일곱 가지의 원칙을 채택하는 데 기여했다. 최근에는 협동조합의 외부 자본 조달 제약을 극복하기 위해 F. 샤다드와 M. L. 쿡(Chaddad and Cook, 2012)이 협동조합의 하이브리드 자본 조달 방식의 발전 과정에 대해 광범위하게 분석했다. 나아가 체니와 그의 동료들(Cheney et al., 2023), 그리고 놉코빅, 마이너,

그리고 맥마혼(Novkovic, Miner and McMahon, 2023)은 자본주의 시장경제 환경에서 협동조합이 직면하는 제약에 대해 통찰력 있는 연구를 시행했다.

둘째 흐름은 협동조합이 시장경제에 필요한 이유를 분석하는 것이다. 이 분석은 세 가지 그룹으로 분류된다. 첫째 그룹은 마르크스와 엥겔스가 19세기에 주도한 것으로, 협동조합을 자본주의의 대안으로 간주했다. 최근까지도 J. 미드(Meade, 1989), B. 조사(Jossa, 2014)와 같은 소수 학자들이 이러한 견해를 지지하고 있다. 둘째 그룹인 버찰과 케틸슨(Birchall and Ketilson, 2009)은 2008년 글로벌 위기와 지역적 위기를 극복하는 과정에서 협동조합이 수행한 역할에 대한 통찰력 있는 분석을 제공했다. 셋째 그룹은 협동조합이 지닌 불평등을 완화하는 잠재력에 주목하면서, 협동조합은 자본주의를 대체하기보다 보완하기 위해 필요하다고 주장한다. J. 미치(Michie, 2017)는 자본주의 생산 시스템의 복원력을 제고하기 위해 소유의 형태를 국영, 민영, 협동조합, 상호부조의 형태로 더 다양화할 것을 주장했다. 플뢰르배이 및 300여 명의 동료 사회과학자들(Fleurbaey et al., 2018)은 한 걸음 더 나아가 거시적 시각에서 불평등을 완화하기 위한 제3의 길로 협동조합운동과 이해관계자 자본주의를 주창했다.

이 책은 셋째 그룹에 속하지만, 21세기에 협동조합운동을 재활성화해야 하는 이유를 다음과 같이 구체적으로 적시함으로써 이 셋째 그룹의 논의를 한 단계 더 발전시켰다. 먼저 이 책은 21세기 불평등의 근본 원인을 파악하고, 미시적 분석을 통해 협동조합이 이러한 근본 원인을 완화하는 데 독보적인 역할을 수행할 수 있음을 증명한다. 나아가 이 책은 협동조합운동과 인구 고령화 간의 연관 관계에 대해 심도 있는 분석을 제공하고, 협동조합이 인구 고령화의 부정적인 영향을 완화할 수 있는 잠재력이 있다는 사실을 규명한다.

셋째 흐름은 20세기 초반에 시작되었는데, 지역별·국가별 협동조합운동의 역사를 개관하고 이를 국가별로 비교 분석하는 것이다. 예를 들어, G. H. 포웰(Powell, 1913)은 미국의 농업 협동조합을 분석했고, G. D. H. 콜(Cole, 1944)은 영국의 협동조합운동 전반에 관한 뛰어난 연구 결과를 생산했다. 최근에는 바틸라니와 슈뢰터(Battilani and Schröter, 2012a), 미치, 블라시, 그리고 보르자가(Michie, Blasi and Borzaga, 2017)가 전 세계 협동조합운동의 역사를 개관했다. 지역 차원에서는 롤리와 미치(Rowley and Michie, 2017)가 아시아·태평양 지역의 협동조합 역사를 연구했다. 국가 차원에서도 심도 있는 연구가 이루어졌는데, 예를 들어 윌슨, 웹스터, 그리고 보르버그-러(Wilson, Webster and Vorberg-Rugh, 2013)는 영국을, P. 아미라토(Ammirato, 2018)는 이탈리아를, S. K. 장(Jang, 2019)은 한국을, M. 비에타(Vieta, 2019)는 아르헨티나를 분석했다. 아울러 버챌(Birchall, 2011)은 소매, 보험, 주택, 공공서비스, 은행 분야의 소비자 협동조합의 역사에 대해 분석했다. 나아가 우딘과 쇼(Woodin and Shaw, 2019)는 협동조합 교육의 필요성과 비전 등 교육 분야에 대한 연구를 시행했다.

넷째 흐름은 1950년대 이후 시작되었는데, 시장에서 협동조합이 보여주는 경쟁력에 대한 연구였다. 학자들은 회원들의 주인의식, 협동조합의 자본 조달 능력 한계, 그리고 비공식경제 부문 일자리의 공식경제 편입이라는 세 가지 주제에 주로 초점을 맞추었다. 첫째 이슈인 회원들에 의한 민주적 통제에 기반한 주인의식과 관련해, V. 페로틴(Pérotin, 2012)은 이 주인의식이 도덕적 해이를 초래하기보다 협동조합의 성과에 긍정적인 영향을 미친다고 주장했다. 그리고 D. C. 존스(Jones, 1982), 드포니, 에스트린, 그리고 존스(Defourny, Estrin and Jones, 1985), 에스트린, 존스, 그리고 스베지너(Estrin, Jones and Svejnar, 1987), 콩테와 스베지너(Conte and Svejnar, 1990), 베이요-모리오네스, 살바티에라, 그리고 디아즈 드세리오(Bayo-Moriones, Salvatierra and Díaz de Cerio, 2002)의 경험적 연구는 이러한 명제를 지지하고 있다. 조사(Jossa, 2014) 역시 회원들의 주인의식이 생산성을 향상시키고 인적자본을 축적하는 데 기여한다고 주장했다. 따라서 많은 경험적 연구 결과는 협동조합이 일반 회사보다 오래 생존하고 있다는 사실을 보여주고 있는데, 버찰과 케틸슨(Birchall and Ketilson, 2009), G. 부르딘(Burdín, 2010), 그리고 A. 벤-너(Ben-Ner, 1988)의 연구가 좋은 예이다. 둘째 이슈는 협동조합의 자본 조달 제약이 협동조합의 성장을 어떻게 저해하는지에 대한 연구이다. P. 크램퍼(Kramper, 2012)는 서유럽의 대형 소비자 협동조합이 대규모 자본 조달에 어려움을 겪으면서 실패한 사례를 연구했다. 셋째 이슈와 관련해 H. S. 엄(Eum, 2017)은 협동조합이 비공식경제 부문의 일자리를 공식경제로 편입시키는 데 기여하는 점을 분석했다.

이 책은 넷째 흐름과도 연관되어 있지만, 기존의 논의를 다음과 같이 한 단계 발전했다. 첫째, 기존 문헌은 협동조합 경쟁력의 원천으로 회원들의 주인의식에 주로 초점을 맞추고 있지만, 이 책은 협동조합의 경쟁력을 일곱 가지로 분류했다. 바로 교섭력, 비용 분담, 높은 생산성, 저렴한 생산품 가격, 비정규직의 정규직 전환, 공식적인 파트타임 일자리 창출, 사회적 자본 증대이다. 둘째, 이 책은 협동조합의 활동 공간을 노동집약적 분야와 자본집약적 분야로 크게 나눈 뒤, 협동조합은 오직 노동집약적 분야에서만 일반 회사에 대해 경쟁적 우위를 점한다고 지적한다. 셋째, 이 책은 일자리를 창출하는 데 있어 노동집약적 분야가 가진 중요성을 강조하는데, 이는 노동집약적 분야의 일자리 창출 비용이 자본집약적 분야에 비해 더 저렴하기 때문이다.

다섯째 흐름은 협동조합에 대한 정부의 지원을 분석하는 것이다. 대부분의 기존 문헌에서는 협동조합운동이 민간 주도 이니셔티브로 다루어졌기 때문에 협동조합운동을 확산시키는 과정에서 정부가 수행하는 역할에 대한 저술은 그리 많지 않다. 이 중에서 퀸토와 오타하라(Guinto and Otahara, 1999), B. 파티(Partie, 2012), 그리고 리바사우킨과 그의 동료들(Ribašauskiene et al., 2019)은 필리핀, 미국, 리투아니아의 사례를 각각 연구했다. 2000년대 초반에 유엔(UN, 2001)과 국제노동기구(ILO, 2002)가 협동조합에 대한 정부의 적극적인 지원을 촉구한 점을 고려해, 이 책에서는 '지방분권화된 협동조합 지원 메커니즘'을 주제로 한국의 사례를 소개한다. 아울러 ODA를 활용해 협동조합을 지원하는 방안도 설명하고 있다. 이 중에서 특히 OECD의 개발원조위원회가 2016년 채택한 민간지원수단을 활용하는 방안이 주목할 만하다. 2016년에 이루어진 이 결정에 따르면, 공여국이 민간지원수단(지분투자, 대출, 보증)을 통해 공공재원을 개도국의 기업에 지원할 경우 이를 ODA로 인정할 수 있다. 따라서 이 민간지원수단을 협동조합 지원에 활용할 수 있는 잠재력은 상당하다. 그러므로 이 책은 이 활용 메커니즘에 대한 이해를 제고하는 데 큰 도움이 될 것이다.

제1부

협동조합이란 무엇인가

제1장

협동조합은 기업이다

협동조합은 경제·사회발전에 기여할 잠재력이 크다. 그러나 일반인들에게 협동조합은 여전히 생소한 개념이다. 일반인들은 협동조합을 상호부조단체, 중소기업, 사회적기업, 시민사회단체 등 다양한 개념으로 이해하기 때문에 협동조합에 대한 공통의 정의를 찾기가 쉽지 않다. 하지만 21세기에 협동조합운동을 확대하기 위해서는, 협동조합의 정체성을 정확히 이해할 필요가 있다. 따라서 이 장에서는 먼저 협동조합의 가장 중요한 정체성이 무엇인지를 규명하고, 다음으로 국제협동조합연맹(International Cooperative Alliance: ICA)이 1996년 채택한 협동조합 운영원칙이 협동조합의 운영 방식에 미치는 영향에 대해 살펴본다.

협동조합은 상업적 이윤을 창출해야 하는 기업이다

1995년 국제협동조합연맹은 협동조합을 "공동으로 소유하면서 민주적으로 통제하는 기업(enterprise) 방식의 활동을 통해 공통의 경제적, 사회적, 문화적 필요를 충족시키는, 개인들이 자발적으로 설립하고 자율적으로 운영하는 집단(association)"이라고 정의했다. 정확한 해석을 위해 미리엄 웹스터 영어사전을 찾아보면, 집단(association)이란 공통의 이해를 가진 개인들의 단체를 의미하고, 기업(enterprise)이란 영리를 추구하는 회사를 의미한다. 따라서 협동조합의 목표는 회원들이 공유하는 경제적, 사회적, 문화적 필요를 충족하는 것이고, 이 목표를 달성하기 위해 상업 회사를 운영하는 것이다.

국제협동조합연맹이 내린 정의를 분석해 보면, 협동조합의 가장 근본적인 정체성은 기업이라는 사실을 알 수 있다. 기업이 상업적 이윤을 창출할 수 없다면 그 기업은 협동조합 형태이든 일반 회사 형태이든 상관없이 시장에서 사라질 것이다. 따라서 기업은 생존하기 위해 상업적 이윤을 지속적으로 창출해야 한다. 이러한 점을 고려해서 국제협동조합연맹의 웹사이트에서도 "협동조합이란 회원들이 소유하고 운영하며, 회원들 공통의 경제적, 사회적, 문화적 필요와 열망을 충족시키기 위한, 인간 중심의 기업"이라고 정의하고 있다(ICA, 2020).

아울러 국제협동조합연맹이 내린 정의는 협동조합이 비록 기업이지만 회원에게 초점을 맞춘다는 점에서 일반 회사와 다르다는 점도 보여준다. 즉, 협동조합은 회원들의 경제적, 사회적, 문화적 필요를 충족시키기 위해 상업적 이익을 추구한다는 입장이다. 이를 하나씩 구체적으로 분석해 보면 다음과 같다.

첫째, 협동조합은 회원들의 경제적 필요를 충족시키기 위해 사업을 한다. 협동조합은 시장에서의 경쟁을 통해 상업적 이익을 창출하고, 그 이익을 통해 회원들의 수익을 증대시킨다. 예를 들어, 보건, 집수리, 간병, 컨설팅, 교육 등의 분야에서 서비스를 제공하는 생산자 협동조합은, 제2장에서 설명하듯이, 일곱 가지의 강점을 활용해 회원들의 소득을 증대시킨다. 마찬가지로 소비자 협동조합의 경우에도 회원들이 상품과 서비스를 일반 소매점보다 저렴하게 살 수 있도록 함으로써 회원들의 가처분 소득을 증대시킨다.

둘째, 협동조합은 회원들의 사회적 필요를 충족시키기 위해 사업을 한다. 예를 들어, 사회적 협동조합은 육아, 간병, 교육과 같은 사회적 서비스를 회원 가족을 포함한 지역공동체에 제공한다. 또한, 바로 아래에서 설명하듯이, 국제협동조합연맹 제1운영원칙(자발적이고 개방적인 가입제도)에 근거해 모든 사람이 성적, 사회적, 인종적, 정치적, 종교적 이유 등으로 차별 받지 않고 자유롭게 협동조합운동에 참여할 수 있어야 하므로, 협동조합은 사회적 차별을 감소시킨다. 아울러 협동조합은 제2운영원칙(회원들에 의한 민주적 통제) 및 제3운영원칙(회원들의 경제적 참여)에 따라 모든 회원이 동등하게 소유권을 행사할 수 있도록 하여 민주주의를 증진시킨다. 나아가, 제4장, 제6장, 제10장에서 설명하듯이, 협동조합은 여성, 고령자, 비정규직 근로자, 이주자, 청소년 등 취약계층의 노동소득을 증대시킴으로써 불평등을 완화한다.

셋째, 협동조합은 회원들의 문화적 필요를 충족시키기 위해 사업을 한다. 협동조합은 예술가들이 수익을 창출하면서 지속적으로 예술활동에 매진할 수 있도록 해준다. 예를 들어, 이탈리아 볼로냐시에 소재한라 바라카(La Baracca)라는 예술가협동조합은 1976년부터 아동과 청소년을 대상으로 한 연극을 공연해 오고 있다(Testoni Ragazzi, 2020). 라 바라카는 문화단체로서 예술가 회원들의 생계를 책임져 왔다(김현대·하종란·차형석, 2012). 이 협동조합은 22명의 참여 회원(협동조합의 관리와 운영에 참여하는 배우와 연출자)과 직접적인 참여 없이 자본만 출자한 후원회원으로 구성되어 있다. 수익 구조를 살펴보면, 수익의 70%는 관람 티켓 판매와 해외공연에서 발생하며, 나머지 30%는 공공보조금 수령을 통해 조달한다. 지방자치단체와 중앙정부는 지역공동체 내에 문화예술을 진흥시키기 위해 라 바라카에 보조금을 지급하고 있다. 이 협동조합은 회원들이 자신들의 문화적 필요를 충족시키면서 동시에 생계도 유지할 수 있도록 돕고 있다.

국제협동조합연맹이 채택한 협동조합의 일곱 가지 운영원칙

협동조합은 기업이지만, 협동조합운동이 채택한 운영원칙 때문에 독특한 특색을 가지고 있다. 이 운영원칙은 1844년 로치데일 협동조합이 채택했던 운영원칙에서 그 원형을 찾아볼 수 있으며, 이후 현대 협동조합 운동가들은 이 운영원칙을 정기적으로 갱신해 왔다. 가장 최근에 갱신된 것은 1996년이며, 일곱 가지 운영원칙으로 구성되어 있다(ICA, 2015).

제1운영원칙. 자발적이며 개방적인 가입제도
협동조합은 자발적인 집단으로서, 협동조합의 서비스를 이용할 수 있고 회원의 책임을 부담할 의지가 있는 모든 사람에게 개방되어 있으며, 성적, 사회적, 정치적, 종교적 이유로 차별을 하지 않는다.

제2운영원칙. 회원들에 의한 민주적 통제

협동조합은 회원들이 능동적으로 정책 및 의사결정에 참여하면서 회원들이 민주적으로 통제하는 단체이다. 선출된 남성 대표와 여성 대표는 회원들에 대해 책임을 진다. 개별 협동조합에서는 회원들이 동등한 투표권(1인 1표)을 행사하며, 상위 단계의 협동조합 연합체도 민주적인 방식으로 운영된다.

제3운영원칙. 회원들의 경제적 참여

회원들은 협동조합의 자본을 형성하는 데 동등하게 기여하고, 그 자본을 민주적으로 통제한다. 일반적으로 적어도 그 자본의 일부분은 협동조합의 공유자산이다. 수익이 발생할 경우 회원들은 출자한 자본에 근거한 보상 형태로 배분을 받지만 보통 전체 수익의 일부만 배분되고, 나머지 잉여 수익은 다른 목적에 할당된다. 즉, 분리할 수 없는 유보금의 형태로 협동조합의 발전에 사용되거나, 회원이 협동조합을 이용하는 횟수에 비례해 회원들에게 인센티브를 제공하거나, 회원들이 승인한 기타 활동을 지원한다.

제4운영원칙. 자치와 독립

협동조합은 자치적이고 자구적인 단체로서 회원들이 통제한다. 만약 협동조합이 정부 등 다른 단체와 협정을 체결하거나 외부로부터 자본을 조달할 경우, 회원들에 의한 민주적 통제를 보장하고 자치를 유지하는 방식으로 추진해야 한다.

제5운영원칙. 교육, 훈련, 정보

협동조합은 효과적으로 조직을 발전시키기 위해 선출된 대표, 관리자, 고용원들에게 교육과 훈련을 제공한다. 협동조합은 일반 대중(특히 청년과 여론 주도층)에게 협동의 본질과 혜택에 대해 홍보한다.

제6운영원칙. 협동조합 간 협력

협동조합은 지방, 국가 및 국제 차원에서 구조를 구축해서 가장 효과적으로 회원들에게 봉사하고 협동조합운동을 강화해야 한다.

제7운영원칙. 공동체를 향한 관심

협동조합은 회원들의 승인을 받은 정책을 통해 지역공동체의 지속가능한 발전을 위해 일해야 한다.

협동조합이 일반 회사와 구분되는 다섯 가지 특징

일반인들이 협동조합의 개념을 이해하거나 자신들의 협동조합 사업 전략을 수립할 때 이 운영원칙은 중요한 기준이 될 것이다. 이 운영원칙으로 인해 협동조합은 일반 회사와 구분되는 다섯 가지 특징을 지닌다.

(1) 회원들이 동등하게 소유한다

제2운영원칙(회원들에 의한 민주적 통제) 및 제3운영원칙(회원들의 경제적 참여)으로 인해 회원들은 협동조합의 자본 형성에 동등하게 기여하며 그 때문에 1인 1표 시스템을 구현한다. 협동조합의 '1인 1표' 시스템은 주식회사의 '1주 1표' 시스템과 극명하게 대비된다. 다시 말해 주식회사에서는 주식을 더 많이 가질수록 투표권이 더 강해지지만, 협동조합에서는 모든 회원이 동등하게 1표씩만 행사한다. 요컨대 1인 1표 시스템은 회원 소유 기업을 만들어내는 반면, 1주 1표 시스템은 투자자 소유 기업을 만들어낸다(Birchall, 2011). 이러한 1인 1표 시스템 때문에 모든 회원이 동등하게 협동조합을 소유할 수 있는 것이다.

(2) 노동집약적 분야에서 설립될 확률이 더 높다

협동조합은 1인 1표 시스템 때문에 투자자 소유 기업에 비해 자본 조달 과정에서 훨씬 큰 어려움을 겪는다(Chaddad and Cook, 2012). 즉, 협동조합은 1인 1표 시스템 때문에 회원들의 자체적인 내부 출자에만 의존해야 하고 주식회사 등 외부에서는 자본을 조달할 수 없다. 결국 이는 자본 형성에 큰 걸림돌로 작용한다. 따라서 협동조합은 막대한 자본 투자를 필요로 하는 자본집약적 분야(제조업, 통신서비스업, 부동산업 등)에 진입하는 데 어려움이 있다.

반면, 협동조합은 노동집약적 분야에서는 설립될 가능성이 상대적으로 더 크다. 노동집약적 분야는 기업 활동을 하는 데서 많은 양의 자본 대신 많은 양의 노동력을 필요로 하기 때문이다. 예를 들면, 농업, 가사도우미, 식당, 교육, 택시 서비스가 여기에 해당한다.

크램퍼는 유럽, 미국, 일본의 대형 협동조합이 쇠퇴한 원인을 분석했는데, 그의 분석은 이러한 주장을 뒷받침한다(Kramper, 2012). 크램퍼에 따르면, 개인 소득이 증가하고 대량 소비와 기술 진보의 시대가 도래하면서 일부 분야에서는 협동조합이 생존을 위해 규모를 키우고 더욱 자본집약적으로 변모해야 하는 상황에 맞닥뜨렸으나 자본 조달에 어려움을 겪으면서 몰락했다. 반면에, 일반 회사의 경우 소수의 부유한 투자자나 주식시장을 이용할 수 있기 때문에 자본 조달에서 구조적 제약에 직면하지 않았고 기업의 규모를 키워 시장에서 생존할 수 있었다. 제3장에서 살펴볼 세계 상위 300대 협동조합에 대한 통계도 이러한 주장을 뒷받침한다(Zamagni, 2012). 이 통계에 따르면, 300대 협동조합 중에서 단지 3개만 자본집약적 분야에서 활동 중이고, 나머지 297개는 노동집약적 분야에서 활동하고 있다(ICA, 2019).

또한 유럽의 주요 사례에 대한 페로틴의 분석에서도 유사한 결론이 나왔음을 알 수 있다(Pérotin, 2016). 페로틴에 따르면, 근로자 협동조합은 평균 자본집약도(예를 들어, 근로자 1인당 고정 자산 규모)가 일반 투자자 소유 기업보다 더 낮은 것으로 드러났다. 페로틴이 주목한 주요 사례는 다음과 같다. 바틀릿과 그의 동료들(Bartlett et al., 1992)은 1985~1986년간 이탈리아 투스카니, 에밀리아 로마냐 지역에 있는 122개 기업의 사례를 분석했고, 펜케이블, 피스타페리, 그리고 스바르디(Pencavel, Pistaferri and Schivardi, 2006)는 1982~1994년간 이탈리아에 있는 3만 개가 넘는 기업을 조사했다. 아울러 마이에타와 세나(Maietta and Sena, 2008)는

1996~2003년간 이탈리아의 약 240개 기업을 분석했다. 마찬가지로, 파크파크, 페로틴, 그리고 가고(Fakhfakh, Pérotin and Gago, 2012)도 1987~1990년간 프랑스의 1만 7,671개 기업을 살펴보았는데 자본재, 건설, 교통, 소비자 서비스 분야에서는 일반 기업의 자본집약도가 협동조합보다 높다는 사실을 알아냈다. 재미있는 것은, 펜케이블, 피스타페리, 그리고 스바르디(Pencavel, Pistaferri and Schivardi, 2006)의 연구에 따르면 이탈리아의 경우 다소 혼재된 결과도 있다는 것이다. 즉, 1982~1994년간 고정 시점 평균 자본량(average capital stock)은 일반 기업이 협동조합보다 더 많았지만, 1982~1988년간 고정 시점 중간치 자본량(median capital stock)은 협동조합이 더 많았다.

한편, 자본 조달의 제약에 직면해 일부 협동조합은 외부 자본을 조달하기 위한 방안을 모색해 왔다. 여기에는 두 가지 실험적인 시도가 눈에 띈다.

첫째, 다른 협동조합들에 지원을 요청하는 방법이다. 즉, 협동조합이 2차 협동조합(분야별 또는 지역별 협동조합연합회) 또는 협동조합은행에 대출 또는 지분투자를 요청하는 것이다. 일례로, 이탈리아의 '레가쿱(Legacoop)'을 들 수 있다(오창호, 2019). 레가쿱은 쿱펀드(Coopfund)를 운영하고 있는데, 레가쿱의 모든 회원사 협동조합은 자신들 수익의 3%를 이 쿱펀드에 지불한다. 이렇게 조성된 자본을 가지고 쿱펀드는 자금이 필요한 신생 또는 기존 협동조합을 지원한다. 또한 레가쿱은 회원사인 협동조합은행들로 구성된 금융협동조합발전컨소시엄(Consorzio Cooperativo Finanziario per lo Sviluppo: CCFS)을 통해 협동조합에 자금을 지원하기도 한다. CCFS는 우호적인 조건으로 대출 또는 보증을 제공한다.

둘째, 전통적인 금융시장을 이용하는 방법이다(ICA, 2015). 협동조합은 일반 상업은행에 담보를 제공하고 대출을 받을 수도 있고, 원칙적으로는 회원들이 동등하게 출자하되 예외적으로 외부 투자자의 출자도 받는 하이브리드 소유권 방식을 도입할 수도 있다. 예를 들어, 일부 협동조합은 거래는 가능하지만 투표권은 없는 주식 또는 거래가 가능하면서 투표권도 있는 주식을 발행하거나, 일반 회사를 자회사로 설립해 주식을 발행하는 방식으로 자본을 조달한다(우재영, 2016). 일부 성공한 대형 협동조합들이 이러한 하이브리드 모델을 채택하고 있지만, 협동조합의 기본 철학과 운영원칙에 맞지 않는다는 비판이 있다(ICA, 2015). 특히 외부에서 자본을 조달할 경우, 외부 투자자는 내부 회원들과 달리 협동조합의 설립 비전과 장기적 발전에 우선순위를 두지 않을 가능성이 있고, 이는 협동조합을 민주적으로 통제하려는 내부 회원들과 충돌할 수 있다(ICA, 2015).

한편, 협동조합이 자본집약적 분야에서 노출하는 약점이 디지털 시대에는 별다른 제약이 되지 않을 수 있다. 즉, 디지털 기술에 기반을 둔 자동화로 인해 제조업과 같은 자본집약적 분야의 일자리가 사라질 가능성이 노동집약적 분야에 비해 더 높기 때문이다. 오히려 협동조합이 강점을 갖는 노동집약적 분야(예를 들어, 서비스업)가 고용 창출 필요성 측면에서 점점 더 중요해질 것이다. 따라서 디지털 시대에 고용을 증가시키기 위해서는 기업 모델이 노동집약적 분야에서 가진 강점이 핵심 고려 요소이며 자본집약적 분야에서 가진 약점은 정책적으로 별 의미가 없다. 제2장과 제4장에서 논의하겠지만, 협동조합이 노동집약적 분야에서 강력한 경쟁력을 가지고 있다는 점을 고려할 때, 디지털 시대에는 협동조합이 고용과 노동소득을 증대하기 위한 강력한 대안이 될 수 있다. 이처럼 협동조합 모델은 향후 수십 년간 노동시장에서 발생할 문제점들을 해결할 수 있는 상당한 잠재력을 가지고 있다.

(3) 거의 모든 협동조합은 중소기업이다

유럽집행위원회(EC)는 중소기업을 "근로자 250명 미만의 사업장"이라고 정의하고 있다(EC, 2021). 다음 네 가지 이유로 거의 모든 협동조합은 중소기업이라 할 수 있다.

첫째, 앞에서 언급한 바와 같이, 협동조합 제2운영원칙(회원들에 의한 민주적 통제) 및 제3운영원칙(회원들의 경제적 참여)으로 인해, 협동조합은 자본을 조달하는 데 구조적 어려움이 있다. 협동조합은 현대 기업들의 핵심 자본 조달원인 주식시장에 상장될 수 없다. 따라서 협동조합은 시장경제를 지배하는 대형 기업으로 성장할 가능성이 매우 낮다.

둘째, 협동조합은 제6운영원칙(협동조합 간 협력)으로 인해 초국가적 기업으로 성장하기가 어렵다. 제6운영원칙과 관련해, 2015년 국제협동조합연맹 지침은 "협동조합이 합리적이고 생산적인 방식으로 소재지 국가를 벗어나서 다른 나라에까지 직접 또는 자회사 설립을 통해 진출할 수는 있겠지만, 그 나라의 현지 협동조합과 상의하지 않고 그리 하여서는 안 된다"라고 규정하고 있다. 요컨대 협동조합 간 협력과 연대를 강화하고 전 세계적으로 협동조합운동을 확산하기 위해서는 특정 국가의 협동조합이 다른 국가의 협동조합을 지원해야 하며 그들의 시장을 뺏어서는 안 된다는 것이다. 따라서 협동조합은 다국적기업(MNC)으로 성장할 가능성이 낮다.

셋째, 많은 협동조합이 서비스 산업에서 활동 중인데, 서비스 산업과 같은 노동집약적 분야에서는 생산성을 높이는 데서 기업의 규모가 반드시 거대하지 않아도 된다(Berlingieri, Calligaris and Criscuolo, 2018). 이에 반해 제조업과 같은 자본집약적 분야는 생산성을 높이기 위해 대규모 자본 투자가 필요하고 이러한 막대한 투자비용을 감당하기 위해 기업의 규모를 대형화할 필요가 있다. 결과적으로, 노동집약적 분야에 적합한 협동조합의 경우 이 분야에서 경쟁력을 높이기 위해 굳이 규모를 키울 필요가 없다.

넷째, 통계상 (협동조합을 포함한) 거의 모든 기업이 중소기업이기 때문이다. 세계은행의 연구에 따르면 전 세계 기업의 90%가 중소기업이다(World Bank, 2021). 특히 협동조합이 기업이지만 일반 회사에 비해 투자 자본 조달에 더 큰 어려움을 겪는다는 점을 고려할 때, 현재 활동하는 협동조합에서의 중소기업 비율은 일반 기업에서의 중소기업 비율보다 더 높을 것이다.

(4) 협동조합은 시민사회단체가 아니다

협동조합은 운영원칙상 공공의 이익도 추구하기 때문에 시민사회단체(CSO)로 종종 오해받기도 한다. 국제협동조합연맹 제7운영원칙(공동체를 향한 관심)에 따르면, 협동조합은 지역공동체의 현안에 참여하면서 자신들의 지역은 물론이고 전 세계의 지속가능한 발전을 위해서도 노력해야 한다. 제7운영원칙은 모든 인류를 위해 더 좋고 지속가능한 미래를 창조하겠다는 협동조합운동의 비전을 잘 보여주고 있다. 그러나 제3운영원칙(회원들의 경제적 참여)은 회원들이 출자한 자본에 근거해서 협동조합이 창출한 이익을 제한적으로 배분받으며, 이익 배분은 회원들이 협동조합을 이용한 횟수에 비례하도록 규정하고 있다. 즉, 협동조합은 기업으로서 경제적 이익을 추구하고 이러한 이익을 회원들에게 배분한다.

따라서 일반적인 관점에서 협동조합은 시민사회단체로 분류할 수 없다. 유엔의 정의에 따르면 시민사회단체는 비국가적이고 영리를 추구하지 않는 사람들로 구성된 자발적인 조직으로서, 국가 및 시장과 분리된 사회적 영역에서 활동하는 단체이기 때문이다(UNGPRF, 2021). 비영리조직인 시민사회단체는 시장에서 경제적 수익을 추구할 수는 있지만 이렇게 발생한 수익은 조직의 공공 또는 사회적 목표를 달성하기 위한 수단에 불과하다. 따라서 시민사회단체는 경제적 수익을 조직의 활동을 지속하는 데 필요한 일부를 제외하고는 회원들에게 배분할 수 없으며 이 수익을 자신들의 공공 또는 사회적 목표를 달성하는 데 사용해야 한다. 요컨대 협동조합은 회원들에게 혜택을 제공하는 반면, 시민사회단체는 일반 대중에게 혜택을 제공한다(Tittle, 2016).

따라서 협동조합이 공익적인 요소를 지니고 있다고 해서 협동조합이 기업이라는 사실을 잊어서는 안 될 것이다. 가끔 사회적 서비스를 비영리적으로 제공하는 시민사회단체가 예외적으로 협동조합으로 불리는 경우도 있다. 2012년 제정된 한국의 '협동조합기본법'에서는 협동조합을 일반 협동조합과 사회적 협동조합으로 구분하면서, 사회적 협동조합에는 면세 혜택을 제공한다. 사회적 협동조합으로 인정받기 위해서는 추진 사업의 40% 이상이 공공재 생산과 관련되어야 하고, 협동조합이 창출한 경제적 수익을 회원들에게 배분해서는 안 된다. 그러나 이러한 사회적 협동조합은 협동조합의 지배구조를 가진 시민사회단체로 보는 것이 타당할 것이다.

(5) 정부의 영향력 확대에 대해 신중한 입장을 취한다

협동조합의 제4운영원칙(자치와 독립)은 정부의 과거의 잘못된 개입 정책에 대해 협동조합운동이 경계심을 보이는 것이라고 할 수 있다. 전 세계적으로 협동조합운동을 확대시키기 위해서는 정부의 지원이 중요하지만, 정부는 협동조합을 지원하는 과정에서 의도적이든 의도적이지 않든 간에 정치적 영향력을 행사하지 않도록 유의해야 한다. 제4운영원칙은 정부가 부적절하게 영향력을 행사할 가능성을 견제하고 있다. 협동조합운동이 정부에 대해 이렇게 경계심을 보이는 것은 다음 두 가지 이유 때문이다.

첫째, 개발도상국에 소재한 일부 협동조합이 보여준 정부 주도 사업 모델의 비효율성 때문이다(Birchall, 2011). 20세기 초에 영국, 프랑스 같은 열강은 식민지의 지역경제를 발전시키기 위해 협동조합 모델을 현지에 도입했다. 그러나 식민통치 시기에는 다수의 협동조합이 시장경제 관점에서 볼 때 경쟁력 없는 기업이었다. 아울러 독립 이후 들어선

정부들은 국민들에 대한 정치적 캠페인을 위해 협동조합을 악용했다(Birchall, 2011). 정부는 협동조합에 보조금을 주었고 협동조합은 정부의 의지대로 정치 캠페인을 전개했던 것이다. 결과적으로 협동조합은 조직의 활동을 지속하기 위해 정부의 보조금에 상당 부분 의존하게 되었다. 개도국의 일반 시민들은 정부 여당이 협동조합을 정치적 도구로 악용하는 것을 보면서, 협동조합 모델을 불신하게 되었다.

둘째, 설상가상으로 과거 소련연방 지역의 경우 정부가 국민을 착취하기 위해 협동조합 모델을 악용했기 때문이다(Voleníková, 2018). 소련연방은 통치기간 중에 협동조합이라는 이름으로 집단 농장과 집단 공장 제도를 도입했는데, 사실 이 협동조합의 소유권은 회원에게 있는 것이 아니라 국가에 있었다. 중앙정부는, 중앙경제계획을 수립한 후 각 집단 농장과 집단 공장에 의무생산량을 할당했고, 해당 집단 농장과 집단 공장의 생산품을 매우 저가로 매수해 막대한 이득을 챙겼으며, 개인이 집단 농장과 집단 공장을 이탈하는 권한을 박탈하는 법까지 제정했다. 결과적으로 정부가 협동조합을 악용한 이러한 사례는 협동조합 제도 자체에 대한 부정적인 인식을 확산시켰다. 따라서 개도국이나 구소련연방 지역에서 협동조합운동을 확산시키려면 더 많은 노력이 필요한 상황이다.

결론

이 장에서는 협동조합의 정체성과 운영원칙을 살펴보았다. 협동조합운동을 전 세계적으로 확산시키기 위해서는 많은 사람들이 우선 협동조합을 설립해야 하며, 설립된 협동조합은 시장에서 일반 기업과 경쟁해서 살아남아야 한다. 이를 위해서는 일반 시민들이 협동조합의 특성을 정확히 이해해야 하고 성공하는 사업전략을 수립할 수 있어야 한다.

국제협동조합연맹이 채택한 협동조합의 정의와 운영원칙은 일반인들이 협동조합을 이해하는 데 중요한 참고 자료이다. 이를 분석해 보면, 협동조합운동은 사회적 관점과 기업적 관점 사이에서 균형을 유지하는 것이 중요하다는 것을 알 수 있다. 일반 시민들이 협동조합을 단순히 공익을 추구하는 시민사회단체로 이해한다면, 시민들은 자신이 가진 역량을 성공적인 기업전략을 발굴하는 데 온전히 쏟아 붓지 않을 수 있다. 그럴 경우, 협동조합이 시장에서의 치열한 경쟁에서 생존할 가능성은 낮아진다. 협동조합이 시장에서 경쟁력을 확보할 수 없다면 협동조합운동을 전 세계적으로 확산시키기 매우 어려울 것이다. 따라서 향후 협동조합운동의 중요한 과제 중 하나는 협동조합이 생계를 유지할 수 있는 기업이라는 사실을 적극적으로 알리는 것이다.

제2장

협동조합의 일곱 가지 강점

협동조합운동을 전 세계적으로 확산시키기 위해서는 성공한 협동조합을 대규모로 배출해야 한다. 그러나 많은 협동조합이 실패하고 있는 것도 현실이다. 실패의 주요 원인은 협동조합이 가진 경쟁력의 원천이 무엇인지를 정확하게 이해하지 못한 채 사업전략을 수립하기 때문이다. 개인들이 협동조합의 강점을 정확히 이해하는 것은 시장경제에서 협동조합을 증가시키는 데 크게 기여할 것이다.

이러한 문제의식을 토대로 이 장에서는 먼저 협동조합이 가진 일곱 가지 강점을 분석하고, 동시에 협동조합의 경쟁자인 일반 회사가 가진 두 가지 강점도 비교 분석한다. 이후 협동조합과 일반 회사 간 경쟁에서 서로의 강점이 어떻게 작용하는지에 대해 분석한다.

협동조합의 일곱 가지 강점

협동조합은 시장경제에서 일반 회사를 대상으로 일곱 가지의 경쟁력을 가지고 있다. ① 교섭력, ② 비용 분담, ③ 높은 생산성, ④ 저렴한 생산품 가격, ⑤ 비정규직 일자리를 정규직 일자리로 전환하는 능력, ⑥ 파트타임이지만 공식적인 일자리 창출 능력, ⑦ 사회적 자본 증대 능력이다. 따라서 협동조합을 설립하는 개인들은 이러한 강점을 자신들의 협동조합 사업전략 설계에 최대한 많이 반영해야 시장경쟁에서 우위를 확보할 수 있다. 이제 일곱 가지 강점을 개별적으로 분석해 보자.

(1) 교섭력이 막강하다

협동조합은 분산되어 있던 개인을 동일한 목적을 가진 집단으로 변모시킴으로써 교섭력을 강화한다(Birchall, 2011). 협동조합의 교섭력이 막강한 이유는, 대규모 수요를 감당할 수 있고, 대규모 마케팅을 구사할 수 있으며, 공동 품질관리를 통해 생산품의 품질이 개선되기 때문이다. 따라서 협동조합은 강력한 교섭력을 토대로 개인에 비해 더 크고 더 많은 계약을 더 좋은 조건으로 체결할 수 있다. 즉, 계약의 규모, 횟수, 조건이 개선된다. 개인 차원에서는 이렇게 개선된 형태로 계약을 체결하기가 힘들다.

미국에서 오렌지를 재배하는 농가 6,000세대로 구성된 썬키스트라는 농업 분야의 협동조합을 예로 들어보자. 썬키스트라는 협동조합을 통해 개별 농부들은 더 크고 더 많은 계약을 중간 상인을 거치지 않고 대형 슈퍼마켓 체인들과 직접 체결할 수 있게 되었다(Sunkist, 2022). 마찬가지로, 서비스업 분야에서는 부에노스아이레스에서 가장 큰 환경미화원 협동조합인 '소외된 근로자운동(Movimiento de Trabajadores Excluidos)'을 예로 들 수 있다. 이 협동조합은 아르헨티나의 부에노스아이레스 지역에서 2005년 설립되었는데, 환경미화원들은 이 협동조합을 통해 더 크고 더 좋은 조건의 계약을 지방정부들과 더 많이 체결할 수 있었다(ILO, 2019a). 특히 부에노스아이레스 지방정부와 체결한 계약은 과거에 개별 환경미화원들이 중간 인력 브로커 업체들과 체결한 계약보다 훨씬 좋은 조건이었다. 예를 들어, 지방정부는 환경미화원들을 위한 탁아소와 교육센터를 지원하게 되어 있다.

이처럼 강력한 교섭력은 소비자 협동조합에서도 찾아볼 수 있다. 예를 들어, 스위스에서 가장 큰 슈퍼마켓 체인인 미그로스(Migros)는 소비자들이 직접 소유하고 있다. 개인들은 미그로스가 가진 교섭력을 토대로 생산업체로부터 더 좋은 생산품을 더 저렴한 가격에 구매할 수 있게 되었고, 이로써 개인의 가처분 소득이 증가하게 되었다. 또한 농업 분야의 생산자 협동조합의 경우 종자, 비료 등 농업 자재를 구매할 때는 소비자 입장이기 때문에, 협동조합을 통해 공동 구매를 추진함으로써 농업자재를 보다 저렴하게 구매할 수 있다. 미국의 최대 유기농협동조합인 '쿨리 지역유기농생산모임(CROPP)'이 좋은 사례이다(Ramirez, 2014).

(2) 개인들이 비용을 분담한다

협동조합을 통해 개인들은 장비 구매 비용과 사업(연구, 광고)과 관련된 비용을 공동 분담할 수 있다(Eum, 2017). 즉, 비용을 분담함으로써 협동조합 회원들은 각자의 생산단가를 인하할 수 있다. 생산단가를 인하하는 데서 가장 핵심적인 역학은 규모의 경제이다. 협동조합의 회원수가 많을수록 각 회원이 분담하는 장비비용 또는 사업비용은 줄어든다.

예를 들어, 프랑스에서는 소규모 농가들이 프랑스 전체 포도주 생산량의 절반 이상을 생산하고 있다. 이 소규모 포도주 생산 농가들은 협동조합을 통해 값비싼 포도주 생산 장비(예를 들어, 포도주 병에 코르크 마개를 끼우는 기계)를 공동 소유함으로써 각자의 생산단가를 인하한다. 마찬가지로 스리랑카의 '바부니야 북부 과일재배 협동조합'은 회원에게 농업기술교육을 제공하는데, 각 회원이 이 비용을 공동 분담함으로써 개인 부담을 줄인다(ILO, 2017c). 이러한 농업기술교육은 각 농가의 생산성을 제고한다. 유사한 사례로, 한국 대구광역시의 서구맛빵협동조합은 7개의 제빵판매점이 설립한 협동조합인데, 고가의 제빵 기계를 공유하고 공동 마케팅을 통해 각 판매점의 생산 단가를 낮추는 방식으로 경쟁력을 제고한다(기획재정부, 2013).

(3) 일반 회사보다 생산성이 높다

협동조합은 일반 회사보다 생산성이 더 높다(Rothschild and Whitt, 1989). 이는 회원들이 협동조합을 민주적으로 통제하고 협동조합에 대해 주인의식을 갖고 있기 때문이다. 제1장에서 설명한 바와 같이 국제협동조합연맹의 제2운영원칙(회원들에 의한 민주적 통제) 및 제3운영원칙

(회원들의 경제적 참여)에 근거해, 협동조합은 1인 1표 시스템을 갖는다. 이 1인 1표 시스템은 모든 회원이 동등하게 협동조합에 대한 소유권을 행사할 수 있도록 한다. 협동조합의 이러한 민주적이고 동등한 소유권 구조 때문에 각 회원들은 정책결정에 직접 참여할 수 있고 회원들 간에 이윤도 공평하게 배분된다(Pérotin, 2012).

결과적으로 개별 회원들은 자신들의 협동조합에 대해 강력한 주인의식을 갖게 된다(McDonnell, Macknight and Donnelly, 2012). 이러한 주인의식 때문에 근로자는 기업을 위해 더욱 헌신하고 노력할 동기가 발생한다(Pérotin, 2012). 즉, 각 회원이 협동조합의 주인이고 협동조합이 이익을 많이 창출할수록 이에 비례해서 회원들의 소득도 증가하는 구조이기 때문에 각 회원이 자발적으로 열심히 일하고 자신들의 교육훈련에도 적극적으로 투자하면 생산성과 혁신을 제고할 수 있다(Jossa, 2014).

일례로, 한국의 춘천희망택시협동조합은 약 80명의 택시 기사가 직접 소유하고 있는 운수 기업이다. 원래 개인 투자자가 소유한 일반 택시 회사였는데 2020년 11월 협동조합으로 기업 형태를 전환한 이후 생산성이 크게 증가했다(권소담, 2021.5.17). 각 회원의 주인의식 덕분에 타이어 펑크율과 사고율이 비약적으로 낮아진 반면, 서비스 품질은 매우 높아졌다. 아울러 이익 배분 효과도 무시할 수 없는데, 일반 회사에서 협동조합으로 전환한 후 각 회원의 소득이 월 60만 원가량 증가했다.

물론 각 회원의 민주적이고 동등한 소유권 행사가 협동조합의 생산성에 부정적인 영향을 줄 위험성도 배제할 수는 없다. 일부 회원이 다른 회원의 노력에 무임승차하는 도덕적 해이에 빠질 수 있기 때문이다(Bonroy et al., 2019). 다행스럽게도 페로틴의 통찰력 있는 연구에 따르면, 각 회원의 민주적이고 동등한 소유권 행사가 창출하는 긍정적인 효과는 부정적인 효과보다 훨씬 큰 것으로 나타났다(Pérotin, 2012). 그가 분석한 기존 사례를 보면 근로자가 민주적이고 동등하게 소유권을 행사하는 것은 해당 기업의 실적을 저하시키지 않고 오히려 증가시킨다. 페로틴이 분석한 데이터에 포함되는 사례는, 1948~1968년간 영국의 인쇄, 섬유, 신발 산업 분야의 약 150개 근로자 협동조합(Jones, 1982), 1978~1979년간 프랑스의 제조업, 건설, 서비스 산업 분야의 약 550개 근로자 협동조합(Defourny, Estrin and Jones, 1985), 1976~1980년간 이탈리아의 제조업, 건설 산업 분야의 약 150개 협동조합(Estrin, Jones and Svejnar, 1987), 미국의 태평양 북서지역의 합판생산협동조합(Conte and Svejnar, 1990), 그리고 스페인의 약 60개의 근로자 협동조합을 포함한 약 1,000개 기업(Bayo-Moriones, Salvatierra and Díaz de Cerio, 2002)이다.

또한 경기 침체 시기에 협동조합은 일반 회사와 달리 자유롭게 인력을 해고하는 데 어려움을 겪을 수 있다는 우려도 제기된다(Birchall, 2011). 그러나 협동조합은 일자리를 공유함으로써 이러한 우려를 해소할 수 있다. 즉, 협동조합은 근로자를 해고하는 대신 근로자들의 근로시간을 줄이고 임금을 삭감하는 방식으로 대응할 수 있다(Pencavel, Pistaferri and Schivardi, 2006). 이는 제2운영원칙(회원들에 의한 민주적 통제) 및 제7운영원칙(공동체를 향한 관심)에 근거해, 협동조합이 개인 투자자 소유 기업보다 더 용이하게 회원 모두를 살리는 방향으로 일자리 공유 방안을 마련하고 이에 대한 합의를 도출할 수 있기 때문이다.

(4) 일반 회사보다 생산품 가격이 낮다

협동조합은 생산품 가격을 일반 회사보다 더 낮출 수 있다. 이는 지배구조에서 소유주를 없앰으로써 생기는 이점이다. 협동조합은 지배구조에서 소유주를 제거함으로써 당초 소유주가 가져갈 이익을 생산품의 가격 구조에서 제외할 수 있다. 이는 협동조합의 민주적이고 동등한 소유 구조를 고려할 때 당연한 논리이다. 이러한 강점은 생산자 협동조합과 소비자 협동조합 모두에서 발견된다.

예를 들어, 뉴욕의 기사협동조합(Drivers Cooperative)의 회원은 우버 기사에 비해 소득이 약 8~10% 더 높다(Toussaint, 2021). 이 협동조합은 각 회원으로부터 교육, 인허가, 고객 서비스, 유지 보수 등 운영비용 명목으로 매출의 15%를 징수하는 반면, 투자자 소유 기업인 우버는 25%를 징수하기 때문이다. 택시 요금을 책정하는 관점에서 보면, 뉴욕 기사협동조합은 시장경쟁에서 (투자자 소유 기업인) 우버에 대한 우위를 점하기 위해 이 차액을 활용해 택시 요금을 최대 8~10%까지 인하할 여력이 있다.

(5) 비정규직 일자리를 정규직 일자리로 전환할 수 있다

협동조합은 법률에 근거한 '공식적인 종신계약'을 회원에게 제공함으로써 비정규직 일자리를 정규직 일자리로 전환할 수 있다. 우선, 비정규직 일자리(non-standard jobs)는 비공식, 파트타임, 기간제 일자리를 의미하는 반면, 정규직 일자리(standard jobs)는 공식, 풀타임, 종신계약 일자리를 의미한다. 협동조합은 한때 비공식경제 부문에서 일했던 회원들을 공식경제로 편입시킬 수 있기 때문에 비정규직을 정규직으로 바꿀 수 있다.

이는 사회적으로 네 가지 긍정적인 효과를 야기한다. 정규직 전환의 첫째 효과는 협동조합의 회원들이 연금, 의료보험, 실업수당, 산업재해보험 등 사회보장제도의 혜택을 누릴 수 있다는 것이다(Eum, 2017). 근로자의 권리와 보호 제도의 혜택을 받을 수 있는 전제 조건은 근로자의 신분이 법률적으로 인정되는 것이기 때문이다(OECD, 2019a).

둘째 효과는 고용 안정성을 제고한다는 것이다. 회원 각자가 협동조합의 주인이므로 회원이 협동조합과 체결한 고용계약은 한시적 계약이 아닌 종신계약이다. 협동조합과 회원 간의 고용계약은 회원이 협동조합을 탈퇴하거나 그 협동조합이 해산할 경우에만 종료된다.

정규직 전환의 셋째 효과는 조세 수입 증대, 사회보장 기여금 증대, 저소득층에 대한 사회보장 지출 감소를 통해 국가 재정 상태가 개선된다는 것이다(OECD, 2019b). 국가 경제에서 비공식경제 부문이 차지하는 비율이 높은 국가들에서는 이러한 효과가 더 강력하게 나타날 것이다.

넷째 효과는 협동조합이 정부의 기업 지원 서비스를 신청할 경우 정부 측을 설득하는 데 기여할 수 있다는 것이다. 즉, 전 세계적으로 거의 모든 정부는 중소기업 진흥정책을 추진하고 있는데, 이와 관련해 일반 회사형 중소기업보다 협동조합형 중소기업을 지원하는 것이 공익에 더 부합하다는 점을 정부를 설득하기 위한 논거로 쓸 수 있다. 요컨대 협동조합에 대한 정부 지원의 정당성을 강화시켜 줄 것이다. 노동절약적 기술의 발전과 노동시장의 규제 철폐로 인해 비정규직 일자리가 증가하는 추세인 점을 고려할 때, 비공식경제 부문의 근로자를 공식경제로 편입시키는 협동조합의 역할은 점점 더 중요해질 것으로 예상된다.

그럼 몇 가지 사례를 살펴보기로 하자. 우선, 환경미화원, 가사도우미, 이주민 노동자, 거리 행상인, 운수업자, 가내수공업자, 간병인과 같이 소외된 그룹의 경우 협동조합을 통해 상당한 혜택을 볼 수 있다(CICOPA, 2018). 예를 들어 콜롬비아의 환경미화원 협동조합인 '코페라티바 레쿠페라르(Cooperativa Recuperar)'는 약 1,000명의 회원으로 이루어져 있는데, 이 중 60%가 여성이다. 환경미화원들은 공공부문과 계약을 할 때 이 협동조합을 계약 당사자로서 전면에 내세움으로써 사회보장제도의 혜택을 계약 내용에 포함시킬 수 있었다(ILO, 2019a). 그 결과 이 협동조합에 속한 환경미화원들은 공공의료 서비스, 사고보험, 금융대출, 장학금 등의 혜택을 받게 되었다. 일반적으로 환경미화원들은 사회보장 혜택이 주어지지 않는 비공식경제 부문에서 일하는 경우가 많다는 사실을 고려할 때, 콜롬비아의 환경미화원 협동조합은 좋은 모범 사례를 제공하고 있다.

아울러 프리랜서도 협동조합을 활용해 공식경제 부문에 편입될 수 있다. 예를 들어, 프랑스의 '활동 및 고용 협동조합(Coopérative d'activité et d'emploi: CAE)'의 경우 신규 창업 기업인들에게 근로자 신분을 제공함으로써 사회보장제도의 혜택을 누릴 수 있도록 하고 다양한 행정지원 서비스도 제공한다(Eum, 2017). 프랑스 정부는 2014년 7월 31일 사회 및 연대경제에 관한 법률을 통해서 이 협동조합 모델을 도입했다 (Bpifrance, 2021). CAE는 1인 신규 창업가들을 회원으로 받아들이면서 이들에게 "월급 받는 기업가"라는 법률적 지위를 부여한다. 나아가 이 협동조합은 회원들에게 개인 맞춤형 지원과 공동 서비스를 제공한다. 이에 대한 대가로 신규 창업가들은 이 협동조합에 회비를 납부한다. 초기 단계에서 신규 창업가는 CAE 측과 최대 8개월까지 실험적으로 계약을 체결할 수 있고, 이후 추가로 계약을 갱신할 수 있다. 만약 신규 창업가가 계약 체결 후 최대 3년이 경과하기까지 이 협동조합의 정식 회원이 되지 않을 경우 신규 창업가와 협동조합 간 계약은 종료된다. 요컨대 이 협동조합은 젊은 기업가들이 사업을 최초로 시작할 때 안전한 보호막 역할을 수행한다.

또 다른 사례로 '스마트(Smart)'를 들 수 있다. 원래 스마트는 1998년 유럽에서 예술가들에게 다양한 서비스를 제공하기 위해 비영리협회로 출범했으나, 2016년 협동조합으로 전환했다. 스마트는 행정 지원(영수증 발급, 채권 추심, 회계 관리), 자문과 보험(직업책임보험, 선불지급보증), 직업 네트워크, 공동 작업 공간, 보조금, 사회보장 혜택 등 다양한 서비스를 프리랜서 근로자에게 제공한다(Eum, 2017). 스마트는 현재 벨기에에 10개 사무소를 운영 중이고, 다른 7개 유럽 국가에도 사무소를 두고 있는데, 사업모델이 매우 혁신적이다. 스마트의 사업모델을 살펴보면(Smart, 2021), 프리랜서가 스마트에 가입할 경우 그는 이 협동조합과 초단기 계약을 체결하고 월급을 받는 근로자의 지위를 획득한다. 프리랜서는 고객들과 서비스 계약을 체결하면 서비스를 시작하기 전에 계약서를 스마트

에 송부한다. 그러면 스마트는 정부에 프리랜서가 납부해야 하는 사회보
장기여금과 세금을 대신 납부한다. 스마트는 프리랜서와 고객 간의 계약
이 종료된 후 7일이 경과하면 프리랜서에게 월급을 지급한다. 스마트는
해당 고객이 프리랜서에게 서비스 대금을 지급하지 않은 상태에서도 프
리랜서에게 대금을 선지급한다. 흥미롭게도 프랑스의 CAE와 달리 스마
트는 다중이해관계자 소유 구조를 채택했다(Eum, 2017). 또한 스마트는
CAE와 달리 프리랜서 근로자와 스마트 사무국 직원 모두에게 동일한 회
원 지위를 부여한다.

(6) 공식적인 파트타임 일자리를 제공할 수 있다

협동조합은 노동시장에서 여성, 노인 같은 취약계층에 대해 안정적
인 파트타임 일자리를 제공할 수 있다. 만약 어떤 가정에서 가장의 소
득이 충분하다면 다른 피부양가족은 굳이 일자리를 구할 필요가 없을
것이다. 그러나 가장의 소득이 충분하지 않다면 다른 가족 회원들도 일
을 해야 하는 상황이 생길 수 있다. 이 경우 어린 자녀를 둔 여성이나 체
력이 약한 노인은 온종일 일할 수 있는 여건이 아니기 때문에 문제가 된
다. 노동시장의 일자리가 풀타임 위주라면 이러한 취약계층은 '모 아니
면 도'의 선택을 강요받게 된다. 즉, 온종일 일을 하거나 아니면 실업 상
태로 있는 것이다. 그럴 경우, 현실적인 제약을 고려할 때 결국 실업을
선택할 가능성이 높다. 이러한 상황에서 협동조합은 실용적인 대안을
제공한다. 취약계층에 안정적인 파트타임 일자리를 제공함으로써 이들
의 소득을 증대시키는 것이다.

그 메커니즘은 다음과 같다. 협동조합은 개인이 모여 집단을 이룸으로써 프리랜서들이 시도할 수 없는 대규모 또는 안정적인 계약을 체결할 수 있다. 협동조합은 회원이 많기 때문에 이후 업무를 각 회원의 필요를 고려해 유연하게 배분할 수 있다. 어린 자녀가 있는 여성 또는 노인의 경우 파트타임 또는 원하는 요일에 일하고, 그들이 근로하지 않는 시간대 또는 요일에는 여유가 있는 다른 회원이 투입되어 일하면 된다. 또 하나의 장점은 각 회원이 협동조합의 주인이기 때문에 해고를 걱정할 필요가 없다는 것이다. 따라서 협동조합이 창출하는 일자리는 파트타임 일자리라 하더라도 고용 안정성이 높아질 수밖에 없다. 사실 비정규직이라는 측면에서 보면 파트타임 일자리가 바람직하지는 않지만, 그래도 노동시장의 취약계층에게는 대안으로서 매우 유용한 측면이 있다. 몇 가지 사례를 살펴보기로 하자.

일본 가나가와 고령자 협동조합은 간병인 서비스를 제공하고 있는데, 여기서 일하는 한 가정주부의 인터뷰는 협동조합이 제공하는 파트타임 일자리의 중요성에 대한 좋은 통찰을 제공한다. "저는 정말 만족해요. 예를 들어 부모의 날 등 아이들의 학교에 가야할 때 저는 제 업무 스케줄을 확인하기만 하면 돼요. 그리고 일하지 않는 시간에 대해서는 급료를 받지 않으면 돼요. 이러한 유연성에 정말 만족합니다"(Roelants, Eum and Terrasi, 2014).

또 다른 사례로 뉴욕의 가사도우미 협동조합을 들 수 있다. 이 협동조합은 미국 코넬대학교 학생들이 개발한 쿠피파이(COOPIFY)라는 온라인 플랫폼을 통해 고객들의 서비스 주문을 받는다. 온라인 플랫폼 덕분에 대형 상업적 플랫폼 회사와의 경쟁에서도 뒤지지 않고 집 청소, 간병인 서비스 계약을 따내고 있으며, 각 회원이 자기가 원하는 시간대에 유연하게 근무할 수 있다(CICOPA, 2018). 온라인 플랫폼을 통해 서비스 스케줄을 잡는 것은 우버 택시를 부르는 것과 유사하다. 온라인 플랫폼을 통해 서비스 주문이 들어오면 고객이 원하는 시간대에 업무가 가능한 회원이 이 서비스를 제공하면 되기 때문이다.

마찬가지로 한국의 드림국제협동조합도 좋은 사례이다. 이 협동조합은 이주민과 한국인으로 구성된 외국어 과외 협동조합인데, 어린 자녀를 둔 여성 교사들이 온라인으로 수업을 진행하기 때문에 집에서도 유연하게 근무할 수 있다(기획재정부, 2013).

이 여섯째 강점 역시 (다섯째 강점과 마찬가지로) 협동조합이 정부 측의 지원을 받으려고 할 때 왜 정부가 일반 회사에 비해 협동조합을 우선적으로 지원해야 하는가를 설득하기 위한 홍보 포인트로 쓸 수 있다. 정부가 협동조합을 우대할 수 있는 사회적 명분을 제공하는 것이다.

(7) 사회적 자본을 증대시킨다

협동조합의 또 다른 강점은 사회적 자본을 증대시킨다는 것이다. 로버트 퍼트넘(Robert Putnam)은 사회적 자본을 "사회적 네트워크와 여기서 발생하는 상호성 및 신뢰에 관한 규범으로서 개인 간의 연결고리"라고 정의한다(Putnam, 2000). 간단히 말해서 사회적 자본은 '개인 간의 협동을 이끌어내는 사회적 분위기'라고 이해할 수 있다. 협동조합이 사회적 자본을 증대시키는 방식은 세 가지로, 소속감을 증대시키고, 화해를 도모하고, 공동체를 위한 관심을 제고시키는 것이다(Roelants, Eum and Terrasi, 2014).

첫째, 개인적 관점에서 볼 때, 협동조합은 개인주의로 인해 고독과 익명성이 팽배한 현대사회에서 개인에게 소속감을 부여한다. 제1운영 원칙(자발적이고 개방적인 가입제도), 제2운영원칙(회원들에 의한 민주적 통제), 제3운영원칙(회원들의 경제적 참여) 및 제4운영원칙(자치와 독립)을 근거로, 협동조합은 개인들이 공통의 목표를 위해 동등한 자격으로 협동할 수 있는 플랫폼을 제공한다. 이를 통해 개인들은 자유롭게 의견을 개진하고, 모든 것을 주체적으로 직접 결정하며, 공통의 목표를 위해 서로 협동하는 법을 배운다. 따라서 개인들은 직장에서도 공동체 의식을 느낄 수 있다. 이는 마치 친구 또는 가족과 함께 있는 듯한 느낌일 수도 있다. 이렇게 친밀한 관계가 형성되면, 개인들은 협동조합의 구성원이라는 공통의 정체성을 형성할 수 있다. 일례로, 인도의 '여성자영업자연합(SEWA)'의 한 회원은 인터뷰에서 "사람들은 나를 환경미화원으로 인식합니다. 과거에는 나도 나 자신을 그렇게 인식했지만 지금은 나 자신을 SEWA의 여성 회원으로 인식합니다"라고 말하면서 변화된 자신의 정체성을 설명했다. 이는 협동조합이 개인의 심리에 미치는 영향을 상징적으로 보여주는 사례이다(Roelants, Eum and Terrasi, 2014).

둘째, 사회적 관점에서 볼 때, 협동조합은 회원 간, 협동조합 간 화해와 연대를 증진한다. 제1운영원칙(자발적이고 개방적인 가입제도) 및 제2 운영원칙(회원들에 의한 민주적 통제)에 근거해, 협동조합의 각 회원은 동등한 정책결정 권한을 보유하고 있기 때문에 회원 간에 자유로운 대화와 협력이 활성화될 수 있다. 이 두 가지 원칙은 출신 배경이 상이한 협동조합의 회원들도 공통의 목표를 달성하기 위해 함께 노력할 수 있게끔 동기를 부여한다. 한 예로, 르완다의 '아바후자무감비 커피 협동조합(Abahuzamugambi coffee cooperative)'은 과거 대량학살의 가해자와 생존자 약 2,500명으로 구성되어 있다. 이 협동조합은 커피 재배로 경제적 이익을 창출한다는 공통의 목표를 추구하는데, 이 과정에서 서로 다른 부족 출신의 회원 간에 대화와 협력이 증가했고, 결과적으로 상호 적대적이었던 부족이 화해하는 데 큰 도움이 되고 있다(Sentama, 2009). 또한 제6운영원칙(협동조합 간 협력)에 근거해 협동조합은 협동조합 간의 네트워크를 확산함으로써 협동조합운동을 확대시킬 의무를 가지고 있다. 이러한 노력의 직접적인 결과물로 협동조합 대 협동조합 간 무역(Coop2Coop) 이니셔티브가 있다(ICA, 2015). 일본의 농업 협동조합과 소비자 협동조합 간의 협력 사례나, 공정무역운동의 틀 내에서 이루어지는 선진국 협동조합과 개도국 협동조합 간의 협력 사례는 이러한 이니셔티브의 모범사례라고 볼 수 있다(ICA, 2015).

셋째, 전 세계적 관점에서 볼 때, 협동조합은 세상에 대한 관심과 배려를 증대시킨다. 협동조합은 기본 설립 철학 때문에 공동체를 위해 일하지 않을 수 없다. 제7운영원칙(공동체를 향한 관심)에 근거해 협동조합은 자신이 속한 지역의 지속가능한 발전을 위해 힘써야 한다. 예를 들어, '몬델레즈 인터내셔널 코코아 라이프(Mondelez International Cocoa Life: MICL)' 협동조합은 가나 북서부 지역의 34개 코코아 농업 협동조합으로 구성된 연합회로, 2015년 설립되었다. 이 협동조합연합회는 지역

공동체에 마을회관, 교실, 교사 숙소, 도로, 다리, 병원 등을 건설함으로써 지역개발에 기여하고 있다(Im, 2022).

　나아가 제7운영원칙(공동체를 향한 관심)은 협동조합이 전 세계의 지속가능한 발전을 위해 노력할 것을 촉구하고 있다. 이는 협동조합이 속한 지역공동체의 지속가능한 발전이 전 세계 다른 지역공동체의 지속가능한 발전과 상호 의존하는 관계에 있기 때문이다(ICA, 2015). 일례로, '쿱 이탈리(COOP Italy)'는 이탈리아에서 가장 큰 슈퍼마켓 소비자 협동조합로, 지속가능한 기준을 준수하는 공급업체로부터 생산품을 구매하고 있으며, 각 회원에 대해서도 쓰레기 감소, 재활용 방법에 대해 교육하고 있다(ICA, 2017). 또 다른 사례로 코스타리카의 어업 협동조합인 '쿠페타르 콜레스(CoopeTárcoles)'는 지속가능한 어업기술을 채택함으로써 지역공동체 내 해양 자원의 고갈을 막기 위해 노력한다. 비슷한 맥락에서 인도의 면화재배농가협동조합인 '체트나 오가닉(Chetna Organic)'은 생물 다양성을 보존하고 공해를 줄이기 위해 친환경적 농법을 사용한다(Chhabra, 2016).

　마지막으로, 제6운영원칙(협동조합 간 협력) 및 제7운영원칙(공동체를 향한 관심)에 근거해 협동조합은 선진국과 개도국 간 개발협력에도 기여할 수 있는 상당한 잠재력을 가지고 있다. 일례로, 이탈리아협동조합연맹은 이탈리아개발협력단(AICS)의 재정 지원을 받아 모잠비크 낙농협동조합을 지원하는데, 여기에는 교수 요원 훈련, 모잠비크 낙농 분야에서의 협동조합의 생존 가능성 분석 등이 포함된다(ILO, 2022).

　협동조합은 이처럼 사회 운동을 위한 플랫폼 역할을 하고 있는데, 협동조합운동의 시초를 생각해 보면 이는 당연하다 할 수 있다. 로치데일 소비자 협동조합의 경우 설립 회원 중 절반이 중산층 사회주의자로 구성되었고, 이 사회주의자들은 19세기에 빈곤층에 대해 동정심을 가지고 빈곤층의 경제적·사회적 개선과 가정환경 개선을 지원했기 때문이다(Fairbairn, 1994).

협동조합의 일곱째 강점 역시 (다섯째 강점, 여섯째 강점과 마찬가지로) 협동조합이 정부 측 지원을 요청할 때 왜 일반 회사에 비해 자신들을 우선적으로 지원해야 하는가를 설득하기 위한 좋은 홍보 포인트가 될 수 있다.

일반 회사의 두 가지 강점

협동조합(협동조합 소유 구조를 가진 기업)은 시장경제에서 일반 회사(자본주의적 소유 구조를 가진 기업)와 경쟁해야 한다. 근로자의 수를 기준으로 볼 때, 일반 회사는 두 가지 유형으로 나뉜다. 하나는 프리랜서이고, 또 하나는 투자자 소유 기업이다. 프리랜서는 1인 기업으로서 투자자와 근로자가 구분되지 않는다. 반면에 투자자 소유 기업은 소유주와 근로자로 구성된다.

일반 회사는 협동조합에 대해 두 가지 강점을 가지고 있다. 하나는 대규모 자본을 조달할 수 있는 역량이고, 또 하나는 빠른 의사결정 메커니즘이다. 여기에 대해 구체적으로 살펴보기로 하자.

(1) 대규모 자본을 조달할 수 있다

일반 회사는 주식시장에 그 회사의 주식을 상장해서 자본을 조달할 수도 있고 부유한 소유주의 개인 자본에 의존할 수도 있다. 반면에 협동조합은 1인 1표 시스템 때문에 대규모 자본을 조성하는 데 제약이 크다. 원칙적으로 국제협동조합연맹 제2운영원칙(회원들에 의한 민주적 통제) 및 제3운영원칙(회원들의 경제적 참여)에 근거해서, 협동조합은 내부적으로 각 회원이 출자한 자본에 의존할 수밖에 없다. 물론 제1장에서 설명한 바와 같이 예외적으로 외부 투자자의 출자도 받는 하이브리드 방식 등으로 자본 조달 경로를 다변화하려는 시도가 있었지만, 이러한 시도는 협동조합의 기본 철학 및 근본적인 가치와 상충할 수 있으므로 주류화하는 데에는 한계가 있다(ICA, 2015). 협동조합이 고유의 정체성을 잃으면 사실상 일반 회사와 별 차이가 없어지기 때문이다.

(2) 신속한 의사결정이 가능하다

일반 회사가 신속하게 의사결정을 할 수 있는 이유는 회사를 소유하고 관리하는 사람이 1인(대부분 중소기업) 또는 소수의 투자자(대형 회사)이기 때문이다. 반면에 협동조합은 제2운영원칙(회원에 의한 민주적 통제)에 근거해 모든 회원이 민주적으로 의사결정 과정에 참여하기 때문에 빠른 의사결정이 어렵다. 그러나 여기서 한 가지 분명히 할 점은 빠른 의사결정이 반드시 올바른 결정을 담보하지는 않는다는 것이다. 일반 회사가 1인 소유주의 경험과 지혜에 의존해 신속히 의사결정을 할 수 있다고 해도 그 결과는 실패할 수 있다. 이에 반해 협동조합은 모든 회원의 집단 지성에 의존하기 때문에 의사결정이 느리지만 그렇더라도 그 결과는 성공적일 수 있다. 따라서 의사결정 메커니즘과 관련해 일반 회사가 협동조합과 구분되는 것은 의사결정의 속도이지, 의사결정의 질이 아니다.

협동조합과 일반 회사 간의 경쟁 역학

제1장에서 살펴본 바와 같이, 협동조합은 자본집약적 분야에 진입하는 데 제약이 크다. 그렇기 때문에 협동조합과 일반 회사 간의 경쟁 무대는 사실상 노동집약적 분야가 될 것이다. 다행스럽게도 노동집약적 분야에서는 일반 회사가 자신의 두 가지 강점을 제대로 활용하지 못하는 반면, 협동조합은 자신의 일곱 가지 강점을 십분 활용할 수 있다.

노동집약 분야에서 일반 회사의 강점이 영향력을 발휘하지 못하는 이유
우선, 노동집약 분야에서 일반 회사의 두 가지 강점이 별다른 파괴력을 발휘할 수 없는 이유를 살펴보자.

첫째, 노동집약적 분야에서는 일반 회사가 보유한 대규모 자본 조달 역량이 별다른 장점을 발휘하지 못한다. 노동집약적 분야(농업, 서비스업 등)에서는 생산 활동을 위해 대규모 자본을 조달할 필요가 없기 때문이다. 노동집약적 분야에서는 노동이 생산의 중추적인 역할을 수행하며, 이 때문에 임금 수준과 노동력의 기술 수준이 중요한 경쟁력이다 (Tesfaw, 2021). 일반적으로 노동집약적 분야에서는 협동조합을 많이 찾

아볼 수 있다. 반면, 자본집약적 분야(철강, 자동차, 석유화학 등)는 사업을 시작할 때 대규모 자본 투자가 필요하기 때문에 협동조합을 찾아보기 힘들다. 크램퍼가 대규모 협동조합이 침체한 사유에 대해 수행한 연구는 협동조합이 자본을 조달할 때 직면하는 어려움을 예시적으로 잘 보여준다(Kramper, 2012). 그는 서유럽 소비자 협동조합과 미국 농업 협동조합이 생존하기 위해 규모를 키우고 자본집약적으로 변모해야 하는 상황에서 다수의 조합이 자본 조달에 실패해 해산했던 사례를 분석한 바 있다.

둘째, 노동집약적 분야에서는 일반 회사의 빠른 의사결정 능력이 큰 파괴력을 갖지 않는다. 우선, 자본집약적 분야에서는 신속한 의사결정이 경쟁의 판도를 바꿀 수 있는 카드인데, 이는 기업의 성공이 경쟁자가 시장에 진입하기 전 적시에 대규모 자본 투자를 단행하는 데 달려 있기 때문이다(Ferreira, Kar and Trigeorgis, 2009). 자본집약적 분야에서는 기업이 대규모 장기투자를 통해 생산품을 출시하는데, 이 생산품을 출시하는 시점에 시장 수요가 충분해야 투자금을 회수하고 이윤을 낼 수 있다. 예를 들어, 만약 한 자동차 제조기업이 전기차 생산라인에 대한 설비 투자를 지연하는 상황에서 다른 경쟁 기업들이 이미 시장에서 전기차를 판매하고 있다고 가정하자. 이 경우 먼저 투자를 단행한 기업들이 수요를 선점하기 때문에, 후발 기업은 제품을 출시하더라도 시장 수요가 거의 남아 있지 않는 상황에 직면하게 된다. 따라서 후발 기업은 투자금 회수와 이윤 창출이 어려워진다. 자본집약적 분야에서는 기업의 의사결정이 지연될 경우 시장에서 퇴출될 수도 있다.

반면에, 노동집약적 분야에서는 경쟁력의 원천이 신속한 의사결정 메커니즘이 아닌 임금 수준과 근로자의 기술력이다(Tesfaw, 2021). 임금 수준은 제품의 가격을 결정하고, 노동력의 기술 수준은 제품의 품질을 결정한다. 가격이 저렴하고 품질이 좋다면 그 상품은 시장경쟁력을 가질 수밖에 없다. 그리고 만약 임금 수준과 근로자의 기술력에 관한 기업의 의사결정이 지연되어 시장경쟁력이 저하되더라도 해당 기업은 비교적 적은 비용으로 단기간에 개선 조치를 취할 수 있기 때문에 의사결정이 늦은 데 따른 피해를 빨리 그리고 쉽게 극복할 수 있다. 예를 들어, 만약 한 기업의 임금이 경쟁 기업보다 높을 경우, 해당 기업은 별다른 비용 없이 신속하게 임금 수준을 조정할 수 있을 것이다. 임금 수준을 조정한다고 해서 물리적인 자산이 변동되지는 않기 때문이다. 마찬가지로 어느 기업이 숙련된 근로자가 부족하다고 판단할 경우, 해당 기업은 노동시장에서 숙련 근로자를 신속하게 채용하는 방안을 검토할 수 있다. 자본재와 달리 노동력은 시장에서 거래하고 이동하는 것이 훨씬 용이하기 때문이다. 해당 기업은 또한 근로자들을 위해 교육훈련 프로그램을 실시할 수도 있다. 사업장에서 이루어지는 직무 교육은 장기적이고 대규모의 자본 투자를 필요로 하지 않기 때문에 상대적으로 적은 비용으로 신속하게 실시할 수 있다.

노동집약 분야에서 협동조합의 강점이 영향력을 발휘하는 이유

이제 노동집약 분야에서 협동조합의 일곱 가지 강점이 큰 영향력을 발휘하는 이유를 분석해 보도록 하자. 노동집약적 분야에서 협동조합은 일곱 가지 강점(교섭력, 비용 분담, 높은 생산성, 저렴한 생산품 가격, 비정규직의 정규직 전환, 안정적인 파트타임 일자리 창출, 사회적 자본 증대)을 그대로 유지하는데, 상세한 이유에 대해서는 협동조합의 경쟁자를 프리랜서와 투자자 소유 기업으로 구분해서 살펴보자.

① 협동조합의 경쟁자가 프리랜서일 경우

협동조합의 경쟁자가 프리랜서라면, 협동조합은 교섭력과 비용 분담 능력을 통해 경쟁적 우위를 점할 수 있다. 이 두 가지 강점은 단순히 수적 우위에서 발생하기 때문에 매우 명확한 경쟁력의 원천이다. 즉, 개인이 집단을 이루는 것만으로도 프리랜서와의 경쟁에서 우위를 점할 수 있는 경쟁력이 자연스럽게 발생하는 것이다.

첫째 강점인 교섭력과 관련해서는 썬키스트 사례를 들 수 있다. 썬키스트는 약 6,000개의 오렌지 재배 농가로 구성된 농업 협동조합이다. 개별 농가는 이 협동조합을 통해 집단을 이룸으로써 막강한 교섭력을 발휘할 수 있으며, 그 결과 중개인을 거치지 않고 직접 대형 유통업체와 대규모 계약을 다수 체결할 수 있다. 이는 개별 농가 단독으로는 꿈도 꿀 수 없는 성과인 것이다. 한편 이러한 썬키스트의 교섭력이 투자자 소유 기업을 상대로는 경쟁력 우위를 제공하지 못할 수 있다. 만약 투자자 소유 기업의 생산 규모가 썬키스트와 비슷하다면 그 투자자 소유 기업도 대형 유통업체와 직접 대규모 계약을 체결할 수 있을 것이다. 그 투자자 소유 기업도 대규모 수요를 감당할 수 있는 역량이 있고, 대규모 마케팅을 할 수 있으며, 대규모 품질관리를 통해 생산품의 품질을 향상시킬 수 있기 때문이다.

둘째 강점인 비용 분담과 관련해서는, 프랑스의 소규모 포도주 생산자 협동조합의 사례를 들 수 있다. 이 소규모 포도주 생산자 협동조합은 장비, 마케팅 등 고정 생산비용을 분담함으로써 생산단가를 낮춘다. 앞서 설명한 바와 같이, 이는 규모의 경제(economies of scale)를 통해 비용을 낮추는 전략이다. 즉, 협동조합에 가입한 농가 회원 수가 늘어나면서 이 협동조합 전체의 포도주 생산량이 증가할 경우, 각 회원이 생산하는 포도주 한 병에 전가되는 고정 비용 분담분(장비, 마케팅 등과 관련된 비용)이 줄어든다는 점에 착안한 사업전략이다. 만약 어느 소규모 농가가 개별적으로 활동할 경우 고정 생산비용을 해당 농가의 소규모 생산량에 분산시켜야 하므로 이 개별 농가의 포도주 가격은 협동조합에 소속된 농가의 포도주 가격보다 비싸질 수밖에 없다. 한편, 이러한 비용 분담 능력도 투자자 소유 기업 앞에서는 별다른 힘을 발휘하지 못할 수 있다. 투자자 소유 기업이 대형 기업일 경우, 이들 역시 규모의 경제 효과를 누릴 수 있기 때문이다. 만약 투자자 소유 기업의 포도주 생산 규모가 포도주 생산자 협동조합과 비슷하다면 동일한 규모의 경제 효과를 통해 포도주 판매가격을 낮출 수 있다. 즉, 포도주 생산량이 많아질수록 포도주 한 병에 전가되는 고정 생산비용 분담분이 줄어들기 때문이다.

② 협동조합의 경쟁자가 투자자 소유 기업일 경우

한편 협동조합의 경쟁자가 투자자 소유 기업이라면, 협동조합은 높은 생산성과 저렴한 생산품 가격을 통해 경쟁적 우위를 점할 수 있다.

첫째 강점인 높은 생산성과 관련해서는, 서유럽과 미국의 사례에서 볼 수 있듯 각 회원이 협동조합의 경영에 직접 참여하는 것이 도덕적 해이보다 생산성을 향상시킨다는 점을 상기할 필요가 있다(Pérotin, 2012). 한국의 춘천희망택시협동조합 사례도 각 회원의 소유권과 이에 따른 주인의식이 기업의 실적 향상에 긍정적인 영향을 미친다는 점을 잘 보여준다. 하지만 프리랜서와 비교하자면 협동조합의 생산성이 프리랜서의 생산성보다 반드시 높다고는 할 수 없다. 왜냐하면 프리랜서도 사업 자체가 자신의 것이기 때문에 주인의식만큼은 투철하기 때문이다.

둘째 강점인 저렴한 생산품 가격과 관련해서는, 협동조합이 제품 가격구조에서 소유주의 이익분을 차감할 수 있기 때문에 가격 경쟁력을 높일 수 있다는 점을 상기할 필요가 있다. 일례로, 뉴욕의 기사협동조합이 택시 요금에서 소유주 이익분을 차감할 수 있어서 택시비를 인하할 여지가 있고 이를 토대로 경쟁 기업인 우버보다 우위를 점할 수 있다는 것을 앞서 살펴본 바 있다. 협동조합은 이러한 가격 인하 강점을 프리랜서를 상대로는 행사할 수 없는데, 이는 프리랜서 역시 소유주와 근로자가 동일하다는 특성을 가지고 있기 때문이다.

협동조합은 이러한 강점 외에 정부의 지원을 우선적으로 받을 수 있는 강점도 추가로 가지고 있다. 협동조합은 비정규직의 정규직 전환, 안정적인 파트타임 일자리 창출, 사회적 자본 증대라는 강점 때문에 일반 회사보다 사회 전반의 복리 증진에 더 기여할 수 있다. 따라서 정부는 다른 모든 점이 동일하다는 가정하에서 일반 회사보다 협동조합을 우선적으로 지원할 동기를 갖는다. 결과적으로, 정부가 협동조합을 정책적으로 지원하는 것은 일반 회사에 대한 협동조합의 경쟁 우위를 더욱 강화시켜 줄 것이다. 예를 들어, 제4장에서 구체적으로 살펴보겠지만, 정부는 협동조합에 대해 직업훈련, 컨설팅, 공공보조금 등을 지원할 수 있다. 따라서 노동집약적 분야에서는 협동조합이 일반 회사에 대해 전반적으로 경쟁 우위를 점할 수 있다.

협동조합과 일반 회사 간 경쟁의 결과

일반 회사에 대한 협동조합의 경쟁 우위를 고려할 때, 협동조합과 일반 회사 간 경쟁의 실제 결과를 분석해 보는 것도 흥미로울 것이다. 경험적 분석을 수행한 결과, 경쟁시장에서 협동조합이 일반 회사보다 더 오래 생존하는 것으로 나타났다(Birchall and Ketilson, 2009). 예를 들어, 캐나다 퀘벡 주정부의 조사에 따르면, 퀘벡주에서 협동조합은 10개 중 6개가 5년 이상 생존했으나 기업 전체에서는 10개 중 4개만 5년 이상 생존했다. 캐나다 전체로 보아도 협동조합은 10개 중 4개가 10년 이상 생존했으나 기업 전체에서는 10개 중 2개만 10년 이상 생존했다(Bond et al., 2008). 또 다른 조사에 따르면, 우루과이, 프랑스, 영국에서도 유사한 결과가 나왔다(Pérotin, 2012). 우루과이에서는 1996~2005년간 243개의 근로자 협동조합을 포함해서 총 2만 2,315개의 기업을 분석한 결과, 일반 회사보다 협동조합의 실패율이 더 낮은 것으로 나타났다(Burdín, 2010). 또한 프랑스와 영국에서도, 데이터가 비록 부분적으로 수집되기는 했지만, 동일한 결론이 도출되었다(Ben-Ner, 1988). 즉, 프랑

표 2.1 협동조합의 일곱 가지 경쟁 우위

	강점	혜택	영향 받는 경쟁자	
			프리랜서	투자자 소유 기업
1	교섭력	• 계약의 규모, 질, 횟수 개선	∨	
2	비용 분담	• 생산단가 인하	∨	
3	높은 생산성	• 이윤 증대		∨
4	저렴한 생산품 가격	• 이윤 증대		∨
5	비정규직의 정규직 전환	• 취약계층에 대한 사회보장 혜택 • 취약계층의 직업 안정성 제고 • 정부 예산 부담 완화 • 협동조합에 대한 정부 지원의 정당성 강화	∨	∨
6	안정적인 파트타임 일자리 창출	• 취약계층의 소득 증가 • 협동조합에 대한 정부 지원의 정당성 강화	∨	∨
7	사회적 자본 증대	• 협동조합에 대한 정부 지원의 정당성 강화	∨	∨

스에서는 1976~1983년간 근로자 협동조합의 실패율이 약 6.9%였으나 1980~1983년간 일반 회사의 실패율은 10%에 달했다. 영국에서는 근로자 협동조합의 실패율이 1974~1982년간 6.3%였으나 일반 회사의 실패율은 1974~1982년간 10.5%였다. 보다 최근의 연구들도 유사한 결론을 도출하고 있다. 영국에서는 2011년 설립된 협동조합 중 80%가 5년 이상 생존했으나, 일반 기업은 44%만 생존했다(Parkin-Kelly, 2019). 포르투갈의 경우에는 1986~2008년간 협동조합의 61.3%가 5년 이상 생존했으나, 일반 기업은 52.4%만 5년 이상 생존한 것으로 나타났다(Monteiro and Steward, 2012). 마찬가지로 프랑스에서는 근로자 협동조합의 81~89%가 5년 이상 생존했으나, 일반 회사의 경우 5년 이상 생존한 기업이

40~50%에 불과했다(Parkin-Kelly, 2019). 요컨대 일반 회사에 대한 협동조합의 경쟁 우위는 〈표 2.1〉과 같이 정리할 수 있다.

협동조합에 대한 비관론

협동조합의 잠재력에도 불구하고 역사적으로 협동조합에 대한 비관론이 일부 제기된 바 있다. 하지만 협동조합운동은 이를 성공적으로 극복해 왔다(Pérotin, 2012). 예를 들어, 협동조합의 회원은 이직할 때 협동조합의 공동자산에서 창출될 미래 이익에 관해서는 자신의 몫을 가지고 떠날 수 없다. 따라서 협동조합의 회원들이 협동조합을 성장시키기 위한 장기적인 자본 투자에 소극적일 수 있다는 우려가 있다(Furubotn and Pejovich, 1970). 이러한 투자 부족 가능성에 직면해 협동조합운동은 의무적인 공동자산 축적 제도를 도입함으로써 장기투자를 위한 자본을 축적할 수 있게 했다(Vanek, 1977). 이러한 의무 시스템에서는 각 회원이 협동조합 자본의 일부는 개별 소유하고 또 다른 일부 자본은 공동으로 소유함으로써 자본을 분할할 수 없도록 규정하고 있다. 또 다른 해법으로, 북미지역의 농업 분야 사례처럼 협동조합 회원권을 거래할 수 있는 시장을 조성해 미래 이익 중 자신의 몫을 거래할 수 있게 할 수도 있다(Pencavel, 2001).

경험적 증거를 살펴보더라도 협동조합의 투자가 일반 회사보다 적지 않다는 사실이 드러난다. 프랑스 데이터의 경우 1989~2004년간 제조업 분야의 일반 회사 19만 개, 근로자 협동조합 1,900개의 투자 성향을 분석했으며(Gago, Pérotin and Fakhfakh, 2009), 1986~1989년간 및 1987~1990년간에는 제조업, 건설업, 서비스업 등 7개 분야의 7,000여 개 기업(여기에는 약 500개의 근로자 협동조합도 포함되어 있다)을 분석했다(Fakhfakh, Pérotin and Gago, 2012). 이탈리아의 경우에도 1982~1994년간 일반 회사 약 15만 개, 근로자 협동조합 2,000여 개를 살펴보았는데, 동일한 결론이 나왔다(Pencavel, Pistaferri and Schivardi, 2006). 따라서 협동조합의 투자 부족 가능성에 대해서는 우려할 근거가 부족하다고 볼 수 있다.

또 다른 비관론은 협동조합이 이윤을 추구하다 보면 결국 고유의 정체성을 유지하지 못하고 일반 상업회사로 변질될 것이라는 것이다(Ben-Ner, 1984). 즉, 성공한 협동조합의 경우 각 회원의 이익을 극대화하기 위해 (이윤을 배분받을 자격은 없고 월급만 받는) 비회원 근로자를 고용하고자 하는 유혹에 빠질 수 있다. 만약 협동조합에서 일하는 비회원 근로자의 생산성이 회원 근로자의 생산성과 동일하다면, 비회원 근로자가 증가할수록 회원 근로자가 (설립 투자자로서) 배분받는 이윤이 증가할 것이다. 따라서 협동조합은 회원이 퇴직할 때 빈자리를 비회원 근로자로 채우면서 점진적으로 투자자 소유 회사로 변모해 갈 가능성이 있다.

이러한 비관론에 대응해서 협동조합운동은 회원과 비회원 간 이익 배분 비율을 법으로 규정해 놓거나 협동조합에서 비회원 근로자가 차지하는 비중에 제한을 두는 규제책을 도입했다(Alzola et al., 2010). 프랑스(Estrin and Jones, 1992)와 우루과이(Burdín and Dean, 2012)의 사례를 분석해 보면 이러한 규제에 힘입어 근로자 협동조합이 일반 투자회사로 변모하는 경향은 나타나지 않고 있다. 프랑스 근로자 협동조합은 회원과 비회원 근로자 간의 이익을 동일한 비율로 분배했고, 우루과이 근로자 협동조합은 세금 혜택을 향유하려면 비회원 근로자의 비율을 제한하도록 했다. 나아가 앞에서 살펴본 협동조합의 생존율을 보더라도, 이와 같은 규제책이 유효한 해법이 되고 있다는 사실을 알 수 있다(Pérotin, 2012).

결론

이 장에서 우리는 노동집약적 분야에서 협동조합이 일반 회사에 비해 경쟁 우위를 갖는다는 것을 경험적 증거와 함께 살펴보았다. 노동집약적 분야에서 일반 회사의 두 가지 강점은 큰 힘을 발휘하지 못하는 반면, 협동조합의 일곱 가지 강점은 상당한 경쟁력을 발휘하기 때문이다. 따라서 우리는 미래에 협동조합운동이 확대될 것이라는 합리적인 기대를 할 수 있다. 시대적 흐름도 이러한 기대를 뒷받침하고 있다. 노동집약적 분야가 일자리 창출에서 점점 더 중요해지고 있기 때문이다. 제4장에서 분석하겠지만, 노동집약적 분야에서 일자리를 창출하는 것은 자본집약적 분야에서 일자리를 창출하는 것보다 불평등 감소효과가 더 크고 고용 창출 비용이 더 적게 든다. 이렇듯 노동집약적 분야가 고용 창출의 관점에서 날로 중요해지고 있기 때문에, 노동집약적 분야에서 일반 회사 대비 경쟁 우위를 지닌 협동조합의 중요성도 커지고 있다.

그러나 이와 같은 협동조합의 중요성에도 불구하고 1970년대 이후 협동조합의 인기와 일반 대중의 인지도는 과거에 비해 많이 낮아진 상황이다(Battilani and Schröter, 2012b). 따라서 협동조합운동이 가진 잠재력을 21세기 맥락에서 일반 대중에게 널리 알리는 홍보 캠페인을 전개하는 것이 그 어느 때보다 중요한 시점이다. 이러한 배경을 토대로 다음 장들에서는 최근의 실업위기가 불평등을 어떻게 악화시켜 왔는지, 그리고 협동조합이 이러한 불평등을 어떻게 완화시킬 수 있는지에 대해 구체적으로 살펴보기로 한다.

제3장

협동조합의 여섯 가지 유형

전 세계적으로 협동조합운동을 확산시키는 데 있어 또 다른 도전 과제가 바로 협동조합 모델을 표준화하는 것이다. 기존의 많은 문헌은 협동조합의 유형을 다양한 기준에 따라 종종 과도하게 세분화하는 경향이 있다. 예를 들어, 간병인 협동조합의 경우 분류 기준에 따라 생산자 협동조합, 근로자 협동조합, 사회적 협동조합, 또는 서비스공유 협동조합 등 여러 유형으로 정의할 수 있다. 이 같은 협동조합 유형에 대한 혼란 때문에 일반 시민이 협동조합의 특성을 이해하기 어려워지고 결국 협동조합운동을 확산하는 데 많은 지장을 초래하고 있다.

이러한 상황을 고려해, 이 장에서는 우선 '산업'과 '시장에서의 역할'이라는 단순한 기준에 따라 협동조합의 유형을 여섯 가지로 분류한 후 각 유형별 특성을 상세히 분석한다. 나아가 협동조합이 강점과 잠재력을 보유하고 있음에도 불구하고 국가 경제와 전 세계 경제에서 여전히 작은 몫만 점유하고 있는 이유에 대해서도 설명한다.

협동조합의 분류 기준

시장에서 성공하는 협동조합을 배출하기 위해서는 먼저 다양한 협동조합을 유형화한 후 각 유형별 특성을 분석하는 것이 중요하다. 물론 그간 협동조합을 유형화하기 위한 시도가 많이 있었지만, 협동조합의 유형을 명확히 이해하는 것은 여전히 어려운 과제이다. 따라서 일반 시민을 협동조합운동으로 끌어들이기 위해서는 협동조합을 최대한 단순하게 분류할 필요가 있다. 일반 시민이 협동조합 모델을 이해할 수 있을 때 비로소 이들이 협동조합운동에 쉽게 참여할 수 있을 것이기 때문이다.

이러한 배경하에 이 장은 협동조합을 '산업'과 '시장에서의 역할'이라는 두 가지 기준으로 분류한다. 먼저, 협동조합을 산업별로 분류하는 이유는 산업이 협동조합의 경쟁력에 막대한 영향을 미치기 때문이다. 이러한 산업별 구분은 그동안 경제학에서 여러 가지 이론을 만드는 데 매우 유용한 분석의 틀을 제공해 왔다(Kenessey, 1987). 전통적으로 경제활동은 1차 산업, 2차 산업, 3차 산업이라는 세 가지 분야로 구분된다(Allan, 1939). 1차 산업(농수산업)은 원자재를 생산하는 활동과 관련되어 있다. 2차 산업(제조업)은 원자재를 가공해서 자동차나 건물처럼 만질 수 있는 유형의 상품으로 변환시키는 활동과 관련되어 있다. 3차 산업(서비스업)은 은행 서비스, 건강 서비스처럼 만질 수 없는 무형의 상품을 생산하는 활동과 관련되어 있다. 여기서 주목할 점은, 〈표 3.1〉의 경험적 증거가 보여주듯이, 전 세계적으로 2차 산업에서는 성공한 협동조합을 찾아보기가 매우 어려운 반면, 1차 산업과 3차 산업에서는 성공한 협동조합이 많다는 것이다.

또한 협동조합을 시장에서의 역할에 따라 분류하는 이유는 협동조합의 근본적인 목표가 시장에서 경제적 이윤을 창출하는 것이기 때문이다. 협동조합은 시장에서의 역할에 따라 생산자 협동조합과 소비자 협동조합으로 크게 나눌 수 있다. 국제노동기구(ILO)의 「협동조합 통계에 관한 가이드라인(Guidelines concerning statistics of cooperatives)」(ILO, 2018a)도 협동조합을 분류할 때 이 두 가지 유형을 포함해서 협동조합을 총 4개로, 즉 생산자 협동조합(producer cooperative), 소비자 협동조합(consumer cooperative), 근로자 협동조합(worker cooperative), 다중이해관계자 협동조합(multi-stakeholder cooperative)으로 분류하고 있다.

하지만 이 장에서는 근로자 협동조합과 다중이해관계자 협동조합이 사실 생산자 협동조합과 소비자 협동조합의 파생형으로 이해될 수 있다고 주장한다. 왜냐하면 근로자 협동조합의 경우 생산 활동에 종사한다는 점에서 생산자 협동조합의 한 유형으로 이해될 수 있기 때문이다. 하지만 근로자 협동조합만의 독특한 특색도 있는데, 그것은 이 유형이 회원의 근로자 신분에 더 초점을 맞추고 있다는 점이다. 근로자 협동조합의 회원들은 협동조합과의 고용계약에 근거해 자신들의 일자리와 근로자 신분을 확보한다(ILO, 2018a).

한편 다중이해관계자 협동조합의 경우 생산자, 소비자, 자원봉사자, 공동체 활동가 등 복수의 이해관계자에 의해 소유된다. 그러나 시장경제 내에서 활동하려면 다중이해관계자 협동조합은 어떤 상황에서도 소유 구조에 생산자와 소비자 중 어느 한쪽을 포함하거나 양측을 모두 포함해야 한다. 따라서 다중이해관계자 협동조합은 생산자 협동조합 또는 소비자 협동조합으로 분류되거나, 또는 양측 모두를 포함하는 하이브리드 모델로 이해될 수 있다. 다중이해관계자 협동조합은 (단순한 회원 구조를 가진 협동조합에 비해) 더 넓은 목표를 추구하는데, 이는 이 협동조합이 여러 이해관계자의 상호 연결된 이해관계를 모두 포괄해야 하기 때문이다(Lund, 2011). 다중이해관계자 협동조합의 장점은 여러 이해관계자의 이해관계를 조정함으로써 발생하는 비용보다 더 큰 것으로 나타나고 있으며, 이 때문에 현재 이 유형의 협동조합은 사회복지, 지역공동체 개발, 신재생에너지 발전과 배전 등의 분야에서 증가하는 추세에 있다(Novkovic, 2019). 통계적 분류를 위해서는, 근로자 협동조합과 다중이해관계자 협동조합 모두 (분석 작업의 맥락에 따라) 생산자 협동조합 또는 소비자 협동조합으로 분류될 수 있다.

협동조합의 유형을 이렇게 '과도하게' 단순화하는 이유는 결국 다양한 협동조합의 특징을 쉽게 분석하기 위해서이다. 협동조합 유형의 수가 적을수록 분석 작업의 결과물이 복잡하지 않고 단순할 것이며, 그렇게 되면 일반인들이 협동조합의 유형별 특징을 쉽게 이해할 수 있을 것이다.

협동조합의 여섯 가지 유형

협동조합은 '산업'과 '시장에서의 역할'에 따라 〈표 3.1〉에서와 같이

표 3.1 협동조합의 여섯 가지 유형

| | 생산자 협동조합 | | 소비자 협동조합 | |
	사례	강점	사례	강점
1차 산업	농업, 어업	• 교섭력 • 비용 분담	슈퍼마켓	• 교섭력 • 비용 분담 • 높은 생산성 • 저렴한 생산품 가격
2차 산업	모든 종류의 제조업	• 높은 생산성 • 저렴한 생산품 가격	슈퍼마켓, 주택	• 교섭력 • 비용 분담 • 높은 생산성 • 저렴한 생산품 가격
3차 산업	모든 종류의 서비스업	• 교섭력 • 비용 분담 • 높은 생산성 • 저렴한 생산품 가격	모든 종류의 서비스업	• 교섭력 • 비용 분담 • 높은 생산성 • 저렴한 생산품 가격

총 여섯 가지 유형으로 분류할 수 있다.

첫째 유형은 1차 산업의 생산자 협동조합이다. 이 유형의 협동조합은 일반적으로 농업 분야와 어업 분야에서 발견된다. 제2장에서 살펴본 바와 같이, 협동조합의 경쟁자인 일반 회사는 고용된 근로자의 수를 기준으로 프리랜서와 투자자 소유 기업으로 분류된다. 1차 산업 분야에서 협동조합의 경쟁자는 대부분 소규모 자영 농가이다. 이 책의 목적상 소규모 자영 농가는 소유주와 근로자가 구분되지 않는다는 점에서 일종의 프리랜서 범주로 이해하기로 한다. 필자가 ICA(2019)의 2017년도 금융 데이터에 근거해 전 세계 상위 300대 협동조합을 정리한 〈표 3.2〉에서 볼 수 있듯이, 1차 산업의 생산자 협동조합은 시장경제에서 매우 쉽게 찾아볼 수 있다. 세계 상위 300대 협동조합 중에서 농업 협동조합과 어업 협동조합은 100개이다. 1차 산업에서 생산자 협동조합이 이렇게 확산될 수 있었던 것은 두 가지 이유 때문이다. 첫째, 일반적으로 1차 산업은 사업을 시작하는 데 대규모 자본 투자가 필요 없기 때문이다. 1차 산업이 대부분 노동집약적이라는 점을 고려할 때(Investopedia, 2021), 1차 산업 분야에서는 협동조합의 빈약한 자본 조달력이 큰 제약조건으로 작용하지 않는다. 둘째, 1차 산업 분야에서 생산자 협동조합은 개인이 집단을 이룸으로써 수적 우위를 이용한 강점을 활용할 수 있기 때문이다. 협동조합은 개인에 비해 대규모 수요를 감당할 수 있고 대규모 마케팅 활동을 전개할 수 있으며 공동품질관리를 통해 제품의 질을 향상시킬 수 있기 때문에 교섭력이 커진다. 따라서 이를 바탕으로 농부 또는 어부 개인이 시도할 수 없는 대규모 계약을 더 많이 더 나은 조건으로 체결할 수 있다. 아울러 공동으로 마케팅을 하거나 비싼 장비를 공동으로 소유함으로써 개인 회원들이 비용을 분담할 수 있다. 제2장에서 소개한 바와 같이, 썬키스트는 미국 애리조나주와 캘리포니아주에 있는 6,000여 개 오렌지 재배 농가로 구성된 생산자 협동조합인데, 수적 우위에 기반한 단순한 사업전략의 좋은 사례를 제공하고 있다.

한편, 1차 산업 생산자 협동조합과 관련해, 농가공 협동조합도 이 범주에 포함된다는 점에 유의해야 한다. 농가공 협동조합이 비록 제조업의 성격을 띠고 있지만, 당초 농산물 생산자 협동조합을 모체로 한 협동조합의 자회사이기 때문이다. 일반적으로 이러한 농가공 협동조합은 농업 생산자 협동조합이 사업을 다변화하는 과정에서 설립된다. 일례로, '미국의 축산 농가(Dairy Farmers of America)' 협동조합은 원래 생

우유 공동 마케팅 조합으로 시작했지만 이후 치즈, 버터 같은 축가공
식품도 생산하게 되었다. 따라서 이 장의 목적이 협동조합의 유형을
최대한 단순화해 유형별 경쟁력을 분석하는 것임을 고려해 농가공 협
동조합은 모기업인 협동조합이 활동 중인 1차 산업 분야에 포함시키기
로 한다.

둘째 유형은 2차 산업의 생산자 협동조합이다. 이들은 보통 제조업
에서 발견된다. 2차 산업 분야에서 협동조합의 경쟁자는 대부분 투자
자 소유 기업이다. 사실 2차 산업 분야에서는 협동조합을 찾아보기가
상당히 어렵다(Zamagni, 2012). 스페인에서 제7위의 제조기업인 몬드라
곤 협동조합을 제외하고는 국제적으로 규모 있는 제조기업으로 성장한
협동조합이 거의 없다. 몬드라곤 협동조합의 성공은 예외적인 사례로
서 호세 마리아 아리스멘디아리에타(José María Arizmendiarrieta) 신부의
통찰력 있는 리더십에 힘입은 바 크다. 현재 세계 상위 300대 협동조합
중에서 제조업 분야의 협동조합은 단지 3개에 불과하다. 여기에는 두
가지 이유가 있다. 첫째, 2차 산업은 자동차 제조업, 정유화학, 제철 등
자본집약적 분야로서 협동조합이 진입하기 어렵기 때문이다. 제1장에
서 설명한 바와 같이, 협동조합은 자본을 조달하는 데서 상당한 제약을
받기 때문에 2차 산업과 양립하기 어렵다. 둘째, 협동조합은 신속한 의
사결정 메커니즘을 가지고 있지 않기 때문이다. 제2장에서 살펴본 바
와 같이, 2차 산업에서는 신속한 의사결정 메커니즘을 보유하고 있는지
여부가 경쟁자의 시장 진입을 막을 수 있는 게임 체인저이다.

셋째 유형은 3차 산업의 생산자 협동조합이다. 이러한 유형의 협동

조합은 서비스 산업 분야에서 매우 흔하게 찾아볼 수 있다. 유통, 컨설팅, 은행, 보험, 건강, 가사, 교육, 관광, 운수, 식당, 정보통신기술 등 서비스의 범위는 사실상 무한정이라서 서비스 협동조합은 매우 다양한 분야에서 설립될 수 있다. 〈표 3.2〉에서 볼 수 있듯이 세계 상위 300대 협동조합 중에서 3차 산업 생산자 협동조합은 132개에 달한다.

이 유형의 협동조합이 확산된 데에는 세 가지 이유가 있다. 첫째, 3차 산업은 일반적으로 사업을 시작할 때 대규모 자본 투자가 필요하지 않아 협동조합이 쉽게 진입할 수 있기 때문이다(Investopedia, 2021).

둘째, 3차 산업 생산자 협동조합은 경쟁자인 프리랜서를 상대로 교섭력과 비용 분담이라는 강점을 내세워 우위를 점할 수 있기 때문이다. 예를 들어 '코오퍼러티브 웰스(Cooperative Wealth)'는 영국의 금융컨설턴트로 구성된 협동조합인데, 개인이 집단을 이룸으로써 기관 고객들과 더 크고 더 많은 계약을 더 좋은 조건에 체결할 수 있다. 이는 개인 차원에서는 시도하기 힘든 계약들이다. 이 외에도 금융컨설턴트들은 이 협동조합을 통해 사무실 비용과 기타 행정비용을 분담하기 때문에 서비스 상품의 생산단가를 개인 컨설턴트보다 더 낮출 수 있다.

셋째, 3차 산업 생산자 협동조합은 투자자 소유 기업을 상대로도 높은 생산성과 저렴한 생산품 가격이라는 강점을 내세워 우위를 점할 수 있기 때문이다. 일례로, 은행 협동조합, 보험 협동조합 같은 금융 산업 협동조합은 일반 금융기업에 비해 위기에 더 강하다(Birchall and Ketilson, 2009).

우선, 금융 협동조합은 보수적인 사업전략을 채택하면서 위험을 기피하는 성향이 강하므로 일반 은행에 비해 채무불이행률이 낮다. 다시 말해 생산성이 높다. 모든 회원이 협동조합의 주인인 상황에서, 협동조합이 고객에게 빌려주는 돈은 각 회원이 저축한 돈이다. 즉, 협동조합 입장에서는 고객에게 빌려주는 돈이 남이 저축한 돈이 아니라 회원 자신들의 돈이므로 신중하게 검토해서 융자를 제공하게 되고, 이 때문에 일반 은행에 비해 채무불이행 위험에 적게 노출된다. 협동조합이 2008년 전 세계 금융위기의 원인인 서브프라임 대출과 같은 위험한 금융상품을 취급하지 않았다는 사실도 협동조합의 이러한 보수적인 사업전략을 보여주는 좋은 예이다.

또한 협동조합은 일반 은행에 비해 대출이자를 더 낮출 수 있다. 왜냐하면 대출이자율을 결정할 때 일반 은행은 저축한 고객에게 지급할 저축이자율은 물론이고 추가적으로 소유자에게 지급할 투자이익도 포함해야 하지만, 협동조합의 경우 투자자 소유가 아니고 저축한 고객의 소유이므로 소유자에게 지급할 투자이익을 제외할 수 있기 때문이다. 즉, 협동조합의 소유 구조에서 투자자를 제거할 수 있기 때문에 가능한 것이다. 협동조합은 다른 경쟁 은행에 비해 대출이자율이 낮으므로 더 많은 고객을 확보할 수 있으며, 고객 입장에서도 대출이자율이 낮으므로 일반 은행의 대출 상품에 비해 이자 부담이 줄어들어 채무불이행 위험성을 낮출 수 있다.

넷째 유형은 1차 산업의 소비자 협동조합이고, 다섯째 유형은 2차 산업의 소비자 협동조합이다. 이들은 유통산업 분야에서 흔하게 찾아볼 수 있다. 유통산업 분야의 소비자 협동조합은 일반적으로 1차 산업 제품과 2차 산업 제품을 모두 판매하므로, 이 장에서는 함께 묶어서 논의하기로 한다.

먼저 프리랜서(또는 개인 판매자)와 비교하면, 소비자 협동조합은 1차 산업과 2차 산업 분야에서 교섭력과 비용 분담이라는 강점을 가지고 경쟁 우위를 점할 수 있다. 교섭력 측면에서 보면, 소비자 협동조합은 대규모 구매 능력을 기반으로 공급업체에 대해 강한 교섭력을 행사할 수 있기 때문에 개인 판매자에 비해 더 좋은 조건으로 판매 제품을 공급받을 수 있다.

비용 측면에서 보면, 소비자 협동조합은 규모의 경제 때문에 개인 판매자보다 제품 가격을 더 낮출 수 있다. 일종의 비용 분담 효과이다. 즉, 소비자 협동조합은 소비자 수가 많기 때문에 저장 시설 관리, 운송 등의 고정 영업비용을 다수의 제품에 분산시킬 수 있지만, 개인 판매자는 고객의 수가 적기 때문에 고정 영업비용을 분산시킬 수 있는 제품의 수가 적으므로 자연스럽게 제품 단가가 높아진다. 요컨대 유통 분야의 소비자 협동조합은 개인 판매자에 비해 더 좋은 제품을 더 저렴한 가격에 소비자에게 제공할 수 있으므로 경쟁 우위를 점할 수 있다. 영국에서 1844년 공장 근로자 중심으로 설립된 로치데일 소비자 협동조합이 좋은 사례이다. 소비자 협동조합은 이처럼 개인이 집단을 이루어 교섭력을 제고하고 비용을 분담하는 방식의 간단하고도 강력한 사업전략을 가지고 있으므로 협동조합 모델 중에서도 가장 오래된 유형이다.

투자자 소유 기업과 비교하면, 소비자 협동조합은 높은 생산성과 저렴한 가격을 무기로 경쟁 우위를 점할 수 있다. 우선, 소비자 협동조합은 회원들의 충성도가 높기 때문에 일반 유통기업에 비해 미래 수요를 더 정확히 예측할 수 있다. 이를 통해 소비자 협동조합은 매장의 제품 구성을 더 효율적으로 설계할 수 있으므로 매출 이익을 극대화할 수 있으며, 폐기되거나 반품되는 제품을 줄여서 낭비를 줄일 수도 있다. 또한 서비스를 개선하기 위해 자본 투자를 단행할 때에도 이들의 선호를 투자자 소유 기업보다 더 정확히 예측해서 효율성과 효과성을 제고할 수 있다. 아울러 제품 가격을 책정할 때 소유주 이익만큼을 뺄 수 있기 때문에 투자자 소유 기업에 비해 제품 가격을 더 낮출 수 있다.

이러한 강점에 힘입어 일부 소비자 협동조합은 대형 유통기업에 견줄 만한 규모로 성장하기도 했다. 예를 들어, 미그로스는 스위스에 있는 소비자 협동조합인데, 이와 같은 경쟁력 덕분에 약 200만 명의 회원을 보유한 스위스 최대 유통기업이자 최대 소비자 협동조합으로 성장했다. 마찬가지로 주택소비자 협동조합도, 이탈리아 볼로냐 사례에서 볼 수 있듯이, 일반 투자자 소유 건설회사에 비해 더 좋은 품질의 주택을 더 저렴한 가격에 소비자 회원들에게 제공할 수 있다(김현대·하종란·차형석, 2012). 볼로냐 시민의 자가 주택 소유율은 1980년대에는 약 40%였으나, 이러한 협동조합 사업모델에 힘입어 현재는 그 비율이 85%를 상회한다(김현대·하종란·차형석, 2012). 볼로냐시의 주택소비자 협동조합은 부동산 투기를 잠재우고 지역 주민에게 양질의 주택을 저렴한 가격에 제공하는 데 지대하게 기여했다고 볼 수 있다(김현대·하종란·차형석, 2012).

여섯째 유형은 3차 산업의 소비자 협동조합이다. 이 협동조합 유형

표 3.2 매출액 기준 세계 상위 300대 협동조합의 산업별 분포

	생산자 협동조합	소비자 협동조합
1차 산업	100개	19개
2차 산업	3개	28개
3차 산업	132개	136개

은 은행업, 보험업, 건강관리, 전기, 상하수도 등 모든 종류의 서비스 분야에서 발견된다. 세계 상위 300대 협동조합의 산업별 분포를 다룬 〈표 3.2〉를 보면 3차 산업의 소비자 협동조합이 136개이다. 이러한 사실에서 알 수 있듯이 3차 산업의 소비자 협동조합은 매우 보편화된 협동조합 유형인데, 이 중 금융 협동조합이 83개로 대부분을 차지한다. 금융 협동조합은 서비스 산업 분야에서 상호부조 성격의 협동조합이 갖는 장점을 잘 보여준다.

금융 협동조합은 일반 은행에 비해 예금 이자율과 대부 이자율 간 차이가 적다. 이는 예금주는 일반 은행에 비해 더 높은 예금 이자를 받을 수 있는 반면, 대출자는 일반 은행보다 더 낮은 이자율을 지불한다는 것을 의미한다. 따라서 협동조합 모델을 채택한 금융사업 시스템은 예금주와 대출자 모두에게 이익이 되는 방향으로 움직인다. 이처럼 예금과 대출 업무를 모두 수행하기 때문에 금융 협동조합은 대출자인 회원에게는 금융 서비스인 대출을 제공한다는 측면에서 소비자 협동조합으로 분류되고, 예금주인 회원에게는 예금 이자를 지급한다는 측면에서 생산자 협동조합으로 분류될 수 있다.

이와 같은 맥락에서 83개의 금융 협동조합은 〈표 3.2〉를 작성할 때 3차 산업의 생산자 협동조합 측과 소비자 협동조합 측에 모두 합산되었다는 점에 유의해야 한다. 일부 예외를 제외하고 〈표 3.2〉를 작성하는 과정에서 이와 같이 데이터를 처리한 이유는 협동조합 분석 작업을 단순화하기 위해서이다. 결과적으로, 원래 데이터는 300대 협동조합에 관한 것이지만, 〈표 3.2〉에 예시된 수치를 모두 더하면 418개이다.

프리랜서(또는 개인 서비스 제공업자)와 비교하면, 3차 산업의 소비자 협동조합은 교섭력과 비용 분담이라는 강점을 내세워 경쟁 우위를 점할 수 있다. 일례로, 일본 미나미 의료생활협동조합은 약 6만 명의 지역 주민이 소유하고 있는데, 이 생협은 회원들에게 개인 서비스 제공업자에 비해 더 좋은 의료 서비스를 더 저렴하게 제공한다(기획재정부, 2013). 우선, 이 의료생협은 단체 교섭력에 힘입어 시골 벽지에서도 실력 좋은 의사를 고용할 수 있다. 또한 단체 교섭력 덕분에 개인 의료 서비스 제공업자인 의사에 비해 의료 물품과 장비를 더 저렴하게 구매할 수 있다. 나아가 규모의 경제 때문에 의료 서비스 단가도 추가로 낮출 수 있다. 일종의 비용 분담 효과이다. 즉, 의료생협은 고가의 고품질 의료장비(예를 들어, MRI) 비용을 다수의 환자에게 분산 청구할 수 있는 반면, 개인 의료 서비스 제공자는 고가의 고품질 의료장비를 구입하기도 어렵지만 설령 구입한다 하더라도 소수의 고객에게 이 비용을 분산 청구할 수밖에 없다. 따라서 의료생협의 서비스가 개인 서비스 제공자에 비해 서비스 품질이나 가격 측면에서 더 우위에 있다.

볼리비아 산타크루즈시에 있는 '사구아팍(SAGUAPAC)' 또한 약 9만

6,000명의 시민이 소유하고 있는 상하수도 소비자 협동조합인데, 일반 시민들은 이 협동조합을 통해 양질의 물 공급 서비스를 더 저렴한 가격으로 누릴 수 있게 되었다(Birchall, 2003). 이 협동조합은 강력한 단체 교섭력으로 정부로부터 상수도 시설을 적정 가격에 직접 매입했고, 이후 상수도 시설 운영 비용을 분담하면서 물 서비스 구매 비용을 낮출 수 있었다. 이를 통해 이 협동조합은 개인 물 공급업자에 대해 경쟁 우위를 점할 수 있었다.

투자자 소유 기업과 비교하면, 소비자 협동조합은 3차 산업 분야에서 높은 생산성과 저렴한 가격을 무기로 경쟁 우위를 점할 수 있다. 미국의 '스테이트 팜(State Farm)' 사례를 살펴보도록 하자. 스테이트 팜은 보험상품 구매자들이 보유한 보험 서비스 협동조합이다. 이 협동조합은 외부 투자자가 아니라 각 회원이 주인이기 때문에, 이 협동조합이 보험상품 구매자에게 지급하는 보험금은 바로 자신들의 돈이다. 따라서 스테이트 팜은 보험상품을 개발할 때 매우 꼼꼼하게 검토해서 비효율적이거나 낭비적인 요소를 제거할 동기를 가지고 있다. 또한 보험료를 책정할 때 소유주에게 지급할 이익 부분을 제외할 수 있기 때문에 일반 보험회사에 비해 저렴하게 보험료를 책정할 수 있다. 이와 같은 경쟁력에 힘입어 스테이트 팜은 일반 투자자가 소유한 보험회사들과의 경쟁에서 생존하고 있다.

또 다른 사례로 독일의 브레멘호헤라는 주택 협동조합을 주목할 만하다(최계진, 2019). 브레멘호헤는 베를린에 살고 있는 약 700가구가 회원이자 주인이다. 베를린의 임차인들은 자신이 살고 있는 공공임대주택 단지가 철거 위기에 처하자 이 협동조합을 설립해 베를린 시당국으로부터 이 주택 단지를 매입했다. 특히 이 과정에서 브레멘호헤는 매입 재원이 부족하자 베를린시와 교섭해 매입을 위한 공공보조금을 교부받기도 했다. 브레멘호헤는 협동조합 명의로 주택 단지를 소유하고 각 회원이 협동조합으로부터 주택을 임차하는 사업모델을 채택하고 있다. 이 협동조합은 일반 주택임대기업에 대해 높은 생산성과 더 낮은 임차료를 무기로 경쟁 우위를 점하고 있다. 즉, 각 회원은 자신이 주택 단지의 주인이기 때문에 단지를 잘 관리하고 있으며 주거환경을 개선하기 위해 창의적인 아이디어를 내면서 자발적으로 노력하고 있다. 또 임대료에서 소유주 이익에 해당하는 몫을 제외할 수 있어 일반 투자자 소유의 주택임대기업에 비해 저렴하게 임대료를 책정할 수 있다. 이러한 노력에 힘입어 브레멘호헤 주택 단지는 베를린 부동산 시장에서 좋은 평판을 유지하고 있다.

협동조합의 기타 유형

앞에서 살펴본 바와 같이 '산업'과 '시장에서의 역할'을 근거한 분류법 외에, 협동조합의 강점을 기준으로 한 보조적인 유형 분류법도 종종 문헌에 등장한다. 이에 따라 서비스공유 협동조합을 살펴볼 것인데, 앞서 언급한 근로자 협동조합이나 다중이해관계자 협동조합처럼 서비스공유 협동조합도 상기 여섯 가지 기본 유형에 포함시킬 수 있다는 사실을 잊어서는 안 될 것이다.

'서비스공유 협동조합(shared-service cooperative)'은 협동조합의 비용 분담이라는 강점에 초점을 두고 사용되는 용어이다. 이러한 유형의 협동조합은 1차 산업과 3차 산업의 생산자 협동조합과 1차 산업, 2차 산업, 3차 산업의 소비자 협동조합에서 쉽게 찾아볼 수 있다. 회원들은 서비스공유 협동조합을 통해 원자재 구입, 홍보, 연구, 교육훈련과 같은 서비스를 공동 구매할 수 있기 때문에 각자의 비용을 절약할 수 있다 (Eum, 2017).

생산자 협동조합 유형의 좋은 사례로는 뉴욕의 기사협동조합을 들 수 있다(Toussaint, 2021). 이 협동조합은 뉴욕에서 활동하는 2,500여 명의 택시 운전기사가 설립한 것이다. 회원들은 이 협동조합을 통해 공동으로 운송 중개 서비스 디지털플랫폼을 소유함으로써 서비스 구매 비용을 낮출 수 있게 되었다. 이로 인해 개인택시 운전사에 대해 절대적인 경쟁 우위를 확보함은 물론이고, 우버, 리프트 등의 대형 운송 중개 서비스와도 경쟁할 수 있게 되었다.

유사한 사례로 한국의 당진전통시장협동조합이 있다(김예나, 2020). 당진전통시장협동조합은 165명의 전통시장 상인들이 온라인 대형마트와의 치열한 경쟁에서 생존하기 위해 2020년 설립했다. 전통시장 상인들은 이 협동조합을 통해 공동으로 온라인 쇼핑몰을 운영함으로써 온라인 판매 서비스를 실시하고 있고 고객들에게 배달 서비스도 제공하고 있다. 이로 인해 이 협동조합의 상인들은 일반 개인 상인들에 대해 확연한 경쟁 우위를 확보할 수 있게 되었고, 온라인 대형마트와도 경쟁해 볼 수 있는 상황이 되었다.

한편 이러한 서비스공유 협동조합은 크게 보아 미그로스 같은 소비자 협동조합의 유형에서도 찾아볼 수 있다. 소비자 협동조합에서도 회원들이 협동조합을 통해 창고 보관, 운송, 매장 관리 등의 서비스를 공동 구매하는 것으로 이해할 수 있기 때문이다.

협동조합 설립이 저조한 다섯 가지 이유

로치데일 소비자 협동조합은 1844년 유명한 협동조합 원칙을 채택함으로써 현대 협동조합운동의 기반을 닦았다. 협동조합운동은 이와 같이 비교적 세계 경제사에서 최근에 등장했음에도 불구하고 전 세계 GDP의 3.7%를 점유하면서 세계 경제에 성공적으로 진입했다(Dave Grace & Associates, 2014). 또한 전 세계 인구의 12% 이상이 협동조합 회원이고, 전 세계 인구의 10%인 약 2억 8,000만 명이 협동조합에 의해 고용되어 있다는 사실도 주목할 만하다(ICA, 2023).

그러나 협동조합운동이 글로벌 경제에서 초기 단계의 성공은 거두긴 했지만 아직 주류의 지위에 도달한 것 같지는 않다. 제2장에서 우리는 협동조합이 많은 강점을 가지고 있고 일반 기업보다 생존율도 더 높다는 사실을 확인했는데, 왜 협동조합경제는 여전히 국가 경제와 세계 경제에서 작은 영역만 점유하고 있는 것일까? 필자는 그 원인이 결국 협동조합이 많이 설립되지 않고 있기 때문이라고 본다. 협동조합 설립이 저조한 데에는 다음과 같은 다섯 가지 이유가 있다.

(1) 자본 조달 능력 부족

협동조합은 자본 조달에서 제약을 받기 때문이다. 제1장에서 언급한 바와 같이, 일반적으로 협동조합은 1인 1표 시스템으로 인해 주식시장과 같은 외부에서 재원을 끌어올 수 없다. 그렇기 때문에 대규모 자본을 조달하기가 어렵다. 그러나 경험적 증거를 살펴보면, 자본은 기업이 규모를 키우고 시장경제에서 주류 행위자로 성장하기 위한 필수 요소 중 하나이다.

일례로, 연 수입 기준으로 전 세계에서 제일 큰 협동조합인 프랑스의 크레디 아그리콜(Crédit Agricole)조차도 전 세계 상위 100대 기업 목록에 오르지 못했는데, 2020년 이 협동조합의 연 수입이 2.05억 유로인 반면, 2020년 포춘 글로벌 100(Fortune Global 100) 목록에서 마지막 100번째 기업인 스톤X(Stone X)의 연 수입은 5.4억 유로였다. 우리는 포춘 글로벌 100에 오른 100개 기업은 모두 (내부적으로 자본을 조달하는 협동조합과 달리) 외부에서 자본을 조달하는 투자자 소유 기업(주식회사, 국영회사, 또는 개인 투자자 소유 회사)이라는 사실에 주목할 필요가 있다. 즉, 이들은 주식시장에서 자본을 조달하거나, 조세 수입 또는 부유한 개인 투자자를 통해 자본을 조달한다.

크램퍼는 유럽, 미국, 일본의 초대형 협동조합이 몰락한 원인을 분석했는데(Kramper, 2012), 이 사례조사 역시 협동조합의 제한된 자본 조달 능력이 협동조합이 성장하는 데 부정적인 영향을 미친다는 사실을 증명한다.

(2) 정부의 잘못된 통제

제1장에서 언급한 바와 같이, 과거 소련연방과 제2차 세계대전 이후 신생 독립국들이 정부 차원에서 협동조합을 악용했기 때문이다. 과거 소련연방 시절에 정부는 협동조합이라는 명칭으로 정부 소유의 집단 농장과 공장 제도를 도입했는데, 이 때문에 현재도 구소련연방 지역의 주민들은 협동조합 사업모델에 대해 매우 부정적으로 인식하고 있다. 당시 정부는 개별 협동조합에 생산량을 할당하고 생산품의 가격도 직접 정했는데, 이는 협동조합을 시장경제체제와 분리시키기 위한 조치였다. 또한 개인은 자신이 속한 협동조합에 얽매여 있어서 이동의 자유조차 없었다. 신생 독립국들도 협동조합을 정치 캠페인을 위한 도구로 악용하면서 협동조합을 사실상 국영기업처럼 운영했다.

현재 구소련연방 지역과 신생 독립국들은 지리적으로 전 세계에서 큰 비중을 차지하는데, 이 지역의 주민들은 정부가 협동조합을 악용한 사례 때문에 협동조합 모델에 대한 불신이 크다. 따라서 이 지역에서 협동조합 모델과 관련해 주민들의 신뢰를 회복하고 건전한 인식을 조성하기 위해서는 갑절의 노력이 필요하다.

(3) 사업모델에 대한 낮은 인지도

협동조합 모델에 대한 대중의 인지도가 낮기 때문이다. 페로틴은 프랑스의 사례 연구를 통해 이미 활동 중인 협동조합의 밀집도가 신규 협동조합 창설에 상당한 영향을 미친다는 사실을 밝혀냈다(Pérotin, 2006). 미국, 이스라엘, 스페인에 관한 경험적 증거 역시 특정 지역에서 활동하는 기존 협동조합의 수가 많을수록 해당 지역에 신규 근로자 협동조합이 창설되는 데 긍정적인 영향을 미친다는 사실을 보여주었다(Conte and Jones, 1991; Russell and Hanneman, 1992; Arando et al., 2012; Díaz-Foncea and Marcuello, 2015). 요컨대 신규 협동조합은 협동조합이 많이 활동하는 지역에서 더 많이 설립되는 경향이 있다.

대부분의 국가에서는 근로자 협동조합에 대한 정보가 부족해서 이들 국가의 국민들이 협동조합 모델을 제대로 이해하지 못하거나 협동조합을 설립하는 방법을 모르는데, 이것이 바로 진입장벽이 된다(Pérotin, 2016). 반면에 근로자 협동조합이 밀집되어 있는 지역의 경우 밀집도 자체가 신규 협동조합 창설에 우호적인 환경을 제공한다. 기존 근로자 협동조합들은 협동조합 설립을 희망하는 기업가들에게 좋은 벤치마킹 사례를 제공하고, 협동조합이 자생 가능한 기업이라는 확신을 줄 것이며, 지역공동체 구성원(지방 은행, 소비자, 공급업자 등)의 협동조합 모델에 대한 친숙도를 제고시켜 줄 것이다. 아울러 다수의 협동조합이 모여 자신들을 지원할 기구를 설립할 수도 있을 것이다(Pérotin, 2016).

(4) 사회적 자본 부족

사회적 자본이 부족하기 때문이다. 제2장에서 분석한 바와 같이, 사회적 자본이란 개인 간 협력을 활성화하는 사회적 역량이다. 이 책의 관점에서 보면, 사회적 자본이란 개인들의 협력 성향이 만들어내는, 협동조합이 번창할 수 있는 비옥한 토양을 의미한다(Birchall, 2011). 퍼트넘은 농업, 주택, 보건 서비스 등의 분야에서 이탈리아 북부의 지방정부가 보여준 효율성에 관한 연구를 통해 사회적 자본이 높을수록 협동조합의 밀집도가 높다는 사실을 보여주었다(Putnam, 1994).

버찰은 사회적 자본을 증진시키는 요인으로 개인의 단체 활동 참여, 사회적 동질성, 평등한 사회 구조를 꼽는다(Birchall, 2011). 먼저, 개인의 단체 활동 참여는 사회적 신뢰와 협력을 제고한다. 일례로, 스위스는 개인이 단체 활동에 참여하는 전통이 매우 오래된 국가인데, 치즈 제조 그룹과 같은 고대의 단체를 모태로 일부 생산자 협동조합이 설립되었다. 다음으로, 개인은 서로 비슷할 경우 협력할 가능성이 더 높다. 예를 들어 핀란드에서는 협동조합운동 초기에 강한 민족의식이 우호적으로 작용했으며, 덴마크에서는 루터주의 신앙적 배경을 공유한 것이 긍정적으로 작용했다. 마지막으로, 사회는 스칸디나비아의 사례에서 볼 수 있듯이 구조가 평등할수록 사회적 자본이 높다. 반대로 위계질서가 강한 사회나 착취적 폐해가 남아 있는 사회의 경우 사회적 자본이 낮다. 마피아가 활동하는 이탈리아 남부, 노예제도와 인종차별의 유산이 남아 있는 미국 남부의 사례가 그러하다(Birchall, 2011).

아울러 경제적 불평등 역시 다양한 계층의 인간 사회에서 사회적 자본을 형성하는 데 부정적인 영향을 주는 것으로 나타나고 있다(Halpern, 2005).

(5) 지도자 부족

협동조합운동을 이끌 지도자가 부족하기 때문이다. 개인들이 항상 자발적으로 협력하는 것은 아니기 때문에 엘리너 오스트롬(Elinor Ostrom)

이 지적한 '집단행동의 딜레마'를 극복할 필요가 있다(Ostrom, 1990). 협동조합이 번창한 대부분의 지역을 분석해 보면 뛰어난 지도자가 존재했음을 알 수 있다. 이들은 정치적·종교적 신념 또는 인도주의적 신념에 기초해 자발적으로 사람들을 조직화하는 비용을 부담했다(Birchall, 2011).

지도자의 역할은 특히 정책을 결정하거나 분쟁을 조정하는 과정에서 중요하다(Bajo and Roelants, 2016). 대부분의 경우 지도자가 상대적으로 부유했던 까닭에 지도자들은 사람들을 협동조합으로 조직화하는 비용을 부담할 수 있었다. 이 지도자들은 또한 자신의 자원과 사회적 네트워크를 활용해 협동조합 창설에 우호적인 환경을 조성하는 데도 능숙했다. 일례로, 신규 법률의 제정을 유도하거나 현장에서 작동 가능한 사업모델을 확산시키는 작업을 했으며, 사회적 운동을 조직해 내기도 했다(Birchall, 2011).

이러한 리더십은 협동조합운동 초기에 매우 중요한 역할을 수행했는데, 영국의 윌리엄 킹(William King), 핀란드의 하네스 게하르드(Hannes Gebhard), 독일의 프리드리히 라이파이젠(Friedrich Raiffeisen) 및 헤르만 슐츠-델리츠히(Hermann Schulze-Delitzsch), 프랑스의 샤를 푸리에(Charles Fourier), 캐나다의 알폰스 데자르댕(Alphonse Desjardins) 및 모지스 코디(Moses Coady), 아일랜드의 호레이스 플런킷(Horace Plunkett)이 좋은 예이다(Birchall, 2011).

역사적으로 일부 국가는 협동조합에 헌신하는 지도자를 갖는 행운을 가졌으나, 다른 일부 국가는 그러지 못했다. 21세기의 맥락에서 협동조합경제를 확산시키기 위해서는 일반 회원과 동일한 근로 계층의 개인들 가운데서 지도자를 양성할 필요가 있는데, 이는 실용적인 목적에서 현장을 이해하고 기업을 운영할 줄 아는 인재들이 필요하기 때문이다 (Birchall, 1994). 아울러 협동조합에서 지도자로 활동하기 위해서는 최소한의 기본 교육도 중요하다(Birchall, 2011).

결론

전 세계적으로 협동조합운동을 확산시키기 위해서는 분야별로 사업모델을 표준화하는 것이 중요하다. 이 때문에 이 장에서는 '산업'과 '시장에서의 역할'을 기준으로 협동조합을 간단명료하게 여섯 가지 유형으로 분류했다.

이 여섯 가지 유형을 분석해 보면, 2차 산업 생산자 협동조합을 제외하고 나머지 다섯 가지 협동조합 유형은 시장에서 쉽게 찾아볼 수 있다는 사실을 알게 된다. 2차 산업 분야에서 생산자 협동조합이 드문 이유는 협동조합이 자본집약적 분야에 진입하기가 어렵고, 설사 진입한다 해도 이 분야에서 시장경쟁력을 높이는 데 필요한 신속한 의사결정메커니즘을 가지고 있지 않기 때문이다. 이에 반해 나머지 다섯 가지 유형은 쉽게 찾아볼 수 있는데, 이는 다섯 가지 유형이 활동하는 분야가 노동집약적이기 때문이다. 제2장에서 살펴본 바와 같이, 노동집약적 분야에서는 협동조합이 일반 회사에 비해 경쟁 우위를 가지므로 이는 당연한 결과라고 할 수 있다.

마지막으로 이 장에서는 협동조합이 여러 강점을 가지고 있음에도 불구하고 협동조합경제가 전 세계 경제에서 여전히 작은 비중을 차지하고 있는 이유를 조명했는데, 그 이유로 자본 조달 제약, 과거 소련연방과 신생 독립국 정부에서 협동조합을 악용한 관행에 따른 부정적인 이미지, 협동조합 모델에 대한 낮은 대중 인지도, 사회적 자본 부족, 협동조합운동 분야의 지도자 부족을 분석했다.

제2부

21세기에
왜 협동조합이 필요한가

제4장

불평등 악화와 양질의 일자리의 중요성

이 장에서는 전 세계적으로 악화되고 있는 불평등 문제를 다룬다. 오늘날에는 부가 최상위 소득 그룹으로 점점 더 집중되고 있는데, 1990년부터 2005년까지의 데이터를 살펴보면 100개국 중 59개국에서 상위 1% 소득 그룹이 가져가는 소득의 몫이 증가하고 있다. 반면에 이 100개국 중 92개 국가에서 하위 40% 소득그룹이 가져가는 소득의 몫은 전체 소득의 25% 미만이다(UN, 2019). 이러한 추세를 그대로 방치한다면 불평등이 경제성장의 근간을 훼손하고 사회 불안정을 야기할 것이다. 이처럼 불평등이 인간 사회에 심각한 도전을 야기하는 점을 고려할 때 대책 마련이 시급하다.

이러한 추세를 염두에 두면서 이 장에서는 왜 정부가 불평등에 대한 대책을 마련해야 하는지, 그리고 어떠한 대책이 필요한지에 대해 분석할 것이다. 이를 위해 먼저 노동소득과 관련해 발생하는 결과의 불평등의 원인에 대해 살펴본 후, 이러한 원인을 완화하기 위해 정부가 직접 개입해 대책을 마련하고 이행할 것을 촉구할 것이다.

결과의 불평등과 기회의 불평등

불평등은 두 가지 범주로 구분될 수 있다. 하나는 결과의 불평등이고 다른 하나는 기회의 불평등이다(UN, 2015).

결과의 불평등은 개인들의 물질적 부 또는 경제적 생활수준이 동등하지 않을 때 발생한다. 이러한 결과의 불평등은 몇 가지 관점에서 파악될 수 있다.

가장 보편적인 것이 소득 불평등인데, 이는 전체 국민의 소득이 얼마나 균등하게 분포되어 있는지를 측정하는 개념이다(IMF, 2021). 소득 불평등은 한 사회의 불평등 정도를 측정하기 위한 지표로 가장 흔하게 사용된다(IMF, 2021). 소득 불평등은 일반적으로 지니 계수를 사용해 측정된다. 지니 계수는 0과 1 사이에 존재하는데, 모든 개인의 소득이 완전히 균등할 경우는 0이고, 어느 한 사람이 모든 소득을 독점할 경우 1이다. 불평등에 관한 기존 문헌을 보면 대부분의 분석이 지니 계수로 측정된 소득 불평등을 다루고 있다.

다음으로 부의 불평등이 있다. 이는 각 개인 또는 가계의 부가 얼마나 균등하게 분포되어 있는지를 나타내는 개념이다. 여기서 중요한 점은 가계의 부가 노동소득뿐만 아니라 자본소득으로도 축적되기 때문에, 부의 불평등이 일반적으로 소득 불평등보다 높게 나타난다는 것이다(UN, 2020). 주택, 토지, 금융자산을 소유한 가계는 자산 없이 노동소득에 의존하는 가계보다 훨씬 빠르게 부유해진다. 그 결과 2018년 기준으로 전 세계 하위 50% 소득 그룹은 전 세계 부의 1%도 소유하지 못한 반면, 상위 10%는 전 세계 부의 85%를 소유하고 있다(UN, 2020).

또한 생애 불평등이라는 개념도 있다. 이는 개인의 전 생애에 걸쳐 각 시기별로 소득이 어느 정도 균등하게 분포되어 있는지를 나타낸다.

한편, 기회의 불평등은 개인이 통제할 수 없는 요인(민족, 성별, 가정환경, 신체장애 등)에 의해 결과가 결정될 때 발생한다.

이러한 두 가지 유형의 불평등은 국가 내에서뿐만 아니라 국가 간에도 발생한다.

SDG 10에 반영된 불평등 개념

이제 유엔 지속가능발전목표(SDG) 중 제10번째 목표(불평등)에 반영된 다양한 불평등의 개념을 사례를 통해 살펴보기로 하자. SDG 10의 세부지표를 살펴보면, 첫째, 제1세부지표(국내소득 증대)는 결과의 불평등을 해소하기 위한 것이다. 둘째, 제2세부지표(국내 신분 상승과 포용성 증대)는 기회의 불평등을 해소하기 위한 것이다. 셋째, 제3세부지표(국내 평등 입법과 정책 수립), 제4세부지표(국내 경제와 사회복지 정책을 통한 평등 증진)는 국가 내 기회 불평등과 결과 불평등을 완화하기 위한 것이다. 넷째, 제5세부지표(금융시장 규제를 통한 국제적 불평등 완화), 제6세부지표(국제 정책결정과 관련한 국제적 평등 증진), 제7세부지표(이주를 통한 국제적 평등 증진), 제10.a세부지표(무역을 통한 국제적 평등 증진), 제10.b

세부지표(ODA와 금융 유동성 증대를 통한 국제적 평등 증진), 제10.c세부지표(해외근로자 송금 규제를 통한 국제적 평등 증진)는 국가 간 기회 불평등과 결과 불평등을 완화하기 위한 것이다. 이러한 목표들의 시한과 구체적인 내용은 다음과 같다.

10.1 2030년까지 점진적으로 하위 40% 소득 그룹의 소득 성장률이 국가 평균 성장률을 넘어서고 그 이후에는 유지할 수 있도록 한다(국내소득 증대).

10.2 2030년까지 연령, 성별, 신체장애, 인종, 민족, 출생지, 종교, 경제력, 여타 지위에 상관없이, 모든 개인의 역량을 강화하고 사회적·경제적·정치적 포용성을 증대시킨다(국내 신분 상승과 포용성 증대).

10.3 차별적 법률, 정책, 관행을 제거하고, 적정한 법률, 정책, 행동을 증진함으로써 평등한 기회를 보장하고 결과의 불평등을 완화한다(국내 평등 입법과 정책 수립).

10.4 재정, 임금, 사회보호정책을 채택하고, 점진적으로 평등을 증진한다(국내 경제와 사회복지 정책을 통한 평등 증진).

10.5 세계금융시장에 대한 규제와 모니터링을 개선하고, 그러한 규제 실행을 강화한다(금융시장 규제를 통한 국제적 불평등 완화).

10.6 국제 경제와 금융 기구가 더 효과적이고 신뢰할 만하며 책임감 있고 적법한 규범과 제도를 생산해 낼 수 있도록 국제 정책결정 과정에서 개발도상국을 위한 발언권과 대표성을 제고한다(국제 정책결정과 관련한 국제적 평등 증진).

10.7 계획적이고 잘 관리되는 이주 정책을 통해 질서 있고 안전하고 정규적이고 책임감 있게 개인의 이주와 이동이 이루어질 수 있도록 한다(이주를 통한 국제적 평등 증진).

10.a WTO 규정에 따라 개발도상국(특히 최빈국)에 대한 특별하고 차별화된 대우 원칙을 시행한다(무역을 통한 국제적 평등 증진).

10.b 최빈국, 아프리카 국가, 군소 도서국, 내륙국 등 빈곤한 국가에 대해 그들의 국가발전계획과 프로그램을 지원하는 형태의 ODA와 자본 유입(외국인 직접투자 등)을 장려한다(ODA와 금융 유동성 증대를 통한 국제적 평등 증진).

10.c 2030년까지 해외근로자 송금수수료를 3% 미만으로 줄이고, 5% 이상 부과하는 송금 채널을 철폐한다(해외근로자 송금 규제를 통한 국제적 평등 증진).

이렇게 다양한 불평등의 개념을 고려하면서, 이 책은 불평등의 경제적 측면에 초점을 맞춘다. 정확히 말하자면 경제적 측면에서 악화되는 결과의 불평등을 다룰 것이다. 물론 불평등에는 사회적 또는 문화적 측면의 요인도 있다. 예를 들어 인종, 민족, 종교, 성별에 대한 차별도 불평등을 악화시키는 심각한 원인이다(UNSCEB, 2017). 그러나 사회적·문화적 원인의 경우 정치적 접근이 필요하므로 이 책의 범위를 넘어선다. 따라서 이후의 논의는 경제적 접근에 초점을 맞출 것이다.

불평등이 인간 사회에 미치는 부정적인 영향

불평등을 정의하는 개념은 다양하지만 불평등의 공통점은 사회에 부정적인 영향을 미친다는 점이다. 불평등에 대한 대책을 마련하기 위해서는 먼저 불평등의 폐해가 얼마나 심각한지를 이해하는 것이 중요하다. 아래에서는 경제성장, 인권, 사회 안정성, 도덕적 영역에서 일어나는 불평등의 폐해에 대해 살펴보기로 한다.

(1) 경제성장의 잠재력을 훼손한다

경험적 연구에 따르면 불평등이 감소하면 경제가 더 빨리 지속적으로 성장할 수 있다(Ostry, Berg and Tsangarides, 2014).

우선, 개인이 빈곤 때문에 교육을 받지 못하고 자신의 경제적 잠재력을 완전히 실현할 수 없다면 이 개인이 속한 사회는 보유한 인적 자원을 경제발전을 위해 충분히 활용하지 못하는 결과를 낳게 된다(UN, 2020). 예를 들어, 재능 있는 개인이 담보가 없어서 은행 대출을 받을 수 없고 그 때문에 기업 설립에 필요한 장비와 기계를 구입할 수 없어 사업을 시작할 수 없다면 그 사회의 경제성장 잠재력은 훼손될 수밖에 없을 것이다. 마찬가지로 가난한 집안의 똑똑한 여자 아이가 뛰어난 과학자 소질이 있는데도 불구하고 교육을 받지 못해 실업자 또는 저숙련 근로자의 인생을 살게 된다면 그 아이가 속한 사회로서는 큰 손실이 될 것이다. 나아가 여성 차별이 심한 사회의 경우에도 경제성장의 잠재력이 심각하게 훼손될 수밖에 없다. 인구의 절반이 여성임을 고려할 때 여성이 차별로 인해 경제활동에 참여할 수 없다면 인적 자원의 절반을 활용하지 못하는 결과를 초래하기 때문이다.

다음으로, 불평등이 심화되면 빈곤한 가계는 소비지출을 줄일 것이므로 이는 추가적으로 경제 성장에 부정적인 영향을 미친다. 빈곤한 가계의 저축률은 부유한 가계보다 낮은 경향이 있다(Dynan, Skinner and Zeldes, 2004). 이는 빈곤한 가계의 소득 대비 지출률이 부유한 가계보다 높다는 것을 의미한다. 따라서 불평등 증대로 인해 소득이 빈곤층에서 부유층으로 이동할 경우 빈곤층 소비액 감소분이 부유층 소비액 증대분보다 클 것이고, 경제 전체적으로는 소비액이 감소할 것이다. 따라서 불평등 심화는 경제 전체의 소비지출을 줄이면서 경제성장률을 낮추는 결과를 초래한다.

(2) 빈곤 퇴치를 지연시킨다

두 국가의 경제규모가 동일하고 경제성장률도 동일하다고 가정할 때, 불평등이 높은 국가의 빈곤층은 불평등이 낮은 국가의 빈곤층보다 더 적은 경제성장의 몫을 가져간다. 불평등이 높은 국가는 경제성장의 과실을 소수 국민만 누리는 경제구조를 갖는 반면, 불평등이 낮은 국가는 경제성장의 과실을 국민 대부분이 누리는 경제구조를 가졌기 때문이다. 예를 들어, 한 국가의 국민 대부분이 실업자이거나 저숙련/저소득 근로자인 상황에서 제조업이 소수의 중간 숙련/중간 소득 근로자를 고용하면서 경제성장을 이끄는 경우, 경제 성장의 혜택은 제조업 투자자와 소수의 중간 숙련/중간 소득 근로자에게 집중될 것이다. 마찬가지로, 한

국가의 국민 대부분이 실업자이거나 비공식경제 부문에서 일하는 상황에서 공식경제 부문이 경제성장을 주도하는 경우, 경제성장의 혜택은 공식경제 부문의 근로자들에게 집중될 것이다. 1977~2004년간 아프리카 사하라이남 지역의 24개국과 다른 지역의 61개국을 비교해 보면, 유사한 수준의 경제성장률에 대해 사하라이남 지역의 빈곤 퇴치율이 다른 지역보다 더 저조했다는 사실이 이를 증명한다(Fosu, 2009).

(3) 사회적 긴장과 불안을 야기한다

생활수준의 격차는 사회의 응집력을 약화시키며, 극단적인 경우에는 사회의 존립 자체를 위협할 수도 있다. 많은 사례가 경험적으로 이를 증명한다. 주목할 만한 사례가 바로 20세기 동안 전 세계를 뒤흔들었던 1917년 러시아의 볼셰비키 혁명이다. 이 혁명은 공산주의 깃발 아래 중국, 동유럽, 라오스, 베트남까지 확산되었다. 공산주의 혁명은 마르크스의 이론에 기초하고 있는데, 공산주의 혁명가들은 자본가 계급이 생산수단을 소유하고 부를 독점하면서 근로자 계급을 착취하고 있다고 보고 자본가 계급을 타도하고자 했다. 사실 마르크스가 『자본론』을 집필했던 19세기는 공장 소유주들이 기계화에 따른 노동생산성의 급격한 증가에 힘입어 막대한 이윤을 축적하는 반면, 근로자들은 도시 빈민가에서 비참한 생활을 하던 시기였다.

하지만 21세기 들어서도 불평등으로 야기된 사회적 불안은 전 세계 도처에서 여전히 진행 중이다. 일례로, 2017년 이후 온두라스, 과테말라, 엘살바도르에서는 수만 명이 거의 매년 난민 지위를 얻기 위해 미국

국경으로 도보 행진하는 상황이 벌어지고 있다. 이러한 이주민 행렬이 이어지는 것은 근본적으로 극심한 빈곤과 불평등 때문이다(Call, 2021). 아울러 민족, 종교 또는 종파 차이로 인한 수평적 불평등 역시 폭력 충돌로 비화될 위험을 내포하고 있다. 중동 및 북아프리카 지역에서 발생한 '아랍의 봄' 사태는 이러한 위험성을 잘 보여주고 있다(World Bank, 2015). 수평적 불평등이 심했던 시리아, 이라크, 리비아, 예멘에서 일어난 내전은 제2차 세계대전 이후 유례가 없는 규모의 피해와 난민 사태를 유발했다(World Bank, 2015). 놀랍게도 시리아 난민 사태의 부정적인 여파는 중동을 넘어 유럽까지 도달했는데, 이민 유입은 영국인들의 불안 심리를 자극해 영국인들로 하여금 브렉시트에 찬성표를 던지도록 했다(Garrett, 2019). 최근 연구를 보면, 영국인이 브렉시트를 선택한 주된 이유가 바로 영국이 유럽연합에 속해 있으면 국내로 과도한 난민이 유입될 것을 우려했기 때문인 것으로 드러났다. 의심할 바 없이, 브렉시트는 유럽연합 시스템에 상당한 충격을 주었다. 전 세계가 지속가능한 발전을 향유하려면 수평적 불평등의 폭발력을 간과해서는 안 될 것이다.

(4) 불평등을 방치하는 것은 도덕적 의무 위반이다

앞에서 살펴본 바와 같이, 불평등은 빈곤 퇴치를 지연시키고 사회적 불안을 야기함으로써 많은 사람의 삶을 비참하게 만든다. 따라서 많은 사람을 빈곤의 덫에서 지체 없이 구하고 사회적 재앙을 막는 것은 우리의 양심이 명령하는 도덕적 의무라고 할 수 있다. 앞서 살펴본 바와 같이 우리는 이미 20세기 구소련연방 국가들의 경제적 붕괴, 21세기 중앙 아메리카 지역의 난민 행렬, 중동 아랍의 봄 사태에서 불평등의 폐해를 생생히 목도한 바 있다. 우리의 양심이 명령하는 이와 같은 도덕적 의무는 1948년 유엔이 채택한 보편적 인권선언 제1조 "모든 인간은 자유롭게 태어났으며, 그 존엄과 권리 행사에 있어 동등하다. 인간은 이성과 양심을 부여받았으며, 서로를 형제애의 정신으로 대해야 한다"라는 조항에도 잘 나타나 있다.

불평등을 해소하기 위해 정부가 개입해야 하는 이유

불평등은 현대 자본주의 시스템에서 구조적이고 만성적인 문제이다. 이러한 불평등을 완화하기 위한 대책에 소요되는 재원의 규모를 보면 우리가 직면한 도전의 규모를 짐작해 볼 수 있다. 예를 들어, 선진국은 불평등 완화를 위해 이미 국가 GDP의 25~35%를 지출하고 있다(Piketty, 2014). 이는 자원봉사단체 또는 비정부기구가 감당할 수 있는 재정적 여력을 훨씬 초과하는 규모로, 정부만이 이를 수행할 자원을 가지고 있다. 불평등이 야기하는 도전의 규모를 고려할 때 정부가 지속적으로 개입해서 적극적인 역할을 할 수밖에 없다는 결론에 도달하게 된다.

이론적 관점에서 볼 때, 국가의 개입은 토머스 홉스, 존 로크, 프리드리히 헤겔로 이어지는 사회계약 이론으로 정당화될 수 있다(Koh, 2018). 철학자들은 왜 인간이 혼자 살지 않고 국가를 형성했는지에 대해 고찰했는데, 우선, 홉스는 자신의 저서 『리바이어던(Leviathan)』을 통해 개인이 사회계약을 통해 국가를 설립한 것은 자신의 물리적 안전을 확보하기 위해서였다고 주장했다(Hobbes, 1651). 예를 들어, 도둑이나 외부 침입자의 위협에 직면했을 때 혼자 싸우기보다 경찰 또는 군대에 의존하는 것이 훨씬 효과적이기 때문이다. 이를 위해 개인은 국가에 세금을 납부하고, 이에 대한 대가로 정부는 경찰력으로 개인의 안전을 보장해 주는 사회계약이 형성된다는 것이다.

다음으로, 일단 안전이 확보되면 인간은 본성적으로 물질적 번영을 추구하게 된다. 로크는 자신의 저서 『정부에 관한 두 가지 계약(Two Treatises of Government)』에서 개인은 중세 봉건제의 속박에서 벗어나 자신의 사익을 자유롭게 추구할 권리와 자유를 가지게 되었으며, 경제 활동과 관련된 법과 질서를 유지할 목적으로 사회계약을 통해 국가를 수립했다고 주장했다(Locke, 1689). 로크가 상정한 국가는 근본 목표가 개인의 안전 보장뿐만 아니라 개인의 물질적 번영 추구도 지원하기 위한 것이었다는 점에서 홉스의 국가관보다 한층 진보된 형태의 국가라고 볼 수 있다.

그런데 헤겔은 『권리 철학의 요소(Elements of Philosophy of Right)』라는 저서에서 로크가 옹호했던 '시장에서의 자유 경쟁'은 필연적으로 경쟁에서 뒤처진 그룹을 만들어낸다는 사실에 주목했다(Hegel, 1820). 누군가 앞서면 뒤처지는 사람이 생기는 것은 불가피하기 때문이다. 따라서 헤겔은 경쟁에서 낙오한 그룹이 불평등한 상태로 떨어지면 사회불만 세력으로 변모하고 이들은 결국 사회적 불안 요인이 된다고 보았다. 이 때문에 헤겔은 국가가 적극적으로 개입해서 불평등을 완화하고 사회적 통합을 장려해야 한다고 주장했다. 헤겔의 이론은 프러시아가 19세기에 복지국가 모델을 도입하면서 현실화되었다. 프러시아는 1871년 세계 최초로 사고보험을 도입했고, 1883년 의료보험, 1889년 연금 및 상해보험을 연이어 도입했다(Van Lieshout, Went and Kremer, 2010). 서유럽에서는 프러시아로 인해 현대 복지국가 시대가 열리게 되었다.

경험적 증거도 불평등 완화를 위한 국가 개입의 필요성을 증명한다. 1950년대 들어 사이먼 쿠즈네츠(Simon Kuznets)는 불평등이 산업화 초기에는 증가하지만, 경제가 발전하면서 복지국가 모델이 작동하면 추후로는 불평등이 감소한다고 주장했다(Kuznets, 1955). 그의 주장은 20세기 전반부의 불평등 감소 추세를 설명할 수 있는 것처럼 보였지만, 20세기 후반으로 가면서 상황이 바뀌었다. 전 세계적으로 불평등이 다시 증가하는 추세이기 때문이다. 현재 전 세계 인구의 71%가 거주하고 있는 지역에서 불평등이 증가하는 현상이 관찰되고 있다(UN, 2020). 더욱이 유럽에서는 소득 대비 자본 비율이 1950년에는 1 대 2.5에 불과했으나 2010년에는 거의 1 대 6에 이르렀다(Piketty, 2014).

소득 대비 자본 비율이 증가한 것은 불평등이 심화되었음을 의미하는데, 이는 근로소득이 증가하는 것보다 자본소득이 더 빠르게 증가한 결과이기 때문이다. 제1차 세계대전 이전에 소득 대비 자본 비율이 1 대 6~7이었다는 점을 고려할 때, 우리가 사는 세계는 또다시 19세기 수준의 불평등 시대로 퇴행하고 있는 것이다(Piketty, 2014). 따라서 우리는 기존의 복지국가 모델에 더해, 또 다른 방식의 정부 개입을 고민해야 하는 중차대한 시점에 서 있다.

결과 불평등이 야기되는 이유

경제학에서 소득은 생산 활동을 통해 창출된다. 생산은 일반적으로 노동, 자본, 토지, 기업가라는 네 가지 요소로 이루어지는데, 이를 '생산의 4요소'라고 한다(O'Sullivan and Sheffrin, 2003). 노동은 인간의 작업을 의미한다. 자본은 농기구, 기계 등 상품 또는 서비스를 생산하기 위해 인간이 만든 자원을 의미한다. 토지는 자연 자원을 의미한다. 기업가는 이 세 가지 생산 요소를 결합해서 이윤을 창출하는 사람을 의미한다. 따라서 개인은 이러한 네 가지 생산 요소를 통해 소득을 창출할 수 있다. 즉, 근로자는 노동소득을 얻고, 자본의 소유주는 자본소득을 얻으며(물론 기업가도 그 본질상 자본으로 이해될 수 있는 기업을 소유하기 때문에 자본소득을 얻는다), 토지 소유자는 토지소득(또는 지대)을 얻는다. 요컨대 소득은 노동소득, 자본소득, 토지소득으로 분류할 수 있다.

그러나 넓은 의미에서 소득은 인적 자원에서 창출되는 노동소득과 비인적 자원에서 창출되는 자본소득으로 구분할 수 있다(Piketty, 2014). 이렇게 단순화가 가능한 것은 토지 역시 자본으로 간주할 수 있기 때문이다. 석유나 가스의 경우 지하 또는 수중에 매장된 상태로는 생산 활동에 투입될 수 없고 자본 투자와 인력 투입을 통해 채굴했을 때 비로소 생산 활동에 투입될 수 있기 때문이다. 자본은 인간이 만든 자원을 의미하고 자연 자원은 인간이 채굴한 이후에 비로소 생산 활동에 사용할 수 있기 때문에 자연 자원 역시 자본의 범주에 포함될 수 있다. 자본은 또한 지적재산권과 같은 직업적 자산과 금융자산도 포함한다.

이 장에서는 결과 불평등이 야기되는 근본적인 이유 중에서 노동소득과 관련된 두 가지 원인에 초점을 맞추기로 한다.

(1) 자본소득의 빠른 증가

토마 피케티는 유명한 저서 『21세기 자본론(Capital in the Twenty-First Century)』에서 자본소득이 증가하는 속도가 노동소득보다 빠르기 때문에 불평등이 야기된다고 규명한 바 있다(Piketty, 2014). 동시에, 그는 제도적 변화, 정치적 충격 등 다른 요인들 또한 과거에 그러했듯이 미래에도 지속적으로 불평등을 악화시키는 데 중요한 역할을 할 가능성을 배제하지 않았다(Piketty, 2015). OECD 연구에 따르면, 1990~2009년간 30개 선진국 중 26개국에서는 국민소득에서 차지하는 노동소득의 비율이 66.1%에서 61.7%로 감소했다(OECD, 2012). 이 데이터를 해석하려면 국민소득은 노동소득과 자본소득의 합으로 이루어지기 때문에 노동소득의 비율 감소가 자본소득의 비율 증대로 이어진다는 사실을 유념해야 한다(국민소득 = 자본소득 + 노동소득)(Piketty, 2014). 따라서 이 26개국이 연 2.8%의 경제성장률을 기록한 상황에서 노동소득 비율이 감소했다는 것은 자본소득 대비 노동소득의 증가율이 더 낮아졌다는 것을 의미한다.

노동소득의 이러한 하향 추세는 전 세계적으로 나타나고 있다. 151개 개도국과 선진국에서 진행한 연구에 따르면, 1970~2015년간 노동소득의 비율은 전반적으로 하향세를 보였다(Guerriero, 2019). 피케티도 1970년대 이후 자본이익률이 전 세계 경제성장률보다 꾸준히 높은 수준을 유지했다는 사실을 발견함으로써 이러한 분석을 뒷받침하고 있다 (Piketty, 2014). 대부분의 중저임금 근로자들은 주식이나 부동산 같은 자본소득이 없고 주로 노동소득에 생계를 의존하고 있기 때문에 노동소득의 정체는 고임금 근로자보다 이들에게 더 큰 피해를 준다(UN, 2020). 일반적으로 소득 하위 50%의 인구는 자본소득이 거의 없다고 봐야 한다(Piketty, 2014).

이처럼 자본소득이 노동소득보다 빠르게 증가하는 것은 다음 세 가지 요인 때문이다.

① 일자리 소멸

노동절약기술이 일자리를 소멸시키기 때문이다(UN, 2020). 노동절약기술은 로봇 공학, 인공지능, 3D 프린팅, 정보통신기술 등의 분야에서 빠르게 발전하고 있는데, 이로 인해 고용주들은 더 적은 인력을 고용하더라도 동일한 양을 생산할 수 있게 되었다. 따라서 노동절약기술이 발전하면 일자리가 줄어든다. 특히 노동절약기술은 코드화할 수 있는 반복적인 업무를 대체한다(World Bank, 2019). OECD 분석에 따르면, 향후 15~20년 내에 14%의 일자리가 완전히 자동화되고, 32%는 상당 부분 자동화 요소를 도입할 것으로 예측된다(OECD, 2019a). 요컨대 가까운 미래에 전체 일자리의 절반가량이 자동화의 영향을 받게 되는 것이다.

여기서 유의할 점은 노동절약기술이 발전하는 분야에서는 자본이 점점 더 노동을 대체하면서 그 분야의 자본집약도를 끌어올린다는 것이다. 따라서 노동절약기술이 발전할수록 해당 분야의 자본축적도가 높아져 자본소득 증가로 이어지는 반면, 이에 따른 일자리 감소는 노동소득의 감소로 귀결된다. 정보통신기술 등 노동절약기술은 이미 1975~2012년간 전 세계 노동소득 비율이 감소하는 데서 절반가량의 원인을 제공했다(Karabarbounis and Neiman, 2013). 미국 사례를 보더라도 1979~2017년간 생산성은 70.3% 증가한 반면, 근로자 임금은 단지 11.1%가 증가했는데, 이는 생산성 증가에 따른 이윤의 증가분 중 대부분을 자본소유주가 가져갔기 때문인 것으로 해석할 수 있다(Gould, 2019). 임금 수준의 정체는 저임금 또는 중임금 근로자에게 더 큰 폐해를 끼치는데, 그 이유는 이들이 대부분 별도의 자본소득 없이 노동소득에만 의존해 생계를 유지하고 있기 때문이다(UN, 2020).

② 비정규직 일자리 증가

노동시장 자유화로 인해 비정규직 일자리가 증가하기 때문이다(OECD, 2019a). 노동시장 자유화는 고용 보호, 최저 임금, 노동조합 지원과 관련된 규정을 완화한다. 이처럼 제도가 변화한 이유는, 선진국의 입장에서 1980년대 이후 기업이 고용과 해고를 쉽게 할 수 있도록 하여 노동비용을 낮추고 이를 통해 자국 기업이 치열한 국제경쟁에서 생존할 수 있도록 지원하고자 했기 때문이다. 즉, 기업이 고용과 해고를 간편하게 할 수 있게 만듦으로써 시장의 충격에 더 탄력적으로 대응하도록 하고 이를 통해 기업으로 하여금 성장을 지속해 궁극적으로는 고용을 더 늘리게 하려는 정책이었다(Saint-Paul, 1997).

그러나 노동시장 자유화는 비정규직 일자리의 증가라는 결과를 초래했다. 비정규직 일자리는 비공식경제에 속하거나 파트타임이거나 한시 계약직인 일자리를 의미하는 반면, 정규직 일자리는 공식경제에 속하고 풀타임이며 종신 계약직인 일자리를 의미한다. 정규직은 공식경제 시스템에 속해 있지만, 비정규직은 시스템 밖에 존재한다. 비정규직은 플랫폼 일자리(온라인 플랫폼이 서비스 주문 고객과 근로자를 연결시켜 주는 방식의 일자리), 대기형(on-call) 일자리 또는 0시간(zero-hour) 계약직 일자리(최저 근로시간이 보장되지 않고 언제 일할지 예측할 수 없는 일자리), 본인 계정 일자리(종업원이 없는 자영업자)를 의미한다(OECD, 2019a).

비정규직 일자리의 질은 임금 수준, 고용 안정성, 사회보장 측면에서 열악하다(OECD, 2014). 비정규직 근로자는 소득이 불규칙하고 차별도 많아서 노동빈곤층으로 전락할 위험이 크다. 아울러 공식경제 부문의 근로자는 사회보장 시스템의 보호를 받는 반면, 비공식경제 부문의 근로자는 사회보장 시스템의 보호를 받지 못한다. 또한 비정규직 근로자, 저숙련 근로자, 실직자, 고령 근로자와 같이 소외된 근로 계층은 재교육과 심화 교육 프로그램을 받아야 할 필요성이 가장 큰 계층임에도 불구하고 이러한 프로그램에 참여할 가능성이 더 낮다(OECD, 2019a). 또한 일부 OECD 회원국에서 비정규직 근로자는 실직기간 중에 정규직 근로자보다 현금 보조를 받을 가능성이 40~50% 더 낮고, 정규직 근로자에 비해 노동조합을 설립할 가능성도 50% 더 낮다(OECD, 2019a). 요컨대 고용주 입장에서는 비정규직 근로자를 고용할 경우 노동비용을 추가적으로 줄일 수 있다. 결과적으로 비정규직의 증가는 노동소득의 감소로 이어지는 반면 고용주의 이익을 증가시켜 자본소득은 증가시킨다.

디지털 기술로 인해 고용주와 근로자가 더 자유롭고 유연하게 계약을 체결할 수 있기 때문에 비정규직은 디지털 기술이 발전하는 분야에서 쉽게 찾아볼 수 있다(UN, 2020). 예를 들어 우버, 에어비앤비 같은 디지털플랫폼 기업은 대기형 일자리 또는 0시간 계약을 확산시키면서 파트타임 일자리를 증가시킨다. 아울러 이러한 기업들은 자신이 고용주가 아니라 중개 서비스 제공자라는 입장을 견지하면서, 사회보장제도의 혜택이 없는 비공식 일자리를 증가시킨다. 비정규직 일자리는 또한 초단기간 동안만 노동수요가 급증하거나 휴가시즌과 같이 계절에 따라 노동수요가 증가하는 분야에서도 자주 발견된다(OECD, 2019a).

이러한 현상은 '저고용(under-employment)'이라고도 불리는데, 이 현상은 근로자가 자신의 교육 수준에 상응하는 일자리를 갖지 못하거나 풀타임으로 일할 수 없을 때 발생한다. 제조업보다 일부 서비스 산업 분야에서 이러한 저고용 현상이 더 빈번하게 관찰된다. 일례로, OECD 분석에 따르면 제조업 분야에서는 저고용 비율이 1.8%인 반면, 숙박 업종과 레스토랑 업종에서는 약 12.2%에 달하는 것으로 드러났다(OECD, 2019a). 숙박 업종과 레스토랑 업종이 파트타임 근로자를 선호할 수밖에 없는 것은 하루 동안에도 수요가 매우 급격하게 변동하기 때문이다(Euwals and Hogerbrugge, 2006).

결과적으로, 비정규직 일자리는 이제 부분적 현상이 아니다. OECD 회원국의 경우 근로자의 15%가 자영업자이며, 11%가 한시적 계약 근로자이다(OECD, 2019a). 나아가 비정규직은 OECD 회원국 대부분에서 장기적으로 증가하는 추세이고 예외적으로 자영업자만 감소하는 추세인데, 이는 자영업자가 많은 농업 분야가 장기적으로 사양 추세이기 때문이다(OECD, 2019a). OECD 회원국 전체로 보면, 전체 근로자 수에서 파트타임 근로자의 비율은 1990년 11%에서 2000년대 후반 16%까지 증가했다(OECD, 2011a). 그런데 여성이 남성에 비해 비정규직과 같은 저임금 직종에서 일할 확률이 더 높고 고임금 직종에서 일할 확률은 더 낮다는 것도 유의할 점이다(OECD, 2019a). 150개국의 데이터를 분석해 보면 전체 고용에서 여성이 점유하는 비중은 40% 미만이지만 파트타임에서 여성이 차지하는 비중은 57%에 달한다(ILO, 2016a).

③ 슈퍼스타 기업 등장

자본소득이 노동소득보다 빠르게 증가하는 또 다른 이유는 슈퍼스타 기업으로 인해 기업 전체 이익 중에서 자본소유주에게 돌아가는 몫이 더 커지기 때문이다(UN, 2020). 과거에는 한 기업이 다른 기업에 비해 경쟁력이 높다고 하더라도 시장 수요를 독식할 정도는 아니었고 다른 경쟁 기업에게 돌아갈 시장 수요도 많이 남아 있었다. 하지만 21세기 들어 승자독식 메커니즘이 작동하고 슈퍼스타 기업이 등장하면서 경쟁 기업에게 돌아갈 시장 수요가 별로 남지 않게 되었다(Autor et al., 2017). 따라서 슈퍼스타 기업들은 시장에서 독점적 또는 과점적 지위를 점유할 가능성이 높다.

슈퍼스타 기업이 부상한 데에는 세 가지 이유가 있는 것으로 분석된다. 첫째, 디지털화이다. 정보통신기술의 경우 막대한 비용을 투자해 인프라를 구축하더라도 운영비용(데이터 저장, 전송, 복사 등 관련 비용)이 낮고 생산성이 제고된다면, 이 인프라 구축비용을 감당할 수 있는 대기업은 중소기업에 대해 경쟁적 우위를 점할 수 있다(Autor et al., 2019). 또한 대기업은 대규모 생산과 판매가 가능하기 때문에 규모의 경제를 활용해 막대한 초기 인프라 구축비용을 다수의 제품에 분산시킬 수 있어 궁극적으로는 중소기업보다 훨씬 저렴하게 상품을 시장에 내놓을 수 있다. 예를 들어, 월마트는 공급체인에 대한 모니터링과 재고 조사의 효율성을 높이기 위해 중소기업 경쟁자들이 엄두를 내지 못할 규모로 정보통신 인프라에 대한 투자를 단행했고, 이는 경쟁력 증가로 이어졌다(Bessen, 2017). 마찬가지로 넷플릭스는 디지털플랫폼을 구축하기 위해 막대한 초기 비용을 투자했지만 스트리밍 서비스의 경우 추가로 서비스를 증가시키는 데 소요되는 한계비용은 거의 제로이다. 즉, 1명의 소비자에게 음원 파일을 복사해서 전송하는 데 드는 비용과 2명의 소비자에게 음원 파일을 복사해서 전송하는 데 드는 비용은 별 차이가 없다. 3명의 경우에도 마찬가지이다. 컴퓨터 파일을 추가로 복사하는 데 드는 비용이 거의 제로이기 때문이다. 이 때문에 넷플릭스는 시장에서 지배적인 위치를 차지했고 중소기업은 경쟁자로서 시장에 진입하기 어려운 상황이 되었다. 우버나 에어비앤비 역시 초기 디지털플랫폼 구축에 대규모 투자를 단행한 이후 온라인상으로 생산자와 소비자를 연결시켜 주는 서비스를 매우 낮은 한계비용을 지불하면서 제공하고 있다. 이 때문에 이들은 이미 시장 수요의 대부분을 선점했고, 소규모 후발 기업들이 시장에 진입하기는 매우 어려운 구조를 조성했다.

슈퍼스타 기업이 부상한 둘째 이유는 세계화이다. 세계화는 시장 수요를 확대함으로써 기업이 성장할 계기를 제공했다(Kennedy, 2021). 만약 경쟁력을 가진 기업이 지속적으로 큰 시장에 접속할 수 있다면 그 기업은 성장을 지속할 것이다. 예를 들어, 스포티파이(Spotify)는 음악 스트리밍 서비스를 제공하는 스웨덴 기업인데, 현재는 정보통신기술을 활용해 스웨덴을 넘어 전 세계를 대상으로 음악 스트리밍 서비스를 제공하는 슈퍼스타 기업으로 성장했다.

셋째 이유는 네트워크 효과이다(Autor et al., 2019). 네트워크 효과는 상품이나 서비스의 가치가 그 상품이나 서비스를 이용하는 소비자의 규모로부터 영향을 받는 현상을 의미한다. 일례로, 아마존 쇼핑몰은 이용자가 많을수록 잠재적 소비자가 아마존에 더 끌릴 것인데, 이는 이용자가 증가하면 아마존에 가입하는 판매 기업이 증가하고, 판매 기업이 증가하면 상품 선택의 폭이 넓어지고, 상품 선택의 폭이 넓어지면 추가로 더 많은 이용자가 몰리는 효과 때문이다. 마찬가지로, 페이스북 이용자가 증가할 경우 잠재적 이용자도 페이스북에 더 끌릴 것인데, 이는 이용자가 증가하면 잠재적 이용자 역시 더 넓은 인적 네트워크에 접속할 수 있기 때문이다. 추가적으로, 우버 역시 이용자가 많을수록 잠재적 이용자도 우버에 더 끌리는 현상이 발생하는데, 이는 이용자가 많다는 사실이 우버 서비스 품질에 대한 간접 증거로 해석될 수 있기 때문이다.

여기서 중요한 사실은 어느 한 분야에 슈퍼스타 기업이 존재할 경우 그들의 독점적 또는 과점적 지위로 인해 상품 생산비용과 판매가격 간 차이가 커진다는 점이다. 그 결과, 자본소유주인 고용주의 이익이 커지는데, 이는 자본소득이 증가한다는 것을 의미한다. 예를 들어, 미국에서는 슈퍼스타 기업이 제조, 소매유통, 도매 무역, 서비스, 금융, 전기, 상수도, 교통 등 많은 분야에서 부상했는데, 그 결과 국민소득 중 자본소득의 몫은 증가하는 반면 노동소득은 감소하는 추세가 관찰되었다(Autor et al., 2017).

나아가 슈퍼스타 기업은 자신이 활동하는 분야에 자본 투자를 확대함으로써 일자리를 줄이는 경향이 있는데, 이로 인해 임금 상승이 억제되는 측면이 있다. 즉, 노동을 자본으로 대체할 경우 생산성은 증가하지만 노동수요가 줄면서 임금 상승의 여지가 적어지는 것이다. 일례로, 한 연구조사에 따르면 지역경제 유통 분야에서 소매점은 1.4명을 고용하는 반면 월마트 점포는 1명만 고용한다(Neumark, Zhang and Ciccarella, 2008). 또한 미국 한 주당 월마트 점포 50개가 들어서면 한 주당 소매업 근로자의 임금이 평균 10% 감소하는 것으로 나타났다(Dube, Lester and Eidlin, 2007). 결과적으로, 슈퍼스타 기업의 등장에 따른 노동수요 감소는 노동수입 감소로 이어질 수밖에 없다.

(2) 노동시장의 양극화

고임금 근로자와 저임금 근로자 간 임금 격차가 커지는 것은 결과 불평등이 야기되는 또 하나의 이유가 되고 있다. 결과 불평등이 야기되는 첫째 원인이 자본소득과 노동소득 간의 역학에 관한 것인 반면, 둘째 원인인 노동시장의 양극화 문제는 노동소득 내부의 역학에 관한 것이다.

21세기에 들어 노동시장의 양극화 문제는 점점 더 부상하고 있다

(UN, 2020). 고임금 근로자는 그 수가 증가하면서 임금도 빠르게 상승하는 반면, 저임금 근로자는 증가 추세이면서 임금은 정체되고 있다. 정확히 표현하자면, 고급기술직 일자리와 저급기술직 일자리의 수는 증가하는 반면, 중급기술직 일자리의 수는 감소하고 있다. 동시에 고급기술직의 임금이 중급기술직과 저급기술직의 임금보다 빠르게 상승하고 있다. 그 결과, 대부분의 선진국에서 임금 격차가 커지고 있다. 일례로, 미국에서 90 대 10 비율(노동소득 하위 90% 대비 상위 10%의 비율)은 1975년 3.75에서 2020년 4.84로 증가했다(OECD, 2021a).

고임금 근로자와 저임금 근로자 간 임금 격차가 커지는 데에는 두 가지 요인이 영향을 미친다. 첫째 요인은 노동절약기술과 세계화 때문에 저임금 근로자가 증가하고 있는 것이다. 우선, 노동절약기술은 중급기술직 근로자를 대체하는데, 이는 중급기술직 일자리가 코드화할 수 있는 반복형 업무이기 때문이다(World Bank, 2019). 그러나 복잡한 인지적 업무를 수행하는 고급기술직 일자리, 또는 정형화되지 않고 수작업을 해야 하거나 눈과 손을 동시에 사용하는 업무를 수행하는 저급기술직 일자리는 자동화하기가 어렵다(OECD, 2019a).

중급기술직 근로자가 일자리를 잃게 되면 두 가지 선택지에 직면한다. 저임금 근로자로 전락하거나, 자기개발을 통해 고급기술직 근로자로 상승하는 것이다(OECD, 2019a). 저임금 근로자로 내려가는 경우를 살펴보면, 중급기술직 근로자들의 단지 일부가 실업자 또는 저임금 노동자로 전락하는 것으로 나타난다. 반면, 고급기술직 근로자로 올라가는 경우를 살펴보면, 중급기술직 근로자들의 상당 부분이 자기개발을 통해 고급기술직 근로자로 변신하는 것으로 나타난다. 이러한 두 가지 선택지는 노동시장에서 양극화가 어떻게 진행되는지를 잘 설명해 준다.

여기서 한 가지 유의할 점은 중급기술직 근로자 중에서 고급기술직 근로자로 변신하는 데 성공하더라도 일부는 여전히 중간 수준의 임금을 받는다는 사실이다. 최근 OECD의 연구에 따르면, 2006~2016년간 전체 노동인구에서 고급기술직 근로자의 비율이 고임금 근로자의 비율보다 빠르게 상승한 것으로 나타났다(OECD, 2019a). 이러한 증거는 자본소득이 노동소득에 비해 더 빠르게 상승한다는 것을 암시하기도 한다. 결과적으로, 중급기술직 일자리의 감소가 중임금 근로자의 감소로 이어지지는 않지만 저임금 근로자의 증가로는 이어진다.

추가적으로 세계화로 인해 선진국의 많은 기업이 값싼 노동력을 찾아 개도국으로 생산설비를 이전했다. 이 때문에 선진국에서는 중급기술직/중임금 일자리로 구성된 제조업의 일자리가 줄어들었다(OECD, 2019a). 예를 들어, 1995~2015년간 OECD 회원국에서는 중급기술직 일자리가 평균 약 10%가 감소한 반면, 고급기술직 일자리와 저급기술직 일자리는 각각 8%와 2% 증가했다(OECD, 2019a). 이러한 추세는 1995~2015년간 OECD 회원국에서 대부분 중급기술직 일자리로 구성된 제조업의 고용이 약 20% 감소한 반면, 서비스업의 고용은 약 27% 증가했다는 사실에서도 확인된다(OECD, 2019a).

앞서 노동절약기술의 영향과 관련해 살펴본 바와 같이, 중급기술직 근로자들이 일자리를 잃으면 저임금 근로자로 전락하거나 자기개발을 통해 고급기술직 근로자로 변신하는 선택지에 직면하기 때문에 세계화로 인해 선진국에서 중급기술직 일자리가 감소하는 것은 저임금 근로자의 증가로 이어진다. 그러나 여기서 한 가지 유의할 점은 선진국의 제조업 분야에서 일자리가 감소하는 것은 개도국의 제조업 분야의 일자리 증가로 이어진다는 것이다. 일례로, 중저소득 국가에서는 제조업 일자리가 1991년 16%에서 2017년 19%로 증가했다(World Bank, 2019). 개도국의 임금 수준이 선진국에 비해 낮다는 점을 고려할 때, 세계화는 개도국의 제조업 분야에서 중급기술직/저임금 근로자를 증가시킨다. 결론적으로, 세계화로 인해 선진국에서는 중임금 일자리가 감소하면서 저임금 근로자가 증가하는 반면, 개도국에서는 다른 일자리의 희생 없이 저임금 근로자가 증가하는 현상이 발생한다.

흥미롭게도, 노동시장의 양극화(중급기술직/중임금 일자리 감소)가 일어나고 있는 분야를 살펴보면, 3분의 2는 동종 산업 간에 발생하는 반면(예를 들어, 인쇄업에서 출판업으로 이동), 3분의 1은 이종 산업 간에 발생하고 있다(예를 들어, 제조업에서 농업과 서비스업으로 이동)(OECD, 2017a). 산업 내 양극화는 노동절약기술 때문이고 산업 간 양극화에는 노동절약기술과 함께 세계화도 일부 원인을 제공한다는 점을 고려할 때(OECD, 2017a), 선진국 노동시장 양극화의 공통된 원인은 노동절약기술이라고 볼 수 있다.

고임금 근로자와 저임금 근로자 간 임금 격차가 커지는 둘째 요인은 고급기술직 근로자 부족, 슈퍼스타 경영자의 부상으로 고급기술직 근로자의 임금이 저급기술직 근로자와 중급기술직 근로자의 임금보다 빠르게 상승하는 것이다.

우선 특정 분야의 고급기술직 근로자 부족 문제에 대해 살펴보자. 이 현상은 소위 기술 발전과 인간의 기술 숙련도 간의 경쟁이라고 불린다(Goldin and Katz, 2009). 만약 기술의 발전 속도가 해당 기술을 터득한 고급기술직 근로자를 양산하는 속도보다 빠를 경우, 고급기술직 근로자는 적정 임금 수준보다 높은 임금을 받을 수 있을 것이다. 예를 들어, 미국에서는 2010년대 들어 인공지능 전문가가 부족해 경험이 별로 없는 초보 기술자라도 연 30만 달러에서 50만 달러의 연봉을 받을 정도로 인공지능 전문가의 임금이 급격히 상승했다(Metz, 2018).

다음으로 슈퍼스타 경영자의 경우를 살펴보자. 대기업의 최고 경영자는 혁신 증진, 시장 점유율 증대에 따른 보수(임금, 보너스, 주식 옵션 등)로 인해 천문학적인 수익을 얻는다. 이러한 현상의 기저에는 1930~1980년에는 한계소득세율이 80~90%에 이르렀으나 1980~2010년에는 30~40%로 떨어진 점이 그 원인으로 작용하고 있다(Piketty, 2014). 최상위 소득자에 대한 누진적 소득세가 급격히 인하됨에 따라, 최상위 소득자는 자신의 소득을 향상시키기 위해 이사회나 주주를 설득하는 등 열심히 노력할 인센티브가 생긴 것이다. 이러한 현상은 주로 미국, 영국, 캐나다, 호주 등 영미권 국가에서 관찰되고 있다(Piketty, 2014). 예를 들어 미국에서 최고 경영자의 보수는 지난 40년간 900% 증가한 반면, 일반 근로자의 월급은 단지 12% 증가했다(Mishel and Wolfe, 2019). 이러한 추세를 반영해 미국 전체 소득에서 상위 1%의 몫이 1980~2010년간 약 8%에서 20%로 증가했다(Piketty, 2014). 이러한 상위 1%의 소득이 폭발적으로 증가함에 따라 이들의 소득 증가분이 상위 10% 소득 증가분 중

적어도 3분의 2를 차지한다(Piketty, 2014).

이와 같은 논의에 기초해서 우리는 노동시장의 양극화 문제가 본질적으로는 자본소득이 노동소득보다 더 빠르게 증가하는 데 기여하고 있다는 사실을 깨달아야 한다. 즉, 저임금 근로자가 증가하면 노동소득의 증가 속도가 더뎌지는 반면, 고임금 근로자가 증가하면 노동소득이 증가하는 데 도움이 된다.

결과 불평등을 막기 위한 대책

그렇다면 노동소득 이슈에서 초래된 결과 불평등을 해소하기 위해서는 무엇을 해야 할까? 첫째 원인인 자본소득이 노동소득보다 빨리 증가한다는 점과 관련해서는 다음과 같은 대책이 필요하다. ① 노동절약기술의 발전으로 일자리가 감소하는 데 대한 대책은 일자리를 증가시키는 것이다. 특히 저임금 근로자의 노동소득을 증대해야 하는데, 이는 이들이 자본소득자일 가능성이 낮고 대부분 노동소득으로 생계를 유지할 것이기 때문이다. ② 노동시장 자유화로 비정규직이 증가하는 데 대한 대책은 비정규직을 정규직으로 전환하는 것이다. 다시 말해, 비정규직 일자리를 공식경제 부문에 통합시킴으로써 공식적이고 풀타임이며 영구계약직인 정규직으로 전환하는 것이다. 동시에 정규직 대신 비정규직을 고용함으로써 고용주가 추가적인 이익을 취하는 데 대해서는 과세를 해야 할 것이다. ③ 독점적 또는 과점적 지위를 가진 슈퍼스타 기업의 증가로 자본소유주의 이익이 증가하는 데 대해서는 기업의 독점적 또는 과점적 지위를 견제하고 자본소유주의 이익이 증가하는 데 대한 과세를 해야 할 것이다.

둘째 원인인 노동시장 양극화와 관련해서는 다음과 같은 대책이 필요하다. ① 노동절약기술과 세계화로 저임금 근로자가 증가하는 데 대한 대책은 저임금 근로자의 임금을 증대시키는 것이다. ② 고급기술직 부족, 슈퍼스타 관리자의 등장으로 고급기술직의 임금이 저급기술직과 중급기술직의 임금보다 빠르게 증가하는 데 대한 대책은 이들의 임금에 과세하는 방안을 생각해 볼 수 있다.

간단히 정리하자면, 결과 불평등이 야기되는 이유 중에서 노동소득과 관련된 원인에 대한 대책은 '노동소득 증대'와 '고자본소득 및 고노동소득에 대한 과세' 두 가지로 유형화할 수 있다. 이 책의 초점이 과세문제보다 노동 문제임을 고려할 때, 우리는 노동소득 증대 방안, 특히 중저임금 근로자의 노동소득을 증대하는 방안에 초점을 두기로 한다.

근로자 협동조합이 노동소득 개선에 유리한 이유

이러한 맥락에서 근로자 협동조합이 노동소득을 향상시키는 데 특화되어 있다는 점에 주목할 필요가 있다. 따라서 아래에서는 노동소득을 개선하는 데 근로자 협동조합이 가진 다섯 가지 이점에 대해 구체적으로 살펴보기로 한다.

(1) 풀타임 일자리를 잘 창출할 수 있다

근로자 협동조합은 노동집약적 분야에서 일반 기업에 대해 가진 경쟁 우위를 바탕으로 풀타임 일자리를 더 잘 창출할 수 있다. 노동소득을 증가시키기 위해서는 양질의 일자리를 증가시켜야 한다. 양질의 일자리란 임금 수준이 적절하고, 사회적 보호를 제공하며, 일터에서의 안전이 확보되면서, 사회적 대화 통로가 열려 있는 일자리를 의미한다 (ILO, 2021a). 양질의 일자리를 창출하기 위해서는 우선 정부가 개입할 산업 분야의 특성을 분석하는 것이 중요하다.

생산 요소를 기준으로 산업 분야는 자본집약적 분야와 노동집약적 분야로 크게 나뉜다. 자본집약적 분야는 제철, 자동차 제조, 통신 산업 등과 같이 상품이나 서비스를 생산하기 위해 막대한 자본을 필요로 하는 분야를 의미한다. 노동집약적 분야는 농업, 식당, 호텔, 간병 산업 등과 같이 상품 또는 서비스를 생산하기 위해 많은 노동력을 필요로 하는 분야를 의미한다.

여기서 한 가지 유의할 점은 21세기 들어서는 자본집약적 분야가 단순히 제조업에만 국한되지 않고 노동절약기술이 발전하는 모든 분야를 의미한다는 것이다. 로봇, 인공지능, 자동화 기계 등 노동절약기술의 발달로 자본이 점점 노동을 대체함에 따라 노동절약기술이 발달하는 분야는 자본집약적으로 변모하고 있다. 심지어 한때 노동집약적 분야로 간주되었던 서비스 산업 역시 현재 무인점포, 자율주행차, 로봇 간병 서비스의 사례에서 볼 수 있듯이 노동절약기술의 영향을 받고 있다. 즉, 로봇과 인공지능 같은 자본이 생산성을 제고하기 때문에 기업은 점

표 4.1 결과 불평등의 원인, 기여 요인, 대책, 협동조합의 이점

원인	기여 요인	대책	협동조합의 이점
자본소득이 노동소득보다 빠르게 증가 (자본소득과 노동소득 간 역학)	• 노동절약기술로 인한 일자리 감소	• 일자리 창출 • 노동절약기술이 진보하는 분야의 자본소득에 과세	• 노동집약적 분야에서 일반 기업에 대한 경쟁 우위를 가져 생존율이 더 높기 때문에 일자리 창출에 유리 • 취약계층을 위한 공식 파트타임 일자리 제공
	• 노동시장 자유화로 인한 비정규직(저임금 근로자) 증가	• 비정규직의 정규직 전환 • 고용주의 추가적 이익에 대한 과세 증대	• 근로자 신분 제공을 통해 비정규직을 정규직으로 전환
	• 독점적 또는 과점적 지위를 갖는 슈퍼스타 기업의 증가로 인해 기업 전체 이익 중 자본소유주의 몫 증가	• 슈퍼스타 기업의 독점적 또는 과점적 지위 견제 • 슈퍼스타 기업의 증가하는 이익에 대한 과세 증대	• 개인이 집단을 이루어 슈퍼스타 기업의 독점적 또는 과점적 지위 견제
노동시장의 양극화 (노동소득 내 역학)	• 노동절약기술과 세계화로 저임금 근로자 증가	• 저임금 근로자의 노동소득 향상	• 기업 지배구조상 소유주를 제거하므로 노동소득 향상
	• 고급기술직 근로자 부족, 슈퍼스타 경영자의 부상으로 고급기술직 근로자의 임금이 저급기술직과 중급기술직 근로자의 임금보다 빠르게 상승	• 고급기술직 근로자와 슈퍼스타 경영자에 대한 과세 증대	

점 더 노동보다 자본을 선호할 수밖에 없는 추세이다. 이 때문에 OECD 의 분석에 따르면 향후 15~20년 내에 자동화로 인해 기존 일자리의 절반 정도가 급격한 변화를 겪을 것으로 예상된다(OECD, 2019a). 이러한 맥락에서 노동절약기술이 노동을 자본으로 대체하는 분야는 자본집약 적으로 전환하는 중이라고 할 수 있다.

자본집약적 분야와 노동집약적 분야 모두 경제성장을 위해 중요하지만, 노동집약적 분야는 불평등을 해소하는 데 두 가지 이점이 있다. 첫째 이점은 노동집약적 분야가 자본집약적 분야보다 일자리 창출(즉, 노동소득 증대)에 더 기여한다는 것이다. 즉, 상품과 서비스를 생산하는 것과 관련해, 자본집약적 분야에서는 자본이 핵심 역할을 수행하는 반면, 노동집약적 분야에서는 노동이 핵심 역할을 수행한다. 따라서 두 분야의 매출액이 동일할 경우에도 노동집약적 분야가 근로자를 훨씬 더 많이 고용하고, 자본소득 대비 노동소득 비율도 더 높다. 예를 들어, 제조기업과 서비스 기업의 생산품 판매가격이 125달러로 동일하고 생산비용 역시 100달러로 동일하되, 노동비용에 대해서만 제조기업은 10달러이고 서비스 기업은 80달러라고 가정하자. 이 경우 생산품 판매가격과 생산비용의 차로 인한 이윤, 즉 자본소득은 두 기업이 모두 25달러이지만, 노동소득은 제조기업이 10달러이고 서비스 기업은 80달러이다. 따라서 자본소득 대비 노동소득 비율이 제조기업은 25분의 10이지만 서비스 기업은 25분의 80으로 서비스 기업이 훨씬 높다. 요컨대 자본집약적 분야의 성장은 전체 국민소득에서 자본소득의 몫을 더 증가시키는 반면, 노동집약적 분야의 성장은 일자리를 증가시키기 때문에 노동소득의 몫을 더 증가시킨다.

노동집약적 분야가 불평등을 해소하는 데 유리한 둘째 이점은, 노동집약적 분야에서 일자리를 창출하는 것이 자본집약적 분야에 비해 자원이 더 적게 소요된다는 것이다. 자본집약적 분야에서는 자본이 상품과 서비스 생산 과정에서 핵심적인 역할을 수행하기 때문에 일자리를 창출하기 위해서는 대규모 자본 투자가 필요하다. 반면, 노동집약적 분야에서는 노동이 상품과 서비스 생산 과정에서 핵심적인 역할을 수행하기 때문에 일자리를 창출하기 위해 대규모 자본 투자가 필요하지 않다. 일례로, 한국의 경제 데이터를 분석해 보면, 각 분야별로 고용 창출 비용이 상이하다는 것을 알 수 있다(김원규·김진웅, 2008). 1981~2007년 간 제조업 분야의 투자는 8.5% 증가한 데 비해 제조업 분야의 고용은 1.2% 증가하는 데 머물렀다. 반면, 같은 기간 중에 서비스 분야의 투자는 7.2%였는데 고용은 4.2%나 증가했다. 요컨대 제조업에서는 1%의 투자 증가가 0.14%의 고용 증가로 이어진 반면, 서비스업에서는 1%의 투자 증가가 0.59%의 고용 증가로 이어졌다. 따라서 제조업보다 서비스업에서 고용을 창출하는 것이 자원이 훨씬 적게 소모된다는 것을 알 수 있다. 이는 투자 재원이 부족한 국가의 경우 노동집약적 분야가 자본집약적 분야보다 고용 창출에 더 실용적인 선택일 수 있다는 것을 시사한다.

이와 같은 점을 고려해 정책수립자가 노동집약적 분야에서 고용을 창출하기로 결정했다면, 일반 회사보다 근로자 협동조합을 지원하는 것이 더 합리적이다. 왜냐하면 무엇보다도 노동집약적 분야에서는 근로자 협동조합이 일반 회사보다 더 경쟁력이 있기 때문이다. 정책수립자에게는 고용을 창출하는 선택지로 일반 기업과 근로자 협동조합 두 가지가 있다. 이 두 가지 선택지와 관련해, 제2장은 자본집약적 분야에서는 일반 기업이 근로자 협동조합보다 경쟁력이 있고, 노동집약적 분야에서는 근로자 협동조합이 일반 기업보다 경쟁력이 있다는 것을 보여주었다. 따라서 정책수립자는 이 두 가지 형태의 기업에 대해 각각 경쟁력을 보유한 분야에서 지원하는 것이 합리적일 것이다. 즉, 자본집약적 분야에서는 일반 기업을 지원하고, 노동집약적 분야에서는 근로자 협동조합을 지원하는 것이 최종적인 해법이다. 요컨대 노동집약적 분야에 한해서는 근로자 협동조합을 지원하는 것이 더 나은 선택이다.

(2) 취약계층에게 공식적인 파트타임 일자리를 제공할 수 있다

노동소득을 개선하는 데서 근로자 협동조합이 가진 또 다른 이점은 근로자 협동조합은 취약계층에게 공식적인 파트타임 일자리를 제공함으로써 노동소득을 증가시킬 수 있다는 것이다. 어린 자녀를 둔 여성이나 건강이 취약한 노인층의 경우 하루 종일 일하기 어려운 상황에 처해 있다. 그런데 노동시장에 풀타임 일자리만 있을 경우 결국 이들은 실업을 선택할 수밖에 없다. 이러한 상황에서 근로자 협동조합은 집단으로 행동하기 때문에 일단 일거리를 확보하면 개인들에게 각자의 상황을 고려해서 유연하게 업무량을 배분할 수 있고, 이 때문에 취약계층도 파트타임으로 일할 수 있는 기회를 얻을 수 있다. 아울러 취약계층은 자신들이 협동조합의 주인이기 때문에 다른 파트타임 일자리와 달리 해고를 걱정할 필요도 없다. 뉴욕에서 디지털플랫폼인 쿠피파이를 기반으로 활동하는 가사도우미 협동조합이 좋은 예이다. 가사도우미 여성은 이 협동조합에 가입함으로써 유연하게 근무할 수 있는데, 이는 특정 회원이 일할 수 없는 시간대에는 다른 동료들이 대신 서비스를 제공하면 되기 때문이다.

(3) 비정규직 일자리를 정규직으로 전환할 수 있다

근로자 협동조합은 비정규직 일자리를 정규직으로 전환할 수 있다는 점에서 노동소득을 개선하는 데 유리하다. 비정규직 일자리(비공식, 파트타임, 한시계약직 일자리)가 노동시장 자유화로 인해 증가하는 추세인데, 이러한 일자리는 임금 수준, 고용 안정성, 사회보장 측면에서 열악하므로 정규직 일자리(공식, 풀타임, 영구계약직 일자리)로 전환할 필요가 있다(OECD, 2014). 이러한 측면에서 근로자 협동조합은, 제2장에서 콜롬비아와 프랑스 사례를 통해 살펴본 바와 같이, 회원들에게 공식적인 근로자 신분을 부여함으로써 비정규직을 정규직으로 전환하는 데 크게 기여할 수 있다.

(4) 슈퍼스타 기업의 지위를 견제할 수 있다

근로자 협동조합은 슈퍼스타 기업의 독점적 또는 과점적 지위를 견제함으로써 자본소득의 증가를 억제할 수 있다. 시장에서 슈퍼스타 기업의 독점적 또는 과점적 지위는 그 기업을 소유한 자본가에게 더 큰 이익을 가져다준다. 따라서 이러한 기업들의 독점적 또는 과점적 지위를 견제하는 것이 필요한데, 개인은 협동조합을 설립함으로써 슈퍼스타 기업들과 경쟁할 수 있는 네 가지 강점(교섭력, 비용 분담, 높은 생산성, 저렴한 생산품 가격)을 보유할 수 있다.

서비스 산업 분야에서 이러한 견제 사례가 많이 발견되는데, 제2장에서 설명한 바와 같이 3,400명의 기사 회원을 보유한 뉴욕의 기사협동조합이 우버를 상대로 경쟁하는 것이 좋은 예이다(Ford and Simonetti,

2021). 참고로 다른 유형의 협동조합에서도 흥미로운 사례들이 발견된다. 레베(REWE)는 독일의 소매 점포 소유자 3,300명이 모여서 설립한 소매협동조합으로, 개인 소매업자들이 집단을 구성함으로써 대형 소매 기업과 경쟁할 수 있게 된 사례이다. 레베는 공동구매를 통해 매장에서 판매할 상품을 더 저렴한 가격에 공급업자들로부터 확보할 수 있게 되었고, 공동 마케팅을 통해 홍보비용도 분담할 수 있게 되었다.

(5) 소유주의 이익을 근로자 회원에게 분배할 수 있다

근로자 협동조합은 기업 지배구조에서 소유주가 가져갈 이익을 근로자 회원들에게 분배함으로써 노동소득을 향상시킨다. 근로자 협동조합의 이러한 이점은 국제협동조합연맹의 제2운영원칙(회원들에 의한 민주적 통제) 및 제3운영원칙(회원들의 경제적 참여)에 기반을 둔 협동조합 사업모델의 경영 철학에 힘입은 것이다. 서비스 산업 분야에서 많은 사례가 발견되는데, 제2장에서 설명한 춘천희망택시협동조합, 뉴욕의 기사협동조합 등이 좋은 예이다.

근로자 협동조합을 지원하는 정부의 정책 수단

앞서 사회계약 이론에 대한 통찰을 근거로 불평등이 신자유주의 경제에서 스스로 사라지지 않을 것이기 때문에 정부의 개입이 필요하다는 점을 살펴보았다. 나아가 일반 기업보다 협동조합이 노동소득을 더잘 증대시킬 수 있기 때문에 정부는 협동조합을 지원해야 한다고 주장했다. 그렇다면 협동조합의 입장에서는 정부의 지원이라는 또 다른 형태의 정부 개입이 과연 환영할 만한 일인가 하는 의문이 제기된다.

여기서 우리는 '개발국가 모델(development state model)', 즉 정부가 기업을 지원했던 정책 사례를 분석해 보면 국가의 경제발전 과정에서 정부가 매우 중요한 역할을 수행했다는 사실에 주목할 필요가 있다. 개발국가의 기업 지원 정책을 산업정책(industrial policy)이라고 부르는데, 이 산업정책은 선진국은 물론이고 한국과 같은 신흥공업국의 경제발전 과정에서도 중요한 역할을 했다(Amsden, 2001; Chang, 2007; Koh, 2018).

이러한 맥락에서 21세기에는 협동조합경제를 확산시키기 위해 '지방개발국가 모델(local development state: LDS)'이 부상하고 있다는 사실에 주목해야 한다(Bateman, 2013). 협동조합도 기업이기 때문이다. 밀포드 베이트먼(Milford Bateman)은 에콰도르와 콜롬비아의 사례 분석을 통해 현장에서 협동조합경제를 확산시키기 위해 제일 중요한 것이 바로 "지방정부의 지원을 제도화하는 것"이라고 주장한다. 이 LDS 모델은 정부의 협동조합 지원을 강조하는 유엔의 2001년도 권고와도 궤를 같이한다. 2001년도 유엔 권고에 따르면, 정부는 국가 경제에 대한 협동조합 운동의 기여를 공식적으로 인정하고, 협동조합의 발전에 우호적인 환경을 조성해야 한다(UN, 2001). 제8장에서 다룰 한국의 사례도 전국적으로 협동조합을 확산시키는 데 LDS 모델이 중요하다는 점을 증명해 준다. 제3장에서 설명한 바와 같이, 협동조합은 자본 조달의 제약, 과거 소련 연방 지역의 정부와 신생 독립국 정부의 악용에 따른 부정적인 이미지, 협동조합 모델에 대한 대중의 낮은 인지도, 사회적 자본 부족, 협동조합운동 분야의 지도자 부족 같은 시장 진입 장벽을 극복해야 하는데, 이를 위해서는 정부의 지원이 꼭 필요하기 때문이다.

이 같은 상황을 고려할 때, 정부는 노동시장에서 협동조합을 지원할 수 있는 두 가지 정책 선택지를 가지고 있다. 첫째, 적극적 노동시장정책(Active Labor Market Policy: ALMP)으로, 정부가 개인이 최대한 빨리 일자리를 찾을 수 있도록 지원하고 인센티브를 주는 것이다(ILO, 2019b). 둘째, 소극적 노동시장정책(Passive Labor Market Policy: PLMP)으로, 정부가 실업 또는 구직 상태의 개인에게 조건 없이 소득보조를 해주는 것이다(ILO, 2017a). 적극적 노동시장정책은 개인을 일자리와 연결시켜 준다(OECD, 2021b). 반면, 소극적 노동시장정책은 개인이 곤경에 처했을 때 보호막 역할을 제공한다(Devereux and Sabates-Wheeler, 2015).

적극적 노동시장정책은 다섯 가지 범주로 분류된다(ILO, 2016b). ① 노동시장 서비스로, 이 서비스는 구직자와 고용주를 연결시켜 준다. 이 것은 노동시장 정보 제공, 구직과 직장 배치 지원, 경력 상담, 여타 교육훈련 과정과 연결해 주는 서비스 등을 포함한다. 노동시장 서비스는 일반적으로 공공 고용 서비스 기관이 제공한다. ② 직업훈련으로, 이것은 고용 가능성을 높이고 미래 직장의 진로를 개선해 준다. 직업훈련은 신규 기술 교육 또는 심화 교육을 제공하며, 종종 청소년, 여성, 신체 부자유자, 고령 노동자 등 특정 그룹을 대상으로 하기도 한다. ③ 자영업 지원과 창업지원이다. 이러한 지원은 금융적, 기술적, 행정적 지원을 포함하는데, 공식경제 부문과 비공식경제 부문 모두에 대해 제공될 수 있다. ④ 고용보조금이다. 이는 신규 근로자를 고용하거나 기존 근로자에 대한 고용을 유지하는 조건으로 지급하는 것으로, 이를 통해 고용주의 노동비용을 감소시킨다. 고용보조금은 고용주 측이 납부하는 사회보장 기여금을 할인해 주거나(수요자 관련 대책), 정부가 근로자 월급의 일부를 대신 지급해 주는(공급자 관련 대책) 등 다양한 형태를 띨 수 있다. ⑤ 공공 근로 프로그램이다. 이는 실업자에게 공공사업을 통해 일자리를 제공하는 지원인데, 도로, 댐 등 주로 인프라 건설 사업에 중점을 두고 있다. 이 때문에 지역공동체 발전에 기여하는 측면도 있다. 공공근로사업은 보통 민간 부문에서 일자리가 부족할 때 이를 보완해 주는 효과가 있으며, 경기침체기에 특히 유용하다.

소극적 노동시장정책은 두 가지 범주로 분류된다(ILO, 2017b). ① 기여금 활용 프로그램이다. 고용주가 단독으로 기여하거나 고용주와 근로자가 공동으로 기여하는 실업보험을 활용해서 근로자가 일자리를 잃었을 경우 보험금을 지원하는 제도이다. 일반적으로 공식경제 부문에 속한 근로자를 대상으로 한다. ② 비기여금 활용 프로그램이다. 현금, 연료보조금, 식량 배급, 현물 등을 지원하며, 지원 여부를 결정하는 기준으로 시민권(보편적 지원) 또는 소득 수준 심사(선별적 지원)를 활용한다. 또한 공식경제 부문과 비공식경제 부문에 속한 근로자 모두를 대상으로 한다.

최저소득보장인 비기여금 활용 프로그램을 소극적 노동시장정책으로 분류하는 이유는 저소득층이 이러한 지원으로 생계를 유지하면서 더 좋은 일자리 또는 미래의 일자리를 준비할 수 있기 때문이다. 예를 들어, 개인이 소득보조를 활용해 풀타임 대신 파트타임으로 일하면서 남는 시간을 자신의 심화교육에 활용할 경우, 이 소득보조 프로그램은 개인이 향후 더 좋은 일자리로 옮겨갈 수 있도록 징검다리 역할을 한다. 마찬가지로 근로자가 계절별로 변동이 심한 노동수요(예를 들어, 휴가철 숙박시설이나 식당의 노동수요) 때문에 자신의 교육 수준에 상응하는 일자리를 갖지 못하거나 풀타임으로 일할 수 없을 경우, 저고용 상태라고 말한다. 이러한 저고용 상태의 근로자는 힘겨운 시기에 비기여금 활용 프로그램을 이용함으로써 자신의 건강을 지키거나 담보 대출과 같은 금융자산을 보존할 수 있다.

적극적 노동시장정책과 소극적 노동시장정책 가운데 어떤 것이 우위에 있는지를 여섯 가지 기준에 근거해 비교하면 다음과 같다.

첫째, 가장 취약한 그룹에 대한 지원 여부를 기준으로 보면, 소극적 노동시장정책이 우위에 있다. 소극적 노동시장정책은 저소득 근로자뿐만 아니라 실업자, 건강 문제나 가정 문제로 일할 수 없는 사람까지도 지원할 수 있기 때문이다. 이 소극적 노동시장정책은 보편적 방식과 선별적 방식으로 구분된다.

둘째, 행정비용을 기준으로 보면, 보편적 방식의 소극적 노동시장정책이 선별적 방식의 소극적 노동시장정책과 적극적 노동시장정책에 대해 우위를 갖는다(Waldfogel, 2009). 선별적 방식의 소극적 노동시장정책은 후보자의 수혜 자격을 검토하는 데 상당한 행정비용을 투입해야 한다. 즉, 수혜 후보의 금융 상황을 철저히 체크해야 한다. 또한 수혜 후보가 소득지원 프로그램을 신청할 의사가 없는 경우 수혜 후보를 찾는 것 자체도 어렵다. 적극적 노동시장정책도 교육 프로그램이나 공공보조금 수혜 후보를 선별하는 절차에 행정 자원과 비용이 소요된다. 반면, 보편적 방식의 소극적 노동시장정책은 아동 나이, 시민권 보유 여부 등 간단한 지표만 확인하므로 행정비용이 별로 수반되지 않는다. 그러나 선별적 방식보다 더 많은 자원을 소비하는 것은 사실이다.

셋째, 근로 인센티브 여부를 기준으로 보면, 적극적 노동시장정책이 소극적 노동시장정책에 대해 우위를 점한다. 적극적 노동시장정책은 수혜자에게 근로 인센티브를 제공하지만, 소극적 노동시장정책은 일하지 않는 것이 더 유리한 상황을 초래한다.

넷째, 사회 전체의 부가가치 창출 여부를 기준으로 보면, 적극적 노동시장정책이 소극적 노동시장정책에 비해 우위를 갖는다. 적극적 노동시장정책은 수혜자로 하여금 정부로부터 받은 혜택의 대가로 상품과 서비스를 생산하게끔 함으로써 사회 전체적으로 부가가치를 증가시킨다. 그 본질을 분석해 보면, 적극적 노동시장정책은 '일하는 조건으로 현금을 지급'하는 것이고, 소극적 노동시장정책은 '조건 없이 현금을 지급'하는 것으로 이해할 수 있다.

다섯째, 사회적 불명예 여부를 기준으로 보면, 보편적 방식의 소극적 노동시장정책과 적극적 노동시장정책이 선별적 방식의 소극적 노동시장정책에 비해 우위를 갖는다. 저소득 가정에 대한 선별적 지원(선별적 방식의 소극적 노동시장정책)은 수혜자에게 사회적 낙인을 찍는다. 그러나 아동수당과 같은 보편적 지원은 사회적 낙인을 남기지 않는다. 일정 연령 이하의 자녀가 있는 부모는 누구나 혜택을 받을 수 있기 때문이다. 마찬가지로 적극적 노동시장정책 역시 사회적 낙인을 남기지 않는

데, 이는 사회에 기여하는 현재 또는 미래의 근로자를 지원하는 프로그램이기 때문이다.

마지막 여섯째, 재정적 지속가능성 여부를 기준으로 보면, 적극적 노동시장정책이 소극적 노동시장정책에 비해 우위를 갖는다(Ko, 2020). 이는 두 가지 메커니즘으로 설명할 수 있다. 우선, 적극적 노동시장정책은 고용률을 제고함으로써 납세자를 증가시키고 실업혜택의 수령자는 감소시킨다. 고용이 증가하면서 사회복지 지출이 감소하는 선순환은 재정적 지속가능성을 제고하지만, 고용이 감소하면서 사회복지 지출이 증가하는 악순환은 재정적 지속가능성을 떨어뜨린다는 점에 유의할 필요가 있다. 다음으로, 적극적 노동시장정책은 공식경제 부문의 근로자를 증가시킴으로써 사회보장제도에 대한 기여금도 증가시킨다. 이 경우 공식경제에 속한 근로자들은 상호부조제도의 도움을 받을 수 있으므로 문제가 발생해도 국가가 개입할 필요성이 줄어든다.

여기서 우리는 적극적 노동시장정책과 소극적 노동시장정책을 연계하는 것이 적극적 노동시장정책을 단독으로 시행하는 것에 비해 더 좋은 일자리를 만들어낼 수 있다는 점에 유의할 필요가 있다(Wulfgramm and Fervers, 2015). 소극적 노동시장정책에 따른 소득보조가 없을 경우 실업자는 생계유지를 위해 일자리를 최대한 빨리 구하려고 할 것인데, 이렇게 시간에 쫓기면 양질의 일자리보다 저임금 또는 비정규직 일자리를 선택하는 상황으로 내몰릴 수 있기 때문이다. 여기서 중요한 점은 낮은 질의 일자리를 구한 사람일수록 사회복지 혜택을 청구할 가능성이 높으며, 이 경우 결국 공공재정에 부담이 된다는 것이다(Ko and Cho,

2017). 반면, 개인이 적극적 노동시장정책에 따라 직업 교육을 받고 양질의 일자리를 찾는 동안 소극적 노동시장정책을 통해 생계를 지원받는다면, 이 개인은 시간적인 여유를 가지고 보다 좋은 일자리를 구할 수 있을 것이다(ILO, 2019b). 따라서 적극적 노동시장정책과 소극적 노동시장정책을 연계하는 것은 양질의 일자리를 구하는 데 도움이 되며 국가 재정에도 기여한다고 볼 수 있다.

아프리카 남동부에 위치한 섬나라 국가인 모리셔스의 사례를 살펴보도록 하자(ILO, 2019b). 모리셔스에서는 구직자가 적극적 노동시장정책과 소극적 노동시장정책이 연계된 근로자 지원 프로그램에 등록하면 최대 12개월 동안 소득보조와 직업훈련을 동시에 받는다. 구체적으로 살펴보면, 소득보조는 사회보장부에서 제공하는데, 실업 후 첫 3개월은 과거 직장 월급의 90%를 보조받으며, 다음 3개월은 60%의 보조를, 그리고 마지막 6개월은 30%의 보조를 받는다. 동시에 구직자는 노동청에 등록한 후 14일 이내에 다음 세 가지 선택지 중에 하나를 반드시 선택해야 한다. 첫째는 고용정보센터가 제공하는 구직 지원 서비스이다. 둘째는 국립역량강화재단에서 시행하는 직업훈련 또는 재교육 프로그램이다. 셋째는 중소기업진흥공단에서 제공하는 창업지원 프로그램이다. 구직자는 노동부 관리와 이 세 가지 선택지에 대해 협의한 후 자신에게 가장 적합한 방법을 선택하면 된다.

요컨대 협동조합이 확산되어 지역 경제와 국가 경제에 기여하기 위해서는 정치·경제 분야에서 구조적인 여건이 개선되어야 한다. 우선 자본접근성이 향상되어야 한다. 또한 협동조합의 밀집도가 커져서 일

표 4.2 적극적인 노동정책과 소극적인 노동정책의 장점 비교

이점	적극적 노동정책	소극적 노동정책	
		선별적	보편적
가장 취약한 그룹 지원 가능성		∨	∨
저렴한 행정비용			∨
근로 인센티브	∨		
사회 전체적으로 부가가치 창출	∨		
사회적 불명예 없애기	∨		∨
재정적 지속가능성	∨		

반 대중의 협동조합 모델에 대한 인지도가 제고되어야 한다. 한편 문자해독률이 상승하고 기초교육이 증진되며 경제적 불평등이 완화되어 사회적 자본이 증가해야 한다. 아울러 지역과 국가 전체 차원에서 협동조합운동 분야의 지도자를 육성해야 한다. 이러한 관점에서 볼 때 적극적 노동시장정책와 소극적 노동시장정책은 협동조합운동을 확산시키는 데 중요한 정책 수단이라 할 수 있다.

　이러한 측면에서 한국의 사례는 참고할 만하다. 한국의 지방정부는 협동조합운동을 확산시키기 위해 정치·경제 분야의 구조적 여건을 개선하는 데서 상당한 역할을 수행했다. 도시화가 심화되고 이에 따라 익명성이 증가하는 현대사회에서는 협동조합운동 지도자가 자연적으로 그리고 상향식으로 부상할 것이라고 기대하기 어렵다. 이러한 현실 속에서 한국의 지방정부는 노동시장 서비스, 직업교육, 창업지원 프로그램을 통해 선호하는 바가 유사한 개인들의 조직화를 지원함으로써 자연스럽게 협동조합을 결성할 수 있는 분위기를 조성해 준다. 또한 신규 협동조합을 창설할 예비 회원들이 사업계획을 수립할 때 자문을 제공하고 창업 재원을 지원하며, 신규 협동조합의 공공 계약 수주도 지원한다. 제8장에서 구체적으로 살펴보겠지만, 협동조합운동이 확산되는 데서 정부의 적극적인 지원은 매우 중요하다 할 수 있다.

결론

이 장에서는 결과 불평등이 야기되는 이유 중 노동소득과 관련된 원인을 규명했다. 결과 불평등이 야기되는 이유는 근본적으로 자본소득자에 비해 노동소득자에 대한 경제적 급부가 낮고 노동시장이 양극화되고 있기 때문이다. 따라서 (자본소득자와 고임금 근로자에게 치이는) 중저임금 근로 계층이 결과 불평등의 주된 피해를 감당할 수밖에 없는 것이 현실이다. 불행히도 이러한 중저임금 노동소득자의 상황은 가까운 미래에 개선될 것 같지 않으며 오히려 더 악화될 것으로 예상된다. 디지털화, 노동시장 자유화, 세계화 같은 전 세계적인 흐름은 열악한 노동소득자들의 상황을 더 악화시키고 있다. 역사적으로 중저임금 노동소득자들의 열악한 지위는 반복적으로 제기되는 문제이지만 이에 대한 대책은 각 시대별로 다를 수밖에 없었다. 이제 21세기에 필요한 대책은 양질의 일자리 창출, 비정규직의 정규직 전환, 취약계층을 위한 공식적인 파트타임 일자리 제공, 저임금 근로자 지원, 그리고 슈퍼스타 기업의 독점적 또는 과점적 지위 견제라 할 수 있다.

그리고 이러한 대책을 실행하는 데서 근로자 협동조합은 매우 강력한 잠재력을 가지고 있다. 우선, 근로자 협동조합은 노동집약적 분야에서 일반 기업에 대해 경쟁우위를 가지고 더 오래 생존할 수 있기 때문에 일자리 창출에 유리하다. 또한 취약계층에게 공식적인 파트타임 일자리를 제공함으로써 노동소득을 증가시키고 회원들에게 공식적인 근로자 신분을 부여함으로써 비정규직을 정규직으로 전환할 수 있는 강점을 가지고 있다.

아울러 근로자 협동조합은 개인이 집단을 구성함으로써 슈퍼스타 기업의 독점적 또는 과점적 지위를 견제할 수 있고 기업의 지배구조상 소유주가 필요 없으므로 소유주의 이익을 각 회원에게 분배함으로써 개인 근로자의 노동소득을 향상시킬 수 있다. 따라서 정부는 근로자 협동조합을 적극적으로 육성할 필요가 있다. 결론적으로 근로자 협동조합은 기업이기 때문에 근로자 협동조합의 확산은 경제 성장으로 이어진다. 동시에 근로자 협동조합은 일반 기업에 비해 노동소득을 더 많이 증가시키므로 근로자 협동조합의 확산은 불평등도 완화한다. 따라서 근로자 협동조합의 성장은 포용적 성장을 증진시킨다고 할 수 있다.

한편 이 장에서는 '지방개발국가 모델'처럼 정부가 협동조합을 지원하는 것이 협동조합운동을 확산하는 데 매우 바람직하다고 주장했는데, 이와 관련된 사례는 제8장에서 한국의 경험을 통해 구체적으로 분석할 것이다.

제5장

협동조합과 위기 대응력

일반적으로 글로벌 위기는 경제침체로 이어지고 노동소득을 감소시킴으로써 불평등을 악화시킨다. 반면에 지역적 위기는 보통 지역 주민이 기본 물품 또는 서비스에 대한 접근성을 상실하는 형태를 띠면서 불평등을 악화시킨다. 이러한 글로벌 위기 또는 지역적 위기 상황에서 협동조합은 그 본질상 개인이 집단을 이루고 서로 협력함으로써 위기를 극복할 수 있도록 해준다. 따라서 협동조합은 종종 시장경제에서 시장 실패에 대한 대응 방안으로 간주된다.

이러한 협동조합의 위기 대응력에 대한 이해를 증진하기 위해 이 장에서는 먼저 위기가 인간 사회의 불평등을 악화시키는 메커니즘을 분석한 후, 협동조합이 위기 극복에 기여하는 과정을 분석한다.

위기로 인한 불평등의 악화

글로벌 위기는 경제침체를 야기하고 경제침체는 저임금 근로자의 노동소득을 감소시키면서 불평등을 악화시킨다. 역사적으로 볼 때, 1930년대 대공황, 2008~2009년 글로벌 금융위기, 그리고 최근 코로나19 전염병과 같은 글로벌 위기는 일반적으로 경제침체로 이어졌다. 이러한 경제침체는 세 가지 방식으로 노동소득을 감소시키면서 불평등을 악화시킨다.

첫째, 위기가 오면 노동수요가 급감하면서 실업 증가와 소득 감소로 이어진다(Silva et al., 2021). 예를 들어, 코로나19 사태로 인해 2020년 전 세계 경제성장률은 -4.3%를 기록했고, 실업자는 2019년 1.87억 명에서 2021년 2.2억 명으로 증가할 것으로 예상되었다(ILO, 2021c). 코로나19 기간에 소득이 감소한 것 역시 간과할 수 없는 문제인데, 저소득 국가의 경우 근로시간이 6.8% 감소하는 동안 근로소득은 7.9% 감소하는 것으로 나타났다(ILO, 2021c).

또한 그러한 위기 상황에서는 저급기술직/저임금 근로자들의 피해가 훨씬 크다는 점도 유의해야 한다. 일례로, 코로나19 기간에 관광, 숙박 등 고급기술을 필요로 하지 않는 분야의 근로자들은 실직할 가능성이 더 높았던 반면, 고급기술직 근로자들은 재택근무로 전환하면서 피해를 최소화했다(ILO, 2021c). 마찬가지로, 2008~2009년 전 세계 금융위기 당시 브라질과 에콰도르에서는 저급기술직 근로자의 임금 감소 비율이 고급기술직 근로자에 비해 더 컸으며, 설상가상으로 피해 기간도 더 길었다(Silva et al., 2021).

이와 유사한 맥락에서, 위기 상황에서 여성과 청소년이 입는 피해가 상대적으로 더 크다는 점도 유의해야 한다. 1980년대 브라질 부채 위기, 1990년대 아시아 금융위기에 따른 칠레의 경제 위기, 2008~2009년 글로벌 금융위기 등 라틴아메리카와 카리브 지역의 위기를 분석해 보면, 교육 수준이 낮은 인력의 실업률이 상대적으로 더 높았고, 이들이 비공식경제 부문에 속해 있었던 경우도 더 많았다(Silva et al., 2021). 따라서 전 세계적으로 여성이 남성보다 교육을 받을 기회가 더 적다는 점을 고려할 때, 여성은 실업률이 더 높고, 비공식경제 부문에서 일할 가능성이 더 높으며, 노동소득 감소의 피해도 더 크다 할 것이다. 코로나19 사태 동안에도 여성이 남성에 비해 실직할 가능성이 더 높았으며 노동소득 감소폭도 훨씬 컸다(ILO, 2021c).

청소년과 관련해서 보면, 코로나19 기간에 성인 근로자에 비해 청소년 근로자의 노동소득 감소 비율이 더 컸다. 이는 청소년이 성인보다 한시적 계약직으로 일할 가능성이 더 높고 고용유지제도의 보호를 받을 가능성은 더 낮기 때문이다(ILO, 2021c). 라틴아메리카와 카리브 지역의 사례를 살펴보면, 청소년이 새로운 일자리를 구하는 데 더 큰 어려움을 겪었는데, 이는 기업이 기존 근로자를 해고하기보다 신입 직원 채용을 감소시키는 방식으로 위기를 극복하려 노력했기 때문이다(Silva et al., 2021). 따라서 노동시장에 신규 진입하는 젊은 근로자는 기업에서 일하고 있는 기존 근로자에 비해 위기를 극복하는 데서 불리하다고 볼 수 있다.

둘째, 경제침체가 오면 임금 수준이 정규직에 비해 열악한 비정규직 근로자들의 피해가 정규직 근로자보다 더 크다. 그렇기 때문에 가뜩이나 열악한 노동소득 최하위계층의 경제상황이 악화됨으로써 불평등이 심화된다(ILO, 2021c). 2019년 기준으로 전 세계 고용인구의 60.1%에 해당하는 20억 명의 근로자가 비공식경제 부문에서 일하고 있다(ILO, 2019a). 코로나19 사태로 인해 비공식경제 부문의 근로자의 실업률은 공식경제 부문의 근로자보다 3배가 높았고 자영업자보다는 1.6배가 높았는데, 이 때문에 많은 비공식경제 부문의 근로자들이 자영업자로 전환했다(ILO, 2021c). 아울러 비공식경제 부문의 근로자들은 실업보험, 공공 건강보험 등 사회보장제도의 혜택을 받을 수 없기 때문에 실직하면 빈곤층으로 전락할 가능성도 더 높다(ILO, 2019a).

셋째, 위기 이후에는 상대적으로 임금 수준이 더 높은 정규직 일자리가 임금 수준이 더 낮은 비정규직 일자리보다 느리게 회복된다. 그렇기 때문에 노동소득이 위기 이전 수준으로 회복되는 것이 전반적으로 지연되면서 불평등 개선도 지연된다. 우선 제4장에서 살펴본 바와 같이 정규직 일자리는 공식적이고 풀타임이며 영구계약직인 반면, 비정규직 일자리는 비공식적이고 파트타임이며 한시계약직이라는 사실과, 비정규직 일자리는 정규직 일자리에 비해 임금 수준, 고용 안정성, 사회보장 측면에서 열악하다는 사실을 상기할 필요가 있다. 즉, 위기 이후에 정규직 일자리가 비정규직 일자리보다 느린 속도로 회복되는 이유는 기업 입장에서 볼 때 정규직을 고용하는 것이 비정규직을 고용하는 것보다 더 많은 시간과 자원을 필요로 하기 때문이다(Silva et al., 2021). 예를 들어, 라틴아메리카와 카리브 지역에서 위기가 발생하면 정규직 일자리에 미치는 피해가 훨씬 오래 지속되는 것으로 나타났다. 이 지역 전체로 보면 위기 발발 이후 고용이 약 20개월 동안 침체되었지만 공식 부문의 고용만 놓고 보면 30개월 동안 침체 상태였던 것으로 나타났다(Silva et al., 2021).

한편, 지역적 위기는 지역 주민이 필수 상품과 서비스 부족을 겪는 형태로 나타나면서 불평등을 악화시킨다. 지역적 차원에서는 많은 위기가 세계 또는 국가 상황과 관계없이 국지적으로 발생한다. 그러한 지역 위기가 발생할 경우 지역 주민은 고통을 받을 수밖에 없는데, 이는 위기가 없는 지역과 위기가 발생한 지역 간에 불평등을 심화시키는 결과를 초래한다. 예를 들어, 보험 서비스가 없는 상황에서 농부들이 가뭄, 집중 호우 등 이상기후로 인해 수확에 실패하면 큰 고통을 받는다. 저소득층은 특정 소매점의 과점적 지위 때문에 양질의 식품을 저렴한 가격에 구매하지 못하기도 한다.

도시 재개발 지역의 임차인의 경우 정부 재정이 부족한 가운데 공공 임대주택의 유지 관리 비용이 상승해서 강제 퇴거를 당할 위험에 처했던 사례가 있다. 세금 체납으로 지방자치 정부가 수천 채의 주택을 강제 수용한 후 이 주택을 직접 관리하기가 어려워지자 해당 지역이 슬럼화될 위험에 처하기도 했다. 시골 주민이 전기 또는 상수도 서비스를 받지 못한 사례도 있으며, 고령화와 인구 감소로 병원이 문을 닫으면서 지역사회 주민이 보건 서비스를 받는 데 어려움을 겪은 사례도 있다. 어린 자녀를 둔 여성이 탁아소를 물색하는 데 어려움을 겪기도 하고, 취학 연령의 자녀를 둔 여성이 학비가 합리적이면서 양질의 교육을 제공하는 학교를 찾는 데 어려움을 겪기도 한다. 분쟁 또는 자연 재해 상황에서 지역 주민이 식량이나 숙소를 구하는 데 어려움을 겪은 사례도 있다. 경험적으로 볼 때, 이러한 지역적 위기는 언제 어디서든 발생할 수 있는 사례라고 할 수 있다.

협동조합을 통한 글로벌 위기 극복

글로벌 위기는 노동소득을 감소시키기 때문에 불평등을 심화하는 반면, 협동조합은 노동소득 감소를 최소화하는 데 기여한다. 협동조합은 두 가지 방식으로 노동소득 감소를 최소화한다.

첫째, 노동수요의 급격한 감소는 노동소득의 상당한 손실로 이어지는데, 협동조합은 근로자의 실직을 예방하거나 취직을 증진함으로써 노동소득의 손실 폭을 줄인다. 노동집약적 분야에서 협동조합은 일반 회사에 비해 사람들의 실직을 더 잘 막을 수 있고 구직은 더 잘 도울 수 있기 때문이다. 제2장에서 살펴본 바와 같이, 노동집약적 분야에서는 일반 회사(프리랜서와 투자자 소유 기업)의 두 가지 강점(자본 조달력과 신속한 의사결정 메커니즘)이 큰 힘을 발휘할 수 없다. 그러나 협동조합의 일곱 가지 강점(교섭력, 비용 분담, 높은 생산성, 저렴한 생산품 가격, 비정규직의 정규직 전환, 공식적인 파트타임 일자리 창출, 사회적 자본 증대)은 큰 영향력을 발휘할 수 있다. 결론적으로, 노동집약적 분야에서는 협동조합이 일반 회사보다 경쟁력이 강하기 때문에 위기 상황에서 더 잘 생존할 수 있고, 이 때문에 협동조합의 회원은 실직할 위험성이 더 낮고 창업을 했을 때 성공할 가능성이 더 높다.

이러한 맥락에서, 제2장에서 소개한 협동조합의 생존율에 관한 캐나다 퀘벡주 정부의 조사는 주목할 만한 가치가 있다. 위기 상황에서 협동조합이 근로자의 실직을 막고 구직을 도와줄 수 있다는 사실은, 위기 상황에서 피해가 더 클 수밖에 없는 저급기술직/저임금 근로자, 여성, 청소년에게 매우 중요한 의미를 지닌다. 예를 들어, 여성으로 구성된 협동조합의 경우 일곱 가지 강점을 활용해 시장에서 일반 회사보다 더 잘 생존할 수 있고, 이를 통해 여성의 소득을 증가시킬 수 있다. 특히 어린 자녀가 있는 여성을 위한 공식적 파트타임 일자리를 창출할 수 있다는 것도 중요하다. 사실 풀타임으로 일하기 어려운 취약계층 여성의 경우 협동조합을 통해 파트타임 일자리를 구하면 어려운 가계에 상당한 도움을 받을 수 있을 것이다.

둘째, 협동조합은 경제침체 기간 중에 근로자들이 사회보호혜택을 누릴 수 있도록 함으로써 노동소득 감소를 최소화한다. 비정규직을 정규직으로 전환할 수 있는 협동조합의 강점은 특히 경제 위기 상황에서 빛을 발한다. 왜냐하면 협동조합이 회원들에게 부여하는 근로자 신분이 연금, 건강보험, 실업보험, 상해보험과 같은 사회보호를 받을 수 있는 열쇠를 제공하기 때문이다. 만약 건강보험이 없다면 경제 위기 상황에서 개인이 질병 또는 사고로 상당한 지출을 해야 할 경우 노동소득자는 상당한 재정적 부담을 느낄 것이다. 그러한 상황에서 근로자 신분을 획득함으로써 얻는 사회보호는 노동소득자가 빈곤의 늪으로 빠지는 것을 예방해 준다. 마찬가지로, 협동조합 역시 기업이기 때문에 망할 수도 있는데, 이 경우에도 협동조합에 속한 개인은 근로자 지위를 가지고 있어 실업급여를 받을 수 있다. 비공식경제 부문에서 일하는 프리랜서 또는 비공식 일자리를 제공하는 기업의 근로자인 경우 그러한 사회보호 혜택을 받을 수 없다.

협동조합을 통한 지역적 위기 극복

개인들은 협동조합을 통해 집단을 이룸으로써 자신들의 지역공동체에서 일상적인 생활과 관련하여 발생하는 위기를 극복할 수 있다. 국지적 위기를 극복하는 협동조합의 역량을 분석하기 위해서는 협동조합 활동의 결과물이 '경제적 이익'과 '최종 생산품', 이 두 가지라는 점을 이해해야 한다.

협동조합이 기업이라는 점에서 경제적 이익을 창출하는 것은 당연한 결과이다. 동시에, 협동조합은 활동하는 분야에 따라 다양한 형태의 최종 생산품을 만들어낸다. 예를 들어, 보건 협동조합의 최종 생산품은 보건 서비스이고, 주택 협동조합의 최종 생산품은 주택 서비스이며, 공공서비스 협동조합의 최종 생산품은 공공서비스이다. 협동조합은 (경제적 이익이 아니라) 최종 생산품을 통해 지역 위기 극복에 기여한다. 이하에서는 보험 서비스, 식량 서비스, 주택 서비스, 공공서비스, 보건 서비스, 교육 서비스, 디지털 연결성, 총 일곱 가지 분야에서 협동조합이 위기를 극복한 사례를 살펴보기로 한다.

첫째, 보험 서비스와 관련해서는, 케냐의 '저축 및 신용협동조합 (SACCOs)'이 좋은 모범사례이다(Lung'ahi, 2016). 저축 및 신용협동조합은 자구적이고 상호부조 목적의 다중이해관계자 협동조합으로, 개인 회원의 저축액을 토대로 금융사업에 필요한 자본을 조성해, 자금이 필요한 회원에게 시중보다 저렴하게 대출을 제공하거나 보험상품을 판매한다. 지역공동체의 농가는 가뭄이나 홍수 등 자연재해로 인해 수확에 실패하거나 병으로 인해 빈곤층으로 전락할 위험에 늘 노출되어 있는데, 저축 및 신용협동조합은 위기에 빠진 농가에 자금을 지원함으로써 개인의 위기 극복에 도움을 준다. 저축 및 신용협동조합이 사실상 사회 안전망 역할을 하고 있는 것이다.

둘째, 식량 서비스와 관련해서는, 카메룬의 낙농협동조합 COOVALAIF 가 좋은 사례이다(Heifer International, 2012). 이 낙농협동조합은 회원에게뿐만 아니라 지역 시장에도 우유를 공급한다. 개발도상국에서는 영양 부족이 만성적인 보건 이슈인데, 이 낙농협동조합은 영양 보충원인 우유를 지역공동체에 공급한다는 점에서 식량 안보에 중요한 역할을 수행한다(Wanyama, 2014). 동시에 낙농협동조합은 가난한 농가의 소득을 증진시킨다는 점에서도 매우 유용하다.

소비자 측면에서는 영국의 로치데일 협동조합이 고전적인 모범사례를 제공한다(Fairbairn, 1994). 로치데일 협동조합은 1944년 저렴하면서도 믿을 수 있는 식품이 부족하자 가난한 공장노동자들이 이를 해결하기 위해 설립한 소비자 협동조합이다. 당시에는 악덕 상인들이 밀가루에 분필 가루를 섞거나 찻잎에 다른 낙엽을 섞는 방식으로 양을 늘려 소비자를 우롱했다. 이와 같은 상황에 직면하자 개인 28명이 모여 소매유통협동조합을 설립했고 이로써 합리적인 가격에 양질의 식료품과 상품을 구매할 수 있게 되었다.

셋째, 주택 서비스와 관련해서는, 독일의 '브레머 회에(Bremer Höhe)'가 좋은 모범사례를 제공한다(최계진, 2019). 브레머 회에는 베를린의 공공임대주택에 거주하는 임차인 43명이 모여 설립한 주택 협동조합이다. 당초 베를린 시정부는 공공임대주택의 유지 보수비용이 증가하는 가운데 재정 부족에 시달리고 있었고, 이 때문에 임차인을 퇴거시키고 이 공공임대주택 단지를 민간에 판매하는 방안을 검토 중이었다. 이에 임차인들은 주택 협동조합을 설립하고 정부의 보조금 지원도 일부 활용해, 이 공공임대주택 단지를 베를린 시정부로부터 매입했다. 그 결과 이 주택 협동조합이 주택 단지를 직접 소유하고 회원들에게 저렴한 가격에 주택을 임대함으로써 기존 임차인의 주택거주권을 보장할 수 있게 되었다.

또 다른 모범사례로는 뉴욕시에 있는 협동조합주택운동을 들 수 있다(Birchall and Ketilson, 2009). 1960년대 이후 뉴욕의 많은 빌딩 소유주들은 도심 인구 감소, 지역 빈곤화로 인해 세금을 낼 정도로 충분한 이익을 확보할 수 없었다(Allred, 2000). 따라서 재산세를 낼 수 없었던 이 소유주들은 자신들의 부동산을 포기했고, 결과적으로 뉴욕시가 수천 가구의 오래된 아파트를 소유하게 되었다(Reiss, 1997). 그런데 소유주가 뉴욕시로 바뀌면서 주택 유지 보수가 제대로 이루어지지 않자 해당 지역 자체가 슬럼화되는 주택 위기가 발생했다. 이에 뉴욕시는 '제3자 양도 이니셔티브'를 추진해 임차인들이 주택 협동조합을 설립하고 뉴욕시로부터 할인된 가격에 해당 아파트들을 매입하도록 만들었다(Marsh, 2018). 이를 통해 임차인들은 자신이 거주하는 주택의 질과 거주 환경을 향상시킬 수 있었다.

넷째, 공공서비스와 관련해서는, 볼리비아의 '사구아팍'이 흥미 있는 사례이다(SAGUAPAC, 2021). 볼리비아 산타크루즈의 주민들은 물 부족에 시달리다가 1979년 사구아팍이라는 세계 최대 물소비자 협동조합을 설립했다. 사구아팍은 물을 지하대수층과 연결된 깊은 우물에서 펌프로 끌어올려서 공급한다(Ranicki, 2012). 사구아팍은 정부로부터 상하수도 시설을 매입한 후 120만 명의 주민들에게 직접 상하수도 서비스를 제공하고 있고, 500명의 고용도 창출하고 있다(Bétrisey, 2015).

또 다른 사례로 미국의 '국립농촌전력공급협동조합연합회(NRECA)'를 들 수 있다. 1930년대 중반 미국의 낙후된 농촌지역 농가들은 전력 부족에 시달리다가 전력소비자 협동조합을 설립했는데, 이러한 개별 전력소비자 협동조합들이 1942년에 설립한 연합체가 바로 국립농촌전력공급협동조합연합회이다(NRECA, 2021a). 결과적으로 농가들은 개별 협동조합 및 국립농촌전력공급협동조합연합회를 통해 공동으로 발전시설과 송전시설을 소유하게 되었고, 이를 통해 안정적으로 전력을 공급받을 수 있게 되었다(NRECA, 2021b). 현재 897개의 개별 전력소비자 협동조합이 이 연합회에 가입했는데, 이들은 전국 송전망의 42%를 소유하고, 약 4,200만 명에게 전력을 공급하고 있다(NRECA, 2021b).

다섯째, 보건 서비스와 관련해서는, 일본의 보건 서비스 소비자 협동조합인 '미나미 이료 세이교히(Minami Iryoh Seikyohi)'가 참고할 만한 사례이다(기획재정부, 2013). 미나미 지역 주민들은 1960년대에 의사 부족, 공해, 자연 재해 등으로 보건 분야가 위기에 직면하자 보건 서비스 소비자 협동조합을 설립했는데, 이 협동조합은 현재 40개의 의료시설을 직접 소유하면서 약 6만 명의 주민에게 보건 서비스를 제공하고 있다. 이 협동조합으로 인해 지역 주민들은 고품질의 의료 서비스를 받을 수 있게 되었다.

이와 유사한 사례로 보건과 관련 없는 협동조합이 회원에게 보건 서비스를 제공하는 다목적 플랫폼으로 진화한 경우도 있다(Wanyama, 2014). 예를 들어, 20세기 초 일본의 농업 협동조합들은 농촌 마을에 의료 서비스나 보건 서비스를 제공하는 플랫폼 역할도 수행했다(Hashimoto, 2015). '쿠세이렌(Kouseiren)'은 건강과 복지를 위한 농업 협동조합연합회로서 각 현마다 지부를 설치하고 장기요양 시설을 운영하거나 가정방문 의료 서비스를 제공했다. 유사한 사례로, 스리랑카에서도 1960년대 이후 소비자 협동조합과 농업 협동조합이 산하 단체로 보건 협동조합을 설립하는 사례가 종종 있었다(Birchall, 2004). 이러한 산하 단체들은 낙후 지역에서 병원을 직접 운영하고 있다.

또 다른 사례로 브라질의 '우니메드 도 브라질(Unimed do Brasil)' 의사 협동조합이 있다(UN, 2018). 브라질의 공공병원이 열악한 시설과 감당하기 어려운 환자 수요로 인해 위기에 직면한 가운데, 공공병원에서 일하던 의사들이 주도해 설립한 것이 바로 우니메드 도 브라질이다. 이 협동조합은 11만 6,000명의 의사를 회원으로 보유하고 있으며, 브라질 전체 민간 의료시장의 32%를 점유하고 있다. 이 협동조합이 설립되기 전에는 브라질의 보건 시스템이 '무료이지만 열악한 공공병원'과 '비싸지만 고품격의 민간 병원'으로 크게 나뉘었다. 이러한 상황에서 이 의사 협동조합은 합리적인 가격에 우수한 서비스를 제공하는 중간 선택지를 제공했다. 의사들은 이 협동조합에 가입함으로써 소득과 근무 환경을 개선할 수 있었고, 소비자들은 합리적인 가격에 양질의 민간 의료 서비스를 제공받을 수 있게 되었다. 우니메드 협동조합은 지방분권화된 시스템을 운영하고 있는데, 약 100개의 병원을 직접 운영하고 있으며, 약 2000개의 병원과도 파트너십을 구축하고 있다. 한 가지 중요한 점은 우니메드 협동조합이 구축한 시스템에 참여하는 병원과 보험회사들은 이 협동조합의 지침에 따라야 한다는 것이다. 우니메드 협동조합은 이익을 극대화하기보다 합리적인 가격에 양질의 서비스를 제공함으로써 수혜자의 범위를 확대하는 데 중점을 둔다. 이는 우니메드 협동조합이 의료 서비스 비용은 가급적 저렴하게 청구하면서도 지속적으로 시설과 장비에 재투자하기 때문에 가능한 일이다(Voinea, 2015).

여섯째, 교육 서비스와 관련해서는, 이란의 '라에 로슈드(Rah-e-Roshd)' 교육소비자 협동조합이 참고할 만한 사례이다(ILO, 2018b). 이 협동조합은 이란의 수도인 테헤란에 최초로 설립된 교육 협동조합으로, 규모도 최대이다. 취학 연령의 아동을 둔 여성들이 국립학교의 민영화와 지역공동체 내 교육 불평등 위기에 직면하자, 합리적인 가격에 초등 교육부터 고등 교육 서비스까지 제공할 수 있는 협동조합을 설립한 것이다.

또 다른 사례로는 '우파빔(UPAVIM)' 협동조합이 있다(ILO, 2018b). 우파빔은 과테말라의 빌라 누에바 지역의 무허가 빈민촌 여성들이 설립한 수공예협동조합이다. 합리적인 가격의 탁아소가 부족한 가운데, 이 협동조합의 회원들은 1994년 자체적으로 탁아소를 설립하고 운영하면서 회원의 탁아수요를 충족할 수 있게 되었다. 이 협동조합은 현재 6명의 훈련된 교사를 고용해서 약 70명의 아동을 돌보고 있다.

일곱째, 디지털 연결성과 관련해서는, 남아프리카 공화국의 '젠젤레니(Zenzeleni)'가 흥미로운 비즈니스 모델을 제공한다(Zenzeleni, 2021). 젠젤레니는 디지털 서비스 소비자 협동조합이다. 낙후된 만코시 마을의 주민들은 디지털 서비스에 접속할 수 없었는데 2012년 이 협동조합을 설립하고 통신 장비를 공동 소유함으로써 유선전화 서비스와 인터넷 연결 서비스를 누릴 수 있게 되었다. 나중에 젠젤레니는 태양광으로 작동하는 네트워크 중계소를 공동 소유하게 되었고, 대형 인터넷 서비스 공급 기업으로부터 도매가격에 인터넷 서비스 접속권을 구매해 회원들에게 일반 상업 회사보다 저렴한 가격에 인터넷 서비스를 공급하는 형태로까지 성장했다.

결론

우리는 글로벌 차원에서나 지역적 차원에서나 위기가 점점 더 새로운 일상이 되는 시대, 즉 뉴 노멀(New Normal) 시대를 살고 있다. 2008년 전 세계 금융위기, 코로나19 사태, 미래의 예측 불가한 위기의 공통점은 바로 노동소득을 감소시키고 개인의 상품과 서비스 구매력을 저하시키면서 불평등을 심화시킨다는 것이다. 이 장에서는 이러한 상황에서 협동조합이 개인으로 하여금 글로벌 위기와 지역적 위기를 극복할 수 있도록 도와준다는 점을 보여주었다.

글로벌 위기가 경기 침체를 초래해 노동소득이 감소하는 상황에서 협동조합은 실업과 소득 감소를 줄여 노동소득 감소를 최소화하는 데 기여한다. 또한 지역적 위기가 식량, 에너지, 물, 보건 서비스 등 개인의 필수 물품과 서비스에 대한 접근을 제한하는 상황에서, 협동조합은 지역 주민의 필수 물품과 서비스에 대한 접근성을 제고한다. 결과적으로 협동조합은 인간 사회의 위기를 극복하는 데 중요한 역할을 수행함으로써 불평등 완화에 기여할 수 있다.

제6장

협동조합과 고령화 사회

사람들의 생활수준이 향상되고 기대수명이 연장되면서 인구의 고령화는 전 세계적인 추세가 되고 있다. 아울러 오늘날 대부분의 세계에서 나타나는 저출산 현상은 인구의 고령화를 가속화시키고 있다. 고령화 시대의 가장 큰 도전 요인 중 하나는 연금, 건강보험, 장기요양 서비스와 관련한 공공지출이 증대하면서 재정의 지속가능성이 위협을 받는다는 것이다. 궁극적으로 재정의 지속가능성 위기는 기성세대와 젊은 세대 간의 불평등 문제로까지 이어진다. 즉, 젊은 세대는 자신이 왜 과거 세대와 달리 기성세대를 부양하기 위해 더 큰 희생을 해야 하는지에 대해 의문을 제기할 것이다.

이와 같은 문제의식을 기반으로 이 장에서는 우선 고령화 사회가 재정의 지속가능성을 어떻게 위협하는지 살펴보고, 이러한 위협에 대처하기 위해 협동조합이 어떤 역할을 할 수 있는지 분석한다.

고령화와 재정 지속가능성에 대한 위협

전 세계적으로 기대수명이 증가하고 출산율은 하락하면서 인구 고령화가 급속하게 진행되고 있다. 2019년 실시된 유엔 인구조사는 이와 같은 추세를 다음과 같이 잘 보여준다(UN DESA, 2019). 기대수명은 2019년 전 세계적으로 72.6세를 기록했는데 이는 1900년과 비교할 때 8년 이상 증가한 수치이다. 2050년에는 기대수명이 77.1세까지 증가할 것으로 예측된다. 반면, 전 세계적으로 인구의 절반이 분포한 지역에서 여성의 생애 출산율이 여성 1인당 2.1명 미만인 것으로 나타나고 있다. 여성 1인당 출산율 2.1명은 인구가 증가하지도 않고 감소하지도 않는 상태인 인구 증가율 0을 유지하기 위해 필요한 수치이다. 2019년 기준으로 여성 1인당 출산율이 2.1명 이상인 지역은 사하라 남부 지역(4.6명), 호주와 뉴질랜드를 제외한 오세아니아 지역(3.4명), 북아프리카와 서아프리카(2.9명), 중앙아시아와 남아시아(2.4명)이다. 따라서 2018년에는 전 세계적으로 65세 이상의 인구가 5세 미만 아동인구를 역사상 최초로 초월했다. 아울러 2019년부터 2050년까지 65세 이상의 인구는 2배 이상 증가하는 반면 5세 미만 아동인구는 상대적으로 별다른 변화가 없을 것으로 예상된다. 여기서 한 가지 주목할 점은, 선진국과 개도국의 인구 변동 추세가 좀 다르다는 것이다.

선진국(고소득 국가)에서는 2020~2050년간 인구의 변동이 거의 없는 가운데 생산가능인구는 다소 감소하고 은퇴인구는 상당히 증가할 것으로 예상된다(UN DESA, 2019). 이를 구체적으로 분석해 보자. 세계 인구는 2020년 78억 명에서 2050년 97억 명으로 증가할 것으로 예상된다. 세계은행의 국가 분류를 기준으로 할 때, 고소득 국가의 인구는 2020년 12.6억 명에서 2050년 13.2억 명으로 약간 증가할 것으로 예상되지만, 나머지 소득 그룹의 국가에서는 2050년 65.4억 명에서 83.8억 명으로 대폭 증가할 예상된다. 참고로 세계은행 분류 기준에 따르면 고소득 국가는 2020년 기준 1인당 GDP가 1만 2,535달러 이상인 국가를 의미한다. 나머지 소득 그룹은 상위 중소득 국가, 하위 중소득 국가, 저소득 국가로 분류된다. 이러한 상황에서 고소득 국가에서는 25세 이상 64세 이하 생산가능인구가 2020년 6.7억 명에서 2050년 6.3억 명으로 다소 감소할 것으로 예상되나, 65세 이상 은퇴인구는 2.3억 명에서 3.6억 명으로 상당히 증가할 것으로 예상된다. 따라서 생산가능인구 100명이 부양해야 하는 은퇴인구가 2020년 34명에서 2050년 57명으로 증가할 것으로 예상된다.

개도국(고소득 국가를 제외한 나머지 소득 그룹 국가)에서는 2050년까지 인구가 빠르게 증가하며, 생산가능인구와 은퇴인구 모두 증가할 것으로 예상된다(UN DESA, 2019). 앞에서 언급한 바와 같이 개도국에서는 전체 인구가 2020년 6.54억 명에서 2050년 83.8억 명으로 증가하는 가운데, 생산가능인구는 34.8억 명에서 45억 명으로, 은퇴인구는 9.5억 명에서 22.8억 명으로 증가할 것으로 예측된다. 더 정확히 말하자면 사하라 남부 대부분의 지역, 라틴아메리카와 카리브 지역에서는 생산가능인구가 다른 연령대 인구에 비해 빠르게 증가할 것으로 예측된다. 사하라 남부 지역의 생산가능인구는 2019년 35%에서 2050년 43%로 증가할 것으로 예측된다. 라틴아메리카와 카리브 지역에서는 생산가능인구가 2039년 정점에 이를 것으로 예측된다. 중앙아시아와 남아시아 지역에서는 생산가능인구가 2047년 정점에 이를 것으로 예측된다.

선진국에서는 고령화 사회가 야기하는 가장 큰 도전 요인 중 하나가 바로 재정 지속가능성의 위기이다. 왜 그럴까? 생산가능인구가 감소하면서 조세 수입은 감소하는 반면, 연금, 건강보험, 장기요양에 의존하는 은퇴인구가 증가해 공공지출은 증가하기 때문이다. 수입은 줄어드는데 지출이 많아진다면 당연히 공공재정에 부담으로 작용할 것이다.

이러한 점에서 고령화 사회가 재정 지속가능성에 미치는 네 가지 충격에 대한 OECD의 예측은 흥미로운 결과를 보여준다(OECD, 2019b). 첫째, 2018~2030년간 OECD 회원국이자 G20 회원국이기도 한 11개 국가에서는 생산가능인구 감소로 인해 GDP가 매년 최대 0.5% 감소할 것으로 예측된다. GDP 감소는 조세 수입 감소로 이어질 것이다. 둘째, 은퇴인구 증가로 인해 2013~2050년간 위 11개 국가에서는 연금 관련 공공지출이 GDP의 약 0.7%만큼 증가할 것으로 예측된다. 셋째, 2010~2060년간 OECD 회원국에서는 은퇴인구의 증가로 인해 건강보험 관련 공동 지출이 평균적으로 GDP의 약 6.3%만큼 증가할 것으로 예측된다(De la Maisonneuve and Martins, 2015). 넷째, 2010~2060년간 OECD 회원국에서는 은퇴인구 증가로 인해 장기요양 서비스와 관련된 공공지출이 GDP의 약 1.3%만큼 증가할 것으로 예측된다(De la Maisonneuve and Martins, 2015). 총론적으로 최근 OECD의 연구에 따르면, OECD 회원국 11개국의 경우 국가채무비율을 2060년까지 현 수준으로 유지하기 위해서는 조

표 6.1 2020~2050년 인구 변동 추세 전망

	선진국	개도국
생산가능인구	약간 감소(-6%) (6.7억 명 → 6.3억 명)	상당히 증가(+29%) (34.8억 명 → 45억 명)
은퇴인구	상당히 증가(+57%) (2.3억 명 → 3.6억 명)	상당히 증가(+140%) (9.5억 명 → 22.8억 명)

세 수입을 2060년까지 GDP의 4.5%에서 11.5%까지 증가시킬 필요가 있다(OECD, 2019b).

그렇다면 고령화 사회로 인해 개도국이 직면한 도전은 무엇일까? 본질적으로 개도국의 상황도 선진국의 상황과 유사하다. 개도국이 직면한 최대 도전 중 하나 역시 재정 지속가능성의 위기이다. 개도국에서도 은퇴인구가 증가함에 따라 고령화 인구에 대한 공공지출이 증가할 것이다. 물론 개도국의 경우 생산가능인구가 증가한다는 점은 긍정적인 요인이지만 은퇴인구의 증가율이 생산가능인구의 증가율보다 높다는 점에서 선진국과 마찬가지로 재정 지속가능성 위기에 직면할 수밖에 없다. 요컨대 고령화 사회가 재정 지속가능성에 미치는 부정적인 영향은 〈표 6.2〉와 같이 정리할 수 있다.

재정 지속가능성을 담보하기 위한 대책

고령화 사회에 진입함에 따라 재정 지속가능성이 위기를 맞고 있는데, 이에 대한 대책은 선진국과 개도국 모두 조세 수입을 증대시키고 공

표 6.2 고령화 사회가 재정 지속가능성에 미치는 부정적인 영향

영향	예시
생산가능인구 감소로 인한 조세 수입 감소	2018~2030년간 매년 GDP 0.5% 감소, 이에 따른 조세 수입 감소
연금, 건강보험, 장기요양 서비스와 관련된 공공지출 증대	2013~2050년간 연금 관련 공공지출이 GDP의 0.7%만큼 증가
	2010~2060년간 건강보험 관련 공공지출이 GDP의 약 6.3%만큼 증가
	2010~2060년간 장기요양 서비스 관련 공공지출이 GDP의 약 1.3%만큼 증가

자료: OECD(2019b); De la Maisonneuve and Martins(2015).

공지출은 줄이는 것이다. 만약 조세 수입이 상당히 증가할 경우 고령화 사회는 연금, 건강보험, 장기요양 서비스 등 관련 지출을 증가된 조세 수입으로 어느 정도 충당할 수 있을 것이다. 아울러 공공지출을 최대한 줄일 수 있다면 공공재정 관리에 더욱 도움이 될 것이다.

(1) 조세 수입을 늘리는 방안

이와 같은 점을 고려하면서 먼저 조세 수입을 증대시키는 방안에 대해 살펴보자. 일반적으로 정부는 자본, 노동, 소비에 대해 과세할 수 있다.

① 자본에 과세

자본과 관련해, 정부는 세율을 올리거나 납세자의 수를 증가시켜 세수 기반 자체를 확대할 수 있다. 자본세가 보통 노동세보다 세율이 낮고 많은 자산(예를 들어, 소유주 거주 부동산, 투자용 부동산, 소장품)이 면세된다는 점에서, 자본으로부터 세수를 증대시킬 여지는 크다(Piketty,

2014). 더욱이 불평등의 주요 원인 중 하나가 자본소득이 노동소득보다 빠르게 증가한다는 점임을 고려할 때, 자본 관련 세수를 증가시키는 것은 불평등을 완화시키는 부수적인 장점도 있다. 현대 복지국가에서는 자본세수가 GDP의 3~4% 수준이므로, 자본세를 누진적으로 증가시킴으로써 GDP의 2%에 해당하는 세수를 추가적으로 증대시킬 수 있다(Piketty, 2014).

② 노동에 과세

노동과 관련해, 정부는 세율을 증가시키거나 납세자 수를 증가시켜 세수 기반 자체를 확대할 수 있다. 먼저, 노동세율을 증가시키는 방안은 부작용을 고려해서 신중히 검토해야 한다(OECD, 2019b). 이미 많은 나라에서는 노동세율이 높은 상황이므로 추가적으로 세율을 높일 경우 근로 의욕을 저하시키고 근로자의 복지를 감소시킬 수 있다. 또한 미래에는 더 작은 규모의 생산가능인구가 더 큰 규모의 은퇴인구를 부양해야 하기 때문에 조세 저항도 커질 것이다. 나아가 앞서 이야기한 바와 같이 불평등의 주요 원인 중 하나가 자본소득의 성장 속도가 노동소득의 성장 속도보다 빠르다는 점임을 고려할 때, 노동세율을 올리는 것은 불평등을 심화시킬 것이다. 다음은, 납세자의 수를 증가시키는 것인데, 이는 매우 바람직한 방안이다. 노동에 대한 과세 기반이 확대되면 세수가 증대되는 것은 물론이고 일자리를 얻는 사람의 수도 증가하므로, 이는 정부와 국민 모두에게 좋은 방안이다.

③ 소비에 과세

(2) 납세자 수를 늘리는 방안

고령화 사회에서 정책수립자들은 세 가지 방식으로 납세자의 수를 증가시킬 수 있다. 첫째, 은퇴연령인구, 여성, 이주민, 청소년을 위한 일자리를 창출하는 것이다. 둘째, 기존의 비정규직 일자리를 정규직으로 전환하는 것이다. 셋째, 실버산업에서 신규 일자리를 창출하는 것이다 (OECD, 2019b).

① 은퇴연령인구, 여성, 이주민을 위한 일자리 창출

은퇴연령인구, 여성, 이주민을 위해 일자리를 창출하는 것과 관련한 최근 OECD의 분석은 다음과 같이 유용한 정책적 시사점을 제공한다 (OECD, 2019c). OECD 회원국에서 근로자 100명당 은퇴연령인구(50세 이상으로 근로인구에 속하지 않는 사람)가 2018년 42명에서 2050년 58명으로 증가할 것으로 예측된다. 즉, 100명의 근로자는 2050년이 되면 은퇴연령인구 16명을 추가적으로 부양해야 한다. 그런데 고령 근로자들의 고용률을 20% 증가시킬 경우 2050년에 근로자 100명이 부양해야 하는 은퇴연령인구를 52명으로 감소시킬 수 있다. 고령자 취업이 이 정도 규모로 증가한다는 것은 전체 고용인구가 11.54% 증가한다는 것을 의미한다[58/(100+x)=52/100].

나아가 2012년 기준으로 2050년까지 노동시장에서 여성 차별을 50% 줄일 경우 2050년에 근로자 100명이 부양해야 하는 은퇴연령인구를 46

명까지 감소시킬 수 있다. 여성 취업이 이 정도 규모로 증가한다는 것은 전체 고용인구가 13.04% 증가한다는 것을 의미한다[52/(100+x)=46/100]. 2018년 기준으로 55~64세 여성의 고용률은 남성에 비해 18% 낮았다 (OECD, 2019d).

마지막으로, 비록 이 OECD 분석에서 직접적으로 명시하지는 않았지만, 이주근로자 또는 로봇을 통해 근로자 100명이 부양해야 하는 은퇴연령인구를 42명까지 감소시킬 수 있다. 이주근로자(또는 로봇) 고용이 이 정도 규모로 증가한다는 것은 전체 고용인구가 9.52% 증가한다는 것을 의미한다[46/(100+x)=42/100]. 생산 가능한 연령의 이주근로자가 노동시장에 참여할 경우 공공재정에 긍정적으로 기여한다는 사실에 유념할 필요가 있다(ILO, 2017d). 즉, 그들은 이주 국가의 경제성장과 세수 증대에 기여할 수 있다. 대부분의 이주 국가에서 이주근로자는 자신이 받는 혜택보다 더 많은 세금을 내기 때문에 선진국의 연금 시스템에 걸리는 과부하를 완화시킬 수 있다(ILO, 2017d). 그러나 만약 로봇이 노동력 부족을 메울 경우 노동에 대한 과세 대신 자본세 성격의 로봇세를 증가시킴으로써 세수를 증대시킬 수 있을 것이다.

요컨대 지금은 2050년까지 근로자 100명당 부양해야 하는 은퇴연령인구가 추가적으로 16명이 증가해 재정 지출이 증가할 것으로 예상되는 상황이므로, 고령자, 여성, 이주근로자(또는 로봇)의 고용을 늘려 세수를 증가시킴으로써 재정 충격을 완화해야 한다.

② 비정규직 일자리를 정규직으로 전환

비정규직 일자리와 관련해, 비정규직 일자리를 정규직으로 전환하면 세수를 증가시킬 수 있다. 정확히 말하자면 비정규직 일자리는 비공식, 파트타임 또는 한시계약직을 의미하며, 비공식 일자리를 공식 일자리로 전환할 때 세수 증대 효과가 발생한다. 비공식경제 부문에서 일하는 근로자를 공식경제로 통합시키면 정부 입장에서는 소득세와 사회보장 기여금을 납부하는 납세자가 증가하고 근로자 입장에서는 사회보장제도로 통합되는 효과가 발생한다. 따라서 정부와 근로자 모두에게 좋은 방안이다(OECD, 2019b).

제4장에서 살펴본 바와 같이, 오늘날에는 노동시장 자유화와 근로 형태를 유연하게 바꾸는 디지털 기술의 발달로 인해 비정규직 일자리가 증가하는 추세이다. 국제노동기구의 2019년도 조사에 따르면 고소득 국가의 경우 총 고용인구의 16%가 비공식경제 부문에서 일하고 있으나, 개도국의 경우 총 고용인구의 89%가 비공식경제 부문에서 일하고 있다(ILO, 2023). 요컨대 비공식경제 부문에서 일하는 근로자들은 표준적인 납세 시스템에 포함되지 않기 때문에 이들을 적법한 납세자로 전환하는 것만으로도 상당한 세수증대 효과가 발생할 수 있다.

③ 실버산업에서 신규 일자리 창출

실버경제와 관련해, 실버산업이 고용 창출, 신규 제품 생산, 신규 서비스 창출을 촉발하는 강력한 엔진이 될 수 있다는 점에 유의해야 한다(OECD, 2019b). 실버경제로 인한 경제성장은 세수 증대로 명확히 이어질 것이다. 사실 인구 고령화로 인해 숙련 인력이 부족한 분야에서는 자동화가 촉진되면서 일자리 감소가 가속화되고 있지만, 간병서비스, 노인 레저 활동 등 실버산업은 새로운 경제적 기회를 창출할 수 있다.

이러한 맥락에서 2015~2030년간 선진국에서는 60세 이상 노인인구가 건강관리, 운송, 주택, 오락 분야의 지출을 주도하면서 도시에서 이루어지는 소비 성장의 절반 이상에 기여할 것으로 예상되며, 이는 정책적으로 시사하는 바가 크다(Irving, Beamish and Burstein, 2018). 특히 이러한 경제적 기회가 노동집약적이고 일자리 창출에 유리한 서비스 산업에서 주로 증가할 것으로 예상된다는 점도 중요한 정책 포인트이다(OECD, 2019b).

(3) 소비에 과세하는 방안

소비와 관련해, 정부는 세율을 증가시킬 수 있다. 부가가치세 또는 소비세가 상대적으로 낮은 국가의 경우 세율을 증가시킴으로써 높은 세수 증대 효과를 누릴 수 있을 것이다. 그러나 이미 21~27%의 높은 소비세를 부과하고 있는 국가에서는 소비세를 추가 인상할 경우 조세회피 심리와 소비억제 효과를 불러일으켜 오히려 세수를 감소시킬 가능성이 크다(Akgun, Bartolini and Cournède, 2017). 나아가 소비세 인상은 소비자 복지를 감소시킨다는 부작용도 있다.

(4) 공공지출을 감소시키는 방안

다음으로 공공지출을 감소시키는 대책에 대해 살펴보자. 일반적으로

표 6.3 재정 지속가능성을 담보하기 위한 방안

대책	대상	방안
세수 증대	자본	세율 증가
		납세자 증가
	노동	세율 증가
		납세자 증가
	소비	세율 증가
공공지출 감소	고령자	노인건강 증진
	보건 관련 정부기관	보건 예산 낭비 억제

정부는 연금, 건강보험, 장기요양 서비스에 대한 공공지출을 두 가지 방법으로 감소시킬 수 있다.

하나는 노인건강을 증진하는 것이다. 정부는 노인건강을 증진하기 위한 예방적인 조치로서 흡연, 알코올 소비, 비만과 같은 위해 요인을 사전에 억제하거나 노인들이 겪는 사회적 소외 현상을 완화하는 정책을 펼 수 있다(OECD, 2019b).

다른 하나는 보건 분야의 예산 낭비를 억제하는 것으로, 정부는 보건 분야 예산을 효율적으로 집행함으로써 예산을 절약할 수 있다. 예를 들어 각 분야별로 예산 집행 한도를 설정하거나 낭비적 요인을 제거하고, 의료 서비스 공급자 간 경쟁을 활성화하며, 기본의료보험에 포함되는 상품과 서비스의 범위를 확대할 수 있을 것이다(OECD, 2019b).

재정 지속가능성을 증진시키는 대책은 〈표 6.3〉과 같이 정리할 수 있다.

협동조합을 통해 납세자를 증가시키는 방법

앞에서 살펴본 바와 같이, 정책수립자는 네 가지 채널을 통해 납세자의 수를 증가시킬 수 있다. ① 은퇴연령인구, 여성, 이주자, 청소년을 위한 일자리 창출, ② 은퇴연령인구와 여성을 위한 공식적인 파트타임 일자리 창출, ③ 기존 비정규직 일자리를 정규직으로 전환, ④ 실버경제 관련 일자리 창출이다. 협동조합이 일반 회사보다 더 경쟁력을 지니고 있는 이 네 가지 채널에 대해 좀 더 자세히 살펴보자.

(1) 은퇴연령인구, 여성, 이주자, 청소년을 위한 일자리 창출

협동조합은 일반 회사에 비해 은퇴연령인구, 여성, 이주자, 청소년을 위한 일자리를 창출하는 데서 경쟁력을 갖는다. 제2장과 제4장에서 살펴본 바와 같이, 노동집약적 분야가 자본집약적 분야보다 일자리 창출에 더 유리하고 일자리 창출에 자원도 더 적게 사용하는데, 이는 협동조합이 노동집약적 분야에서 일반 회사보다 강한 시장경쟁력을 보유하고 있기 때문이다.

고령자 취업과 관련해, 2012년 한국에서 노인 22명이 지방자치단체의 지원하에 설립한 '더불어락협동조합'은 모범사례를 제공한다(울산사회적경제지원센터, 2018). 이 고령자 협동조합은 북카페, 식당, 두부 생산 공장을 운영한다. 일반적으로 고령자는 직장을 새로 구하거나 혼자서 창업하는 데 많은 어려움을 겪는데, 이와 같은 협동조합은 고령자의 구직 활동과 창업 활동에 큰 도움을 줄 수 있다. 나아가 협동조합은 고령자에게 더 유리한 기업 형태이고 제2장에서 설명한 바와 같이 일곱 가지 강점을 토대로 일반 회사보다 시장경쟁력이 높다는 점도 고무적이다.

한국에서는 2012년 '협동조합기본법'을 제정해 모든 협동조합으로 하여금 원칙적으로 일반 회사와 동일하게 근로소득세와 법인세를 납부하도록 하고 있다. 따라서 이 고령자 협동조합은 근로소득세와 법인세를 납부함으로써 정부의 세수 증대에도 기여한다.

(2) 은퇴연령인구와 여성을 위한 파트타임 일자리 창출

협동조합은 은퇴연령인구와 여성에게 공식적인 파트타임 일자리를 제공한다. 제2장과 제4장에서 분석한 바와 같이, 협동조합은 고령자, 어린 자녀가 있는 여성 같은 취약계층에게 공식적인 파트타임 일자리를 제공함으로써 이들의 노동시장 참여를 돕는다. 이러한 취약계층은 풀타임으로 일하기 어려운 상황에 처해 있을 가능성이 높기 때문에 협동조합이 제공하는 안정적이고 유연하게 근무할 수 있는 파트타임 일자리는 매우 현실적인 대안이 될 수 있다.

협동조합은 개인이 아닌 집단으로 움직이기 때문에 더 많은 주문을 더 좋은 조건으로 확보할 수 있고, 이렇게 확보한 일감을 다수의 회원에게 유연하게 배분할 수 있다. 따라서 개인의 입장에서는 협동조합에 가입하면 이처럼 유연한 근로 혜택을 누릴 수 있다. 나아가 개별 근로자가 협동조합의 주인이기 때문에 임의적인 해고의 위험이 없으므로 고용 안정성도 높아진다.

제2장에서 살펴본 바와 같이 온라인 웹사이트를 통해 일감 주문을 받

는 뉴욕의 가사도우미 협동조합이 좋은 모범사례이다(CICOPA, 2018). 가사도우미는 협동조합을 통해 집단을 이룸으로써 개인이 확보할 수 없는 수준의 대규모 일감을 더 좋은 조건에 확보할 수 있다. 또한 회원 간에 유연하게 일감을 배분함으로써 원하는 시간에 근무할 수 있다. 즉, 이 협동조합을 통해 서비스를 요청하는 것은 우버 택시를 부르는 것 과 비슷한 메커니즘이므로 각 회원은 개인 일정에 맞추어 근무 스케줄 을 조정할 수 있다(Stearn, 2016). 파트타임 일자리라 하더라도 공식적인 일자리이기 때문에 세수 증대에 기여한다.

(3) 비정규직 일자리를 정규직으로 전환

협동조합은 비정규직을 정규직으로 전환함으로써 납세자를 증가시 킨다. 협동조합은 비공식경제 부문에서 일하면서 세금을 내지 않았던 프리랜서에게 공식적인 근로자 신분을 제공함으로써 이들이 세금도 내 고 사회보장제도의 혜택도 받을 수 있도록 지원한다.

일례로, 한국의 '한국아이티개발자 협동조합(KODEC)'은 프로그래머 12명이 모여 2013년 설립한 협동조합이다(기획재정부, 2013). 이 협동조 합은 정보통신기술 관련 서비스를 제공한다. 개별 프로그래머는 이 협 동조합을 통해 집단을 이룸으로써 혼자서는 시도할 수 없었던 대규모 일감이나 더 좋은 조건의 일감을 더 많이 확보할 수 있게 되었다. 나아 가 이 협동조합은 소유주의 이익에 해당하는 몫을 개별 회원들에게 추 가로 분배함으로써 회원들의 수입을 더 증대시킬 수 있었다. 여기서 중 요한 점은 2012년 '협동조합기본법' 제정 이후 이 협동조합이 법인으로 등록되면서 회원인 프리랜서 프로그래머들도 세금을 내는 공식경제에 통합되었다는 것이다. 결과적으로 개별 회원의 수입 증가는 세수 증가로 이어진다.

또 다른 사례로 한국의 '이풀약초협동조합'을 들 수 있다. 이 협동조합은 소규모 약초 재배 농민, 소비자, 근로자가 모여 2013년 설립한 다중이해관계자 협동조합이다(기획재정부, 2013). 회원들은 이 협동조합을 통해 온라인 마케팅 웹사이트를 공동으로 운영하면서 매출을 증대시키는 한편, 공식경제로도 통합되었다. 결과적으로 개인의 소득 증대는 세수 증대로 이어지고 있다.

또 다른 사례로 '한국유지보수협동조합(KMC)'을 들 수 있다(기획재정부, 2013). 이 협동조합은 2013년 한국에서 엔지니어 여섯 명이 모여 설립한 단체이다. 개인은 이 협동조합을 통해 집단을 이룸으로써 더 크고 좋은 계약을 더 많이 확보할 수 있게 되었고, 소유주 몫의 이윤도 개인 회원들에게 추가로 배분함으로써 개인 회원의 소득도 증가했다. 이 협동조합도 2012년 제정된 '협동조합기본법'에 따라 회계 투명성을 준수하고 있으며, 이 때문에 세수 증대에도 기여한다.

(4) 실버경제 관련 일자리 창출

협동조합은 실버산업에서 일반 회사보다 일자리를 더 잘 창출할 수 있다. 이 넷째 채널은 사실 첫째 및 둘째 채널과 유사하다. 기본적으로 협동조합이 일반 회사보다 시장경쟁력이 뛰어나고, 나아가 고령자, 어린 자녀가 있는 여성 등 취약계층이 참여할 수 있는 파트타임 일자리를 안정적으로 제공할 수 있기 때문이다. 다만, 차이가 있다면 첫째와 둘째 채널이 사람에게 초점을 맞춘다면, 이 넷째 채널은 분야에 초점을 맞춘다는 것이다.

실버산업은 건강관리, 장기요양 서비스, 수송, 주거, 레저 등의 분야에서 오늘날 일자리 창출의 중요한 원천으로 부상했다. 다행스럽게도 실버산업은 대부분 노동집약적 산업이기 때문에 협동조합은 자신의 일곱 가지 강점을 토대로 일반 회사에 비해 경쟁 우위를 점할 수 있다. 또한 실버산업에서도 협동조합은 공식적인 파트타임 일자리를 창출함으로써 고령자, 어린 자녀가 있는 여성들의 취업을 지원할 수 있다.

일례로, 한국의 '도우누리 협동조합'은 2013년 간병인 117명이 모여 설립한 간병서비스 협동조합이다(기획재정부, 2013). 개인 간병인은 이 협동조합을 통해 공공기관들과 대규모 계약을 더 좋은 조건으로 더 많이 체결할 수 있게 되었고, 행정비용을 공동 분담함으로써 소득도 더 증대시킬 수 있게 되었다. 이 협동조합은 대부분 비공식경제 부문에서 일하던 간병인들을 공식경제로 통합시킴으로써 세수 증대에도 기여한다.

협동조합을 통해 공공지출을 감소시키는 방법

고령화 사회에서는 공공지출 증가의 주요한 부분을 차지하는 것이 건강보험 비용이다. 따라서 공공지출을 감소시키기 위해서는 개인이 건강하게 늙어갈 수 있도록 지원하는 것이 중요하다.

OECD의 분석에 따르면, 건강하게 늙어가는 것을 방해하는 요인에는 두 가지가 있다. 첫째 요인은 불우한 성장 배경으로, 불우한 환경에서 자란 노인은 그렇지 않은 노인보다 건강이 더 나쁘고 건강 서비스와 간병 서비스에 대한 접근도 더 제한된다. 사실 개인이 성장하고 삶을 영위하는 물리적·사회적 환경은 개인의 건강에 매우 중요하다. 예를 들어, 33개 OECD 및 EU 회원국에서 65세 이상의 저학력 고령인구 가운데 건강이상자가 차지하는 비율은 65세 이상 고학력 고령인구 가운데 건강이상자가 차지하는 비율의 거의 두 배에 달했다(OECD, 2019e). 둘째 요인은 소외와 고독이다. 16개 OECD 회원국에서는 80세 이상 여성의 66%가 혼자 살고 있다(OECD, 2017b). 고독은 우울증 증가, 일상 활동 및 이동 수준 저하, 사망률 증가와 연관되어 있다.

이러한 상황에서 협동조합은 건강하게 늙어가는 것을 방해하는 부정적인 요인을 다음 네 가지 방식으로 완화할 수 있다.

첫째, 협동조합은 건강 교육 서비스와 건강관리 서비스를 제공하는 다목적 플랫폼으로 활용될 수 있다(ILO, 2014). 국제협동조합연맹 제2 운영원칙(회원들에 의한 민주적 통제)에 근거해서, 협동조합은 종종 당초 설립 목적에 추가해 회원들의 필요를 충족시키기 위한 다양한 활동을 전개할 수 있다.

예를 들어, 일본의 농업 협동조합은 20세기 초부터 낙후된 농촌마을에서 의료 활동 또는 건강관리 활동을 전개해 왔다(Hashimoto, 2015). '쿠세이렌'은 건강과 복지를 위한 농업 협동조합연합회로서, 각 현마다 지부를 설치하고 의료시설을 운영하면서 가정방문 의료 서비스도 제공하고 있다. 유사한 맥락에서 스리랑카에서도 1960년대 이후 소비자 협동조합과 농업 협동조합들이 의료협동조합을 자회사로 설립하고 병원을 소유·운영하면서 회원에게 의료 서비스를 제공해 오고 있다(Birchall, 2004).

둘째, 고령자 협동조합은 직장 공간에서의 사회적 교류를 증진한다. 국제협동조합연맹 제2운영원칙(회원들에 의한 민주적 통제)에 근거해, 협동조합은 회원이 정책 및 의사결정 과정에 적극적으로 참여할 수 있게 한다. 나아가 제1운영원칙(자발적이고 개방적인 가입제도)에 근거해, 협동조합은 모든 사람이 회원의 의무를 다하는 이상 성적, 사회적, 인종적, 정치적, 종교적 차별 없이 협동조합에 자유롭게 가입할 수 있도록 하고 있다. 이렇게 협동조합의 자발적이고도 민주적인 직장 문화는 회원들 간에 상호 밀접하게 소통하고 교류하는 것을 장려한다.

일례로, 일본에는 현재 약 30개의 고령자 협동조합이 있고 약 5만 명이 회원으로 활동하고 있다(한기원, 2016.10.17). 이 고령자 협동조합들은 지역공동체에서 청소, 쓰레기 수거, 정원 관리, 가사 관리, 자동차 판매, 점심 도시락 배달, 결혼 상담, 과외 교육 등의 서비스를 제공하고 있다. 노인들은 이 협동조합을 통해 일자리를 얻는 것은 물론이고, 다른 노인들과도 상호 교류하고 있다.

셋째, 고령자 협동조합은 사적 공간에서의 회원 간 교류도 증진한다. 고령자 주거협동조합은 노인들이 공동으로 주택 단지를 건축하되 각 주택은 개별적으로 소유하는 형태를 취한다. 이 협동조합에서는 회원들이 공동으로 주택 청소 활동과 여가 활동을 계획하고 시행한다.

일례로, '트라벤솔(Trabensol)'은 스페인 마드리드에서 85명의 은퇴자

가 모여 설립한 주거협동조합이다(Carmona, 2017). 이 주거협동조합은
소유한 주택 단지를 자체적으로 관리한다. 각 회원은 자산 관리, 홍보,
사회적 복지와 건강, 지속가능성 등 분야별 위원회에 가입한 후 소관 분
야의 관리업무를 담당한다. 결정은 모든 회원이 의논해서 공동으로 채
택한다. 상주 간병인이나 간호사는 없고 각 회원이 서로를 보살핀다. 이
협동조합이 외주를 주는 서비스는 케이터링, 세탁, 청소뿐이다. 나아가
각 회원은 예술과 공예, 댄스, 이집트학 같은 문화 수업을 서로에게 직접
제공한다. 이 협동조합은 미국인 건축가인 찰스 듀릿(Charles Durrett)이
꿈꿨던 '빌리지 라이프(Village life)'를 직접 실현하고 있다고 할 수 있다
(Carmona, 2017).

넷째, 협동조합은 봉사활동을 통해 긍정적인 감정과 행복감을 고취
한다. 국제협동조합연맹 제6운영원칙(협동조합 간 협력) 및 제7운영원칙
(공동체를 향한 관심)에 근거해, 협동조합은 모든 인류를 위해 보다 나은,
지속가능한 미래라는 비전을 추구한다. 이러한 비전은 협동조합운동이
지역공동체와 전 세계를 위해 봉사하는 문화를 만들어낸다. 이러한 공
공복리 증진이라는 대의명분은 협동조합에 가입한 노인에게 자긍심과
행복감을 불러일으킨다.

일례로, 원주고령자협동조합은 한국 원주에 거주하는 노인 약 1,500
명이 가입한 단체이다(강승아, 2017.6.15). 이 협동조합은 지역공동체에
학교 청소 서비스와 쓰레기 청소 서비스를 제공하고 있다. 원주고령자
협동조합은 고유 사업을 통해 지역공동체의 복리를 증진할 뿐만 아니
라 수익의 3분의 2 이상을 지역공동체에 환원하고 있다. 따라서 많은

회원들은 자신이 지역공동체에 부담이 되는 존재가 아니라 지역공동체에 적극적으로 기여한다는 점에서 자긍심을 표명하고 있다.

결론

이 장에서는 고령화 사회의 가장 큰 도전 요인 중 하나가 바로 연금, 건강보험, 장기요양 서비스 등과 관련된 공공지출이 증가하는 데 따른 재정 지속가능성의 위기임을 보여주었다. 그리고 고령화 사회에서는 협동조합이 국가 재정을 개선하는 데 상당히 기여할 수 있다는 사실도 설명했다.

협동조합은 노동집약적 분야에서 일반 회사보다 일자리를 더 잘 창출할 수 있고, 따라서 납세자 수와 세수도 증가시킬 수 있다. 협동조합은 또한 사회적 교류와 공동체 의식 함양을 통해 개인이 건강하게 늙어갈 수 있도록 도와줌으로써 노인건강과 관련된 공공지출도 감소시킬 수 있다. 마지막으로, 협동조합은 노동시장과 지역공동체에 기여함으로써 구세대와 신세대 간 불평등을 완화하는 데 기여할 수 있다. 협동조합은 구세대가 더 오랜 기간 노동하도록 할 수 있고 노인건강을 증진시켜 노인 관련 공공지출을 감소시킬 수 있는데, 이는 신세대의 재정 부담을 완화하기 때문이다.

제7장

협동조합과 SDG

제4장, 제5장, 제6장에서는 협동조합이 양질의 고용을 창출하고 불평등을 완화하며 위기 극복에 기여하고 고령화 사회를 지원할 막대한 잠재력이 있다는 사실을 규명함으로써 협동조합 모델이 중요한 정책적 시사점을 제공한다고 주장했다. 협동조합 모델의 이러한 중요성을 인정하면서, 이 장에서는 유엔 지속가능발전목표(Sustainable Development Goals, 이하 SDG)를 분석틀로 활용해 넓은 시야에서 협동조합이 인간 사회에 다양하게 기여하는 바를 분석하기로 한다.

이 분석 작업을 통해 확실히 알 수 있는 것은, 협동조합 모델이 SDG 달성을 촉진하는 데 매우 유용하게 활용할 수 있는 정책수단이라는 점이다. 그러나 이러한 협동조합 모델의 중요성에도 불구하고, 협동조합은 SDG의 개별 목표 17개 및 관련 세부목표, 이행지표 그 어디에도 포함되지 못하고 있다.

이러한 뼈아픈 현실을 염두에 두고, 이 장에서는 먼저 SDG 달성에 협동조합이 기여하고 있는 상황, 협동조합에 대한 국제 정책 논의의 역사, 그리고 협동조합을 국제 정책 논의에서 주류화하기 위한 노력의 현주소에 대해 알아본다.

협동조합이 SDG 달성에 기여하는 방식

비록 협동조합이 SDG 및 관련 세부목표 체계에 포함되지는 못했지만, SDG 달성에 기여하는 바는 다음과 같이 매우 크다. ① (제2장에서 분석한 바와 같이) 모든 협동조합은 회원의 소득을 증가시킨다. ② 협동조합은 개인이 필수 불가결한 상품과 서비스를 합리적인 가격에 이용할 수 있도록 한다. ③ (제2장에서 설명한 바와 같이) 협동조합은 사회적 자본을 증진함으로써 사람들의 행동을 변화시키는 데 기여한다.

협동조합이 SDG를 달성하기 위한 강력한 정책 도구라는 사실을 SDG 항목별로 살펴보면 다음과 같다(〈표 7.1〉 참조).

제1지속가능발전목표(SDG 1): 빈곤 퇴치

모든 협동조합은 일자리 창출과 비용절감을 통해 회원의 소득을 증대시키기 때문에 빈곤 퇴치에 기여한다. 소득이 증가하면 개인은 빈곤을 퇴치할 수 있다. 또한 금융 협동조합도 최종 생산물을 통해 개인이 빈곤으로 전락하는 것을 막아준다. 예를 들어, 금융 협동조합의 최종 생산물은 대출 및 보험 서비스인데, 개인이 사고나 질병에 걸렸을 때 합리적인 가격에 이를 제공한다. 저렴한 금융 서비스는 일종의 사회 안전

표 7.1 SDG에 대한 협동조합의 기여

SDG	협동조합의 기여	관련 유형
1(빈곤 퇴치)	소득 증가	모든 협동조합
	최종 생산물	금융 협동조합
2(기아 퇴치)	소득 증가	모든 협동조합
	최종 생산물	농업 협동조합
3(건강 및 복지)	소득 증가	모든 협동조합
	최종 생산물	보건 협동조합
4(양질의 교육)	소득 증가	모든 협동조합
	최종 생산물	교육 협동조합
5(양성평등)	소득 증가	모든 협동조합
6(깨끗한 물 및 위생)	최종 생산물	수자원 협동조합
7(저렴하고 깨끗한 에너지)	최종 생산물	에너지 협동조합
8(양질의 일자리 및 경제성장)	소득 증가	모든 협동조합
9(산업, 혁신 및 인프라)	최종 생산물	인프라 서비스 협동조합
10(불평등 완화)	소득 증가	모든 협동조합
	최종 생산물	일부 협동조합
11(지속가능한 도시 및 공동체)	최종 생산물	환경미화원 협동조합, 주택 협동조합
12(책임 있는 소비와 생산)	사회적 자본	모든 협동조합
13(기후 행동)	사회적 자본	모든 협동조합
	최종 생산물	신재생에너지 협동조합, 금융 협동조합
14(수중 생명체)	사회적 자본	어업 협동조합, 소비자 협동조합
15(육상 생명체)	사회적 자본	농업 협동조합, 산림 협동조합, 소비자 협동조합
16(평화, 정의, 강한 제도)	사회적 자본	모든 협동조합
17(목표달성을 위한 파트너십)	해당사항 없음	해당사항 없음

망으로서 개인이 빈곤층으로 전락하는 것을 예방해 준다.

일례로, 케냐의 저축 및 신용협동조합(SACCOs)은 상호부조 방식의 자구형 다중이해관계자 협동조합인데, 모든 회원의 저축금을 활용해서 돈이 필요한 일부 회원에게 낮은 이자율로 대출을 제공한다(Lung'ahi, 2016). 이 협동조합은 개인이 예기치 못한 기후 재해 또는 질병으로 위기에 처했을 때 저렴한 이자율의 신용을 제공함으로써 개인의 회복을 지원한다.

제2지속가능발전목표(SDG 2): 기아 퇴치

모든 협동조합은 소득을 증대시키므로 기아 퇴치에도 기여한다. 개인의 소득이 증가하면 그 소득으로 식료품을 구매해서 배고픔을 해결할 수 있기 때문이다. 또한 농업 생산자 협동조합도 최종 생산물(농산품, 축산 제품 등)을 통해 기아 해결에 기여할 수 있다.

일례로, 네팔의 농업 협동조합은 회원들이 합리적인 가격에 양질의 농업 원자재(종자, 비료)와 서비스(질병 예방과 관련된 기술 지원과 보조금)를 구매할 수 있도록 지원함으로써 농업 생산성을 제고한다(Neupane, Adhikari and Rauniyar, 2015). 또 다른 사례로 카메룬의 낙농협동조합인 COOVALAIF가 있는데, 이 협동조합은 회원뿐만 아니라 지역 시장에도 우유를 공급한다(Heifer International, 2012). 개도국에서 이와 같은 낙농협동조합이 특히 중요한 이유는 지역공동체에 영양 보충원인 우유를 공급할 수 있기 때문이다(Wanyama, 2014).

제3지속가능발전목표(SDG 3): 건강 및 복지

모든 협동조합은 기업으로서 소득을 증대시키므로 건강과 복지에도 기여한다고 할 수 있다. 개인의 소득이 증가하면 그 돈으로 병원에서

치료를 받고 약도 살 수 있기 때문이다. 또한 보건 협동조합은 최종 생산물을 통해 보건과 복지에 기여할 수 있다.

건강과 복지에 기여하는 협동조합 가운데 먼저 생산자 협동조합을 살펴보자. 일례로, '우니메드 도 브라질'은 세계 최대의 보건 협동조합으로, 11만 6,000명의 의사가 회원으로 참여해 1,700만 명에게 의료 서비스를 공급하고 있으며, 브라질 민간 의료시장의 32%를 점유하고 있다(UN, 2018). 이 협동조합이 설립되기 전에 브라질의 보건 시스템은 '저렴하지만 열악한 공공병원'과 '비싸지만 고품질의 민간병원'으로 양분되어 있었다. 이러한 상황에서 이 협동조합은 개인에게 '합리적인 가격에 중간 품질의 병원'이라는 제3의 선택지를 제공하고 있다.

또 다른 사례로, '코퍼레이티브 홈 케어 어소시에이트(CHCA)' 협동조합을 들 수 있다. 이 협동조합은 미국의 최대 근로자 협동조합으로, 2,000명이 넘는 간병인을 채용하고 있는데 대부분 저소득층 여성이다. 이 협동조합은 뉴욕에 소재하고 있으며, 고령자, 만성 질환자 또는 신체 부자유자에게 간병 서비스를 제공한다.

유사한 사례로, 스페인, 벨기에, 이탈리아의 약국협동조합을 들 수 있는데, 작은 약국들이 이 협동조합을 통해 공동구매를 실시함으로써 저렴한 가격에 약을 공급받을 수 있다(UN, 2018). 스페인에서는 이 약국 협동조합이 전체 약국 시장의 70%를 점유하고 있다(Banks, 2019).

다음으로는 건강과 복지에 기여하는 소비자 협동조합을 살펴보자. 소비자 협동조합은 외딴 지역 주민의 의료 서비스를 개선하는 데 유용하다(UN, 2018). 이러한 협동조합 모델은 의료 서비스 비용을 낮추고 예방적인 서비스도 발전시킬 수 있다. 의료소비자 협동조합은 일본에서 흔하게 찾아볼 수 있다.

일례로, '휴쿱(HeW COOP)'은 일본 의료 서비스 협동조합연합회로서 약 300만 명의 회원을 보유하고 있다. 이 연합회 산하의 개별 소비자 협동조합은 전국적으로 총 700개 이상의 병원과 1차 진료소를 소유하고 있으며, 약 4만 명의 직원을 고용하고 있다.

다른 목적의 협동조합들 역시 건강 교육과 의료 서비스를 제공하기 위한 다목적 플랫폼으로 활용될 수 있다(ILO, 2014). 일례로, '쿠세이렌' 은 농업협동조합연합회이지만, 장기요양 시설을 운영하고 가정방문 간병 서비스 등을 제공한다. 마찬가지로 스리랑카의 소비자 및 농업 협동조합들은 자회사로서 보건 협동조합을 운영하는데, 이들 보건 협동조합은 농촌 지역에서 직접 병원을 소유하고 운영한다(Birchall, 2004).

제4지속가능발전목표(SDG 4): 양질의 교육

모든 협동조합은 소득을 증대시키므로 개인은 증가한 소득을 활용해 자녀를 교육시킬 수 있다. 아울러 협동조합은 최종 생산물을 통해 교육에 기여하기도 한다.

교육에 기여하는 협동조합 가운데 먼저 생산자 협동조합을 살펴보자. 일례로, 한국의 아카데미쿱은 과외 교사 17명이 설립한 교육 서비스 협동조합으로 학생 약 240명에게 합리적인 가격의 교육 서비스를 제공한다.

다음으로 교육에 기여하는 다중이해관계자 협동조합을 살펴보자. 일반적으로 교육 분야의 다중이해관계자 협동조합에는 부모, 교사, 종교 교육 단체, 공공기관 등이 참여한다. 여기서 한 가지 유의할 점은 부모들이 자녀들이 받는 교육의 질에 만족하지 못한 나머지 종종 이러한 다중이해관계자 교육 서비스 협동조합의 설립을 주도한다는 것이다.

이란의 수도 테헤란에 설립된 '라에 로슈드'가 좋은 사례이다. 이 협동조합은 1985년에 어머니 일곱 명이 설립한 것으로, 테헤란에 설립된 최초이자 최대의 교육 협동조합이다. 현재 이 협동조합은 유치원에서 고등학교까지 운영하면서 합리적인 가격에 교육 서비스를 제공하고 있다(ILO, 2017e).

유사한 사례로 이탈리아의 '코팝스(COpAPS)' 협동조합이 있다. 이 협동조합은 1979년 신체 부자유자를 위한 직업 교육 및 근로자 협동조합으로 설립되었는데, 부모들의 강력한 주도로 운영되는 다중이해관계자 협동조합이다. 신체 부자유자들이 학교 졸업 후 생계에 어려움을 겪는 현실에 직면하자, 이에 대한 해법으로 1979년 신체 부자유자, 부모, 교사들이 모여 이 협동조합을 설립한 것이다. 이 협동조합은 농장 경영, 지방자치단체 정부와의 계약을 통한 공원 유지 관리 등의 사업을 전개하고 있다. 회원은 60명인데, 이 중 신체 부자유자가 24명이다. 1991년 제정된 이탈리아의 '사회적 협동조합법'에 따르면, 사회적 협동조합은 두 가지로 구분된다(Conaty, 2004). A 유형은 아동, 노인, 신체 부자유자 돌봄, 건강관리, 교육 같은 사회적 서비스를 제공한다. 반면 B 유형은 실업자의 취업을 지원하는데, 코팝스는 B 유형에 해당한다.

제5지속가능발전목표(SDG 5): 양성평등

모든 협동조합은 양성평등에 기여한다고 볼 수 있다. 왜냐하면 협동조합은 국제협동조합연맹 제1운영원칙(자발적이고 개방적인 가입제도)에 따라 성적, 사회적, 인종적, 정치적, 종교적 차별 없이 모든 사람에게 개방되어 있기 때문이다. 또한 협동조합은 기업으로서 여성을 위한 일자리를 창출한다는 점에서 양성평등에 기여한다. 여성의 경제적 역량이 강화되면 가정과 사회에서 여성의 경제적 지위가 높아지기 때문이다.

대표적인 사례로 르완다의 '아바후자무감비'라는 커피협동조합을 들 수 있다. 이 협동조합의 회원은 총 2,326명인데 이 중에서 62%가 여성이다. 특히 인상적인 점은 이들 대부분이 전쟁 미망인으로, 이 협동조합을 통해 빈곤에서 탈출했다는 점이다(Sentama, 2009).

또 다른 사례로 인도의 '여성자영업자협회(SEWA)'가 있다. 이 협회에는 많은 노동조합과 협동조합이 소속되어 있으며, 비공식경제 부문의 여성 근로자 약 150만 명을 지원하고 있다(ILO, 2018c). 이 협회에 소속된 협동조합은 115개로, 공예, 축산업, 농업, 금융업, 서비스, 행상 등의 분야에서 활동하고 있다. 이 협회는 여성의 경제적 역량을 강화하도록 지원하는데, 여기에는 여성의 신규 협동조합 설립 지원, 여성의 사업 추진 역량 강화 지원, 협동조합에 대한 정치적 지원 확보, 멘토링, 홍보 지원, 네트워크 확대 지원 등이 포함된다.

한편, 파트타임 일자리 협동조합의 경우 어린 자녀 등으로 인해 풀타임으로 근무할 수 없는 여성을 위한 파트타임 일자리를 창출함으로써 이들의 근로소득을 증가시킨다. 일례로, 뉴욕의 여성 근로자 협동조합은 온라인 예약 서비스를 제공하는 '쿠피파이'라는 디지털플랫폼을 운영함으로써 회원들이 개인 사정을 고려하면서 근무일정을 유연하게 조정한다.

제6지속가능발전목표(SDG 6): 깨끗한 물 및 위생

수자원 협동조합은 최종 생산물을 통해 깨끗한 물과 위생에 기여할 수 있다. 수자원 협동조합은 보통 소비자 협동조합의 형태를 취하는데, 협동조합이 상하수도 인프라를 직접 소유하고 운영한다. 이 협동조합의 회원은 공동으로 수자원 인프라를 소유·운영하면서 합리적인 가격에 상하수도 서비스를 제공받는다.

예를 들어, 볼리비아의 수자원 소비자 협동조합인 '사구아팍'은 도시 수자원 소비자 협동조합으로는 세계 최대 규모이다. 사구아팍은 지하 대수층과 연결된 깊은 관정으로부터 펌프를 이용해 물을 끌어올려서 주민들에게 공급하는 사업모델이다(Ranicki, 2012). 이 협동조합은 도시 주민 약 120만 명에게 상하수도 서비스를 제공하고 있고, 자신들의 시스템을 운영하기 위해 500명 이상을 고용하고 있다(Bétrisey, 2015).

제7지속가능발전목표(SDG 7): 저렴하고 깨끗한 에너지

에너지 협동조합 역시 최종 생산물을 통해 저렴하고 깨끗한 에너지 달성에 기여할 수 있다. 수자원 협동조합과 마찬가지로 에너지 협동조합도 일반적으로 소비자 협동조합의 형태를 띠는데, 이는 회원들이 협동조합을 통해 발전 시설과 송전망을 공동으로 소유하면서 전력을 공급받는 사업모델이다.

대표적인 사례가 미국의 '국립농촌전력공급협동조합연합회(NRECA)'인데, 이 협동조합의 회원들은 외딴 지역에 거주하더라도 합리적인 가격에 에너지를 공급받을 수 있다(NRECA, 2021b). 또 다른 사례로 벨기에의 '에코파워(Ecopower)'를 들 수 있다. 이 협동조합은 전력 소비자 협동조합의 형태로 설립되었는데, 풍력 발전소, 태양광 발전소, 수력 발전소를 직접 소유하고 약 6만 명의 회원에게 합리적인 가격에 전력을 공급하고 있다(Ecopower, 2021).

제8지속가능발전목표(SDG 8): 양질의 일자리 및 경제성장

모든 협동조합은 기업으로서 일자리를 창출할 수 있으므로 양질의 일자리와 경제성장에 기여한다고 볼 수 있다. 양질의 일자리 증가는 의심할 바 없이 경제성장으로 이어진다. 제2장에서 분석한 바와 같이, 협동조합은 노동집약적 분야에서 일반 회사보다 경쟁력이 높고 대부분 중소기업이기 때문에 일자리 창출에 특화되어 있다는 점을 상기할 필요가 있다.

제9지속가능발전목표(SDG 9): 산업, 혁신 및 인프라

인프라 서비스 협동조합은 최종 생산물을 통해 산업, 혁신, 인프라를 달성하는 데 기여할 수 있다. 일례로 디지털 서비스 협동조합을 살펴보자. 이 협동조합의 최종 생산물은 디지털 서비스인데, 이러한 유형의 협동조합은 외딴 지역의 주민들에게 디지털 서비스를 제공함으로써 해당 지역의 디지털 인프라를 구축하는 데 기여한다. 디지털 서비스 협동조합은 대부분 소비자 협동조합의 형태를 띤다.

일례로 남아프리카 공화국의 '젠젤레니'는 태양광으로 작동하는 인터넷 기지국을 공동으로 소유하고 있는데, 대형 상업 인터넷 서비스 공급자로부터 도매가격에 인터넷 사용권을 매입한 후 회원들에게 저렴한 가격에 인터넷 서비스를 제공한다(Zenzeleni, 2021). SDG 6, SDG 7과 관련해 설명한 바 있는 수자원 협동조합과 에너지 협동조합도 인프라 서비스 협동조합의 좋은 사례이다.

제10지속가능발전목표(SDG 10): 불평등 완화

모든 협동조합은 소득을 증대시키므로 불평등 완화에 기여할 수 있다. 특히 결과 불평등이 야기되는 이유가 자본소득이 노동소득보다 빨리 증가하고 노동시장이 양극화되어 있기 때문이라는 점을 고려할 때, 협동조합은 (자본소득자와 고임금 근로자에 치이는) 중저임금 근로자의 노동소득을 개선시킴으로써 불평등을 완화할 수 있다. 제4장에서 설명한 바와 같이, 협동조합은 중저임금 근로자의 노동소득을 증가시키는 데 독보적인 경쟁력을 가지고 있기 때문이다. 아울러 협동조합은 합리적인 가격에 최종 생산품(필수 물품과 서비스)을 구입할 수 있게 함으로써 불평등을 완화할 수도 있다.

제11지속가능발전목표(SDG 11): 지속가능한 도시 및 공동체

협동조합은 최종 생산물을 통해 지속가능한 도시와 공동체를 달성하는 데 기여할 수 있다. 예를 들어, 인도의 고체폐기물 수거 및 처리 협동조합인 SWaCH(Solid Waste Collection and Handling)는 환경미화원 약 3,000명이 모여서 설립한 협동조합이다. 지방정부와 공식계약을 체결한 이 협동조합은 도시의 각 가정을 직접 방문해서 쓰레기를 수거한 뒤 이 쓰레기 중에서 재생 가능한 물품을 수집한다(SWaCH, 2021). SWaCH 는 각 가정으로부터 쓰레기 수거료를 징수하는 것 외에도 수집한 재생용품을 판매함으로써 추가 수입을 창출한다. 이 환경미화원 협동조합은 길거리에서 지저분한 쓰레기통을 없애고 재활용을 촉진함으로써 지속가능한 고체폐기물 관리에 기여한다.

또 다른 주목할 만한 사업모델로는 주택 협동조합이 있다. 주택 협동조합의 최종 생산물은 주택 서비스이므로 이 협동조합은 지속가능한 주거환경을 조성하는 데 기여한다. 주택 협동조합은 일반적으로 소비자 협동조합의 형태를 띠며, 회원이 주택을 매각할 수 있는지 여부에 따라 세 가지 유형으로 구분된다(Birchall, 2011).

첫째 유형은 100% 지분 소유 모델이다. 이 모델의 경우 협동조합이 집단 교섭력을 이용해서 주거용 빌딩을 저렴하게 공동으로 건축하거나 매입하고 나면 각 회원이 협동조합으로부터 주택을 매입하며, 자신의 소유가 된 주택을 추후 시장가격으로 매각할 수도 있다. 이에 해당하는 사례가 바로 이탈리아 볼로냐의 '쿱 안살로니' 주택 협동조합이다. 이 협동조합은 약 1만 1,000명의 회원을 보유하고 있다.

둘째 유형은 0% 지분 소유 모델이다. 이 모델의 경우 협동조합이 공공기관으로부터 상당한 금융 지원을 받으면서 주거용 빌딩을 건축하고 개별 회원은 이 협동조합으로부터 저렴한 가격에 주택을 임차할 수 있으나, 주택을 매각할 권한은 없다. 이에 해당하는 사례로 캐나다 캘거리의 '서니힐 주택 협동조합(Sunnyhill Housing Co-op)'을 들 수 있다(González, 2020).

셋째 유형은 제한된 지분 소유 모델로, 100% 지분 소유 모델과 0% 지분 소유 모델의 중간쯤에 해당하는 모델이다. 이 모델의 경우 협동조합이 공공 금융 지원을 받아 시장가격보다 저렴하게 공공기관이 소유한 주거용 빌딩을 매입한다. 이후 개별 회원이 이 협동조합으로부터 주택을 매입할 수는 있지만 추후 매각할 때는 통제된 가격에 매각해야 한다. 이처럼 협동조합은 매각 가격에 대해 상한선을 설정하는 것 외에, 새롭게 주택을 매입하려는 개인의 소득 수준에 대해서도 상한선을 설정할 수 있다. 이는 중저소득 가구에게 우선권을 주기 위함이다(Ortiz, 2017). 이에 해당하는 사례로 뉴욕의 '주택개발기금회사(HDFCs)'를 들 수 있다. 이 협동조합은 (개인이 직접 유지·보수하는 주택을 조성하고 지원하는) 비영리단체인 미국 '도시주택마련지원이사회(UHAB)'의 지원으로 설립되었다(Carlson, 2004).

한편 공공임대주택 모델에 비해 0% 지분 소유 모델과 제한된 지분 소유 모델은 회원의 주인의식 때문에 시설 관리 측면에서 더 유리하다(Birchall, 2011). 그러나 이 두 가지 모델은 국가 재정상 부담이 따르기 때문에 개발도상국에서 좀처럼 찾아보기 힘들다(Birchall, 2011).

제12지속가능발전목표(SDG 12): 책임 있는 소비와 생산

협동조합은 사회적 자본을 증진하고 이를 통해 개인의 행동변화를 유도할 수 있으므로 책임 있는 소비와 생산을 달성하는 데 기여한다. 사회적 자본은 개인 간 협동을 이끌어낼 수 있는 사회적 능력이다. 협동조합은 국제협동조합연맹 제7운영원칙(공동체를 향한 관심)에 근거해 사회적 자본을 증가시킨다.

협동조합운동은 개인이 세상에 대해 관심을 갖도록 장려하며, 특히 내가 속한 지역공동체의 지속가능발전이 다른 지역의 지속가능발전과 밀접히 연계되어 있다는 인식하에 전 세계의 지속가능발전을 위해 노력하도록 장려한다(ICA, 2015). 협동조합은 회원들이 사적인 목표뿐만 아니라 공공재 생산을 위해서도 노력하도록 장려하는 것이다. 따라서 협동조합은 일반 회사에 비해 환경, 사회 및 기업 지배구조와 관련된 기준을 사업 활동에 반영할 가능성이 더 높다.

일례로, 일본의 '세이카쓰 클럽 소비자 협동조합(SCCC)'은 환경적·사회적 원칙을 경영활동에 반영하고, 환경 및 사회적 기준을 충족하는 생산품을 구매한다(ICA, 2013).

제13지속가능발전목표(SDG 13): 기후 행동

모든 협동조합은 사회적 자본을 증진하므로 기후 변화 대응에 필요한 개인의 행동 변화를 유도한다. 이는 국제협동조합연맹 제7운영원칙 (공동체를 향한 관심) 때문에 가능한 일이다. 협동조합 구성원이 지역공동체에 관심을 갖게 되면 전 세계적 기후변화를 막는다는 큰 목표에 동참하지 않을 수 없다. 왜냐하면 지역공동체에서 발생하는 기후변화 피해는 전 세계적으로 진행되고 있는 기후변화 문제를 해결하지 않고서는 근본적인 해결이 불가능하기 때문이다. 따라서 협동조합 구성원은 기후변화에 대응하기 위해 지역공동체 주민과의 협력뿐만 아니라 다른 나라 국민들과의 협력에도 적극적으로 동참한다. 이러한 현상은 협동조합이 사회 구성원 사이에 서로 협력하려는 자세를 의미하는 사회적 자본 증대로 이어진다. 나아가 협동조합 구성원은 기후변화를 억제하기 위한 국제 규범을 준수하는 데서 일반 사람들보다 더 적극적인 자세를 취한다.

예를 들어, 스웨덴의 식료품소매협동조합인 '스웨덴협동조합(KF)'은 스웨덴 식료품 소매시장의 21.4%를 점유하고 있는데, 기후변화를 경감하기 위해 모든 사업 활동에서 에너지 효율성을 증진하기 위한 조치를 취하고 있다(Euro Coop and CCW, 2013). 이러한 조치는 온실가스를 더 적게 배출하는 냉장시설 도입, 운송과 물류 체인의 효율성 증진 등을 포함한다.

또한 협동조합은 최종 생산물을 통해 기후변화에 대처하는 데 기여하기도 한다. 일례로, 케냐의 '저축 및 신용협동조합(SACCOs)'은 회원들이 기후변화로 인한 예기치 못한 자연재해에 대처할 수 있도록 합리적인 이자율로 대출 서비스를 제공한다. 또 다른 사례로 벨기에의 '에코파워(Ecopower)' 협동조합을 들 수 있다. 이 신재생에너지 협동조합은 탄소 배출 없이 전기를 생산함으로써 기후변화 경감에 기여한다.

제14지속가능발전목표(SDG 14): 수중 생명체

어업 협동조합은 사회적 자본을 증진함으로써 해양 자원 보존을 위한 사회 구성원의 행동 변화를 이끌어내기 때문에 수중 생명체 목표에 기여한다. 만약 어부들이 각자의 이익을 극대화하기 위해 어업자원을 남획한다면 지역공동체의 해양자원이 고갈될 것인데, 어업 협동조합은 이와 같은 문제에 대응하기 위한 사회적 공간을 제공한다. 어업 협동조합은 어업 종사자를 대상으로 지속가능한 어업기술을 확산시키고, 이들이 지역공동체의 어족자원을 보존하기 위해 협력하도록 장려한다. 즉, 어업 협동조합은 회원들에게 해양자원을 지속가능한 방식으로 관리하고 보존할 수 있는 시스템(예를 들어, 특정 계절 조업 금지 등)을 제공하고, 어업관리규정을 준수하는 역량을 강화시킬 수 있다(ILO, 2019c).

일례로 케냐 빅토리아 호수 지역의 '둥가 어업 협동조합'은 남획과 기후변화로 인한 어족자원 고갈 문제를 해결하기 위해 치어를 양식해 호수에 방사하는 한편, 어족자원을 고갈시키는 저인망 어업을 자제하는 캠페인을 펼치고 있다(The New Humanitarian, 2012). 또 다른 사례로, 브라질 만디라 지역의 '카나네이아 굴 생산자 협동조합(Cananéia Oyster Producers' Cooperative: COOPEROSTRA)'은 지역공동체의 굴 수확 사업이 지역 맹그로브 숲과 생물 다양성에 피해를 주지 않도록 관련 규칙 및 사업모델 수립을 지원했다(FAO and IFAD, 2012). 소규모 어업이 전 세계 어업의 90% 이상을 차지한다는 점을 고려할 때(FAO, 2015), 어족자원 및 생태계의 책임 있는 관리에서 어업 협동조합의 역할이 점점 더 중요해질 것으로 예상된다.

나아가 소비자 협동조합도 국제협동조합연맹 제7운영원칙(공동체를 향한 관심)에 힘입어 해양자원 보존에 관심을 보이고 있다. 일반적으로 소비자 협동조합은 자신의 사업 활동에 사회 및 환경과 관련한 요인을 반영함으로써 해양자원 보존에 기여한다. 예를 들어, 일본의 소비자 협동조합은 1970년대 초에 '산초쿠(Sanchoku) 시스템'을 도입했는데, 이 시스템에 따르면 생산자는 소비자 협동조합이 정한 기준에 맞추어 제품을 생산해야 하며, 이러한 기준은 생산 활동 과정에서 해양자원의 보존과 지속가능한 사용을 담보로 하는 것을 목표로 하고 있다(JCCU, 2012).

제15지속가능발전목표(SDG 15): 육상 생명체

농업 협동조합과 산림 협동조합은 사회적 자본을 증진함으로써 육상 생태계를 보존하기 위한 개인의 행동변화를 이끌어내기 때문에 육상 생명체 목표에 기여한다. 만약 농부들이 착취적 농업 관행을 지속할 경우 지역공동체의 토양 상태는 악화되고 대부분 사막화 문제에 직면해 농업 생산성이 저하될 것이다. 이러한 위협에 대응해 농업 협동조합과 산림 협동조합은 지역 주민이 토지와 생태계를 지속가능한 방식으로 관리할 수 있도록 협력의 공간을 제공한다.

일례로, 인도의 면화재배 농업 협동조합인 '체트나 오가닉'은 회원들이 친환경 농업 기술을 채택할 수 있도록 지원함으로써 생물 다양성을 보존하고 오염을 줄이는 데 기여하고 있다(Chhabra, 2016). 관련 사례는 산림 보존 분야에서도 찾아볼 수 있다. 인도의 '트리 그로어스 코퍼레이티브 소사이어티(Tree Growers Cooperative Society: TGCS)'는 지역공동체의 공유지에 식목을 지원하는데, 이를 통해 국토 녹화에 기여하는 것은 물론이고 지역 생태계 보존에도 기여한다(Saigal, Dahal and Vira, 2009).

또한 소비자 협동조합도 국제협동조합연맹 제7운영원칙(공동체를 향한 관심)에 힘입어 지속가능한 농업기술 확산에 기여한다. 일례로, 한국의 '아이쿱 코리아'는 1998년 설립되어 약 80개의 소비자 협동조합을 회원사로 보유하고 있는데, 이 협동조합은 친환경 농업 확산과 건강한 식품 조달을 위해 환경 기준이 반영된 재배 계약을 생산자와 직접 체결하고 있다(Stories.coop, 2012).

제16지속가능발전목표(SDG 16): 평화, 정의 및 강력한 제도

모든 협동조합은 사회적 자본을 증진시킬 수 있으므로 효과적인 제도를 정착시키는 데 필요한 개인의 행동 변화를 이끌어내는 데 기여한다. 국제협동조합연맹 제7운영원칙(공동체를 향한 관심)에 따라 협동조합은 지역공동체에 관심을 기울여야 하는데, 이 때문에 회원인 지역 주민은 지역공동체의 거버넌스에 참여할 통로를 제공한다. 제8장에서 후술하겠지만, 이 과정에서 협동조합연합회가 지역기반 파트너십에 참여하는 방식을 활용하면 더 유용할 것이다. 또한 협동조합은 이러한 포용적 프로세스를 촉진시킴으로써 지역 발전 정책과 사업에 대한 지역 주민의 주인의식을 높이는데, 이는 지역 개발 사업에 대한 주민의 자발적인 협조를 이끌어내는 데에도 도움이 된다. 요컨대 협동조합 모델은 지역공동체에 양질의 제도와 관리 시스템을 정착시키는 데 기여한다.

나아가 협동조합은 분쟁지역에서 평화를 회복하는 데 기여한다. 국제협동조합연맹 제1운영원칙(자발적이고 개방적인 가입제도) 및 제2운영원칙(회원들에 의한 민주적 통제)에 힘입어, 협동조합은 가입과 관련해 모든 사람을 차별해서는 안 되며 회원 간 활발한 사회적 교류를 도모함으로써 팀워크와 상호 신뢰를 증진해야 한다. 이러한 기업 문화는 분쟁지역에서 평화를 복원하는 데 매우 강력한 힘을 발휘한다.

예를 들어, 보스니아 헤르체고비나의 주 가운데 하나인 제니차-도보이에 소재한 다민족 농식품협동조합들은 크로아티아, 세르비아, 보스니아계 농부들에게 대화와 교류의 공간을 제공하고 있다(Cooperatives Europe, 2019). 보스니아 헤르체고비나가 1992년부터 1995년까지 서로 다른 민족 간에 끔직한 내전을 치른 상황에서, 이 농식품협동조합들은 출신 민족이 다른 농부들이 경제적 이익을 창출하기 위해 서로 협력할 수 있는 장을 제공했고, 이를 통해 오해를 해소하고 신뢰를 회복하는 데 기여하고 있다(Cooperatives Europe, 2019).

제17지속가능발전목표(SDG 17): 목표달성을 위한 파트너십 구축

SDG 17은 나머지 16개의 SDG를 달성하는 데 필요한 이행수단을 확보하기 위해 파트너십을 구축할 것을 제안하고 있다. 이러한 이행수단은 재원, 기술, 역량 강화, 무역, 시스템 관련 이슈(정책 정합성, 다중이해관계자 파트너십, 데이터, 모니터링, 책무성) 등을 포함한다. 협동조합이 앞에서 예시한 바와 같이 SDG 달성에 크게 기여할 수 있음에도 불구하고, 불행하게도 협동조합은 SDG 17은 물론, 나머지 16개 SDG 어디에도 포함되어 있지 않다.

불평등을 완화하기 위한 정책 논의의 역사

앞에서 살펴본 바와 같이 지속가능발전을 추구하는 데서 협동조합 모델이 가진 막대한 잠재력을 고려할 때, 협동조합 모델이 이미 19세기부터 불평등에 대한 해법을 모색하는 과정에서 중요한 비중을 차지했다는 것은 그리 놀랄 일이 아니다. 오늘날 불평등에 관한 정책 논의는 자본주의와 사회주의에 대한 대안을 모색하는 사고로 이어지고 있는데, 이러한 대안을 현재 '제3의 길(Third Way)'이라고 부른다(Fleurbaey et al., 2018). 〈표 7.2〉에 정리된 바와 같이 지금은 세 가지의 제3의 길 모델이 거론되고 있다. 바로 복지국가 모델, 기회 균등의 제도화 모델, 그리고 회원 소유 기업 모델이다. 협동조합 모델도 제3의 길 모델 가운데 하나로 해석될 수 있다.

제1세대 모델: 복지국가 모델

먼저, 제1세대 정책 논의는 19세기 말에 등장했다. 당시에는 복지국가와 협동조합운동이 제3의 길 후보로 부상했는데, 최종적으로는 복지국가를 해법으로 채택했다(Fleurbaey et al., 2018). 당시에는 자본주의의 대안을 모색하기 위해 두 그룹의 철학자와 정치가들이 활동했다.

첫째 그룹은 카를 마르크스와 프리드리히 엥겔스로 대표된다. 이들은 협동조합운동이 자본주의를 완전히 대체하는 제3의 길이 될 수 있다고 주장했으나 이는 결국 실패로 끝났다(Karatani, 2014). 마르크스는 노동자 계급이 혁명을 통해 기존 국가 체제를 전복하고 임시로 공산주의

표 7.2 불평등 완화를 위한 제3의 길 진화 과정

	제1의 길	제2의 길	제3의 길
제1세대 (정부의 개입 수준)	자본주의 (불개입)	사회주의 (적극 개입)	복지국가(제한적인 개입)
제2세대 (정부의 개입 시점)			기회 균등의 제도화(시장 참여 과정 또는 시장 참여 이후가 아닌, 시장에 참여하기 전에 개입)
제3세대 (생산수단 소유 방식, 기업의 목표)			회원 소유 기업(투자자 소유 방식 대신 회원 소유 구조로 전환), 이해관계자 자본주의

국가를 수립한 후, 이 임시 국가체제하에서 민간소유제도를 한시적으로 공동소유제도로 변경하고 이후 신속하게 협동조합 소유제도로 전환해야 한다고 주장했다. 마르크스는 일단 한시적인 공산주의 국가체제하에서 협동조합경제로의 전환을 완료하면 계급이 사라지는 것은 물론이고 국가 자체도 소멸할 것으로 예상했다. 마르크스가 생각하는 국가의 역할은 자본가 계급의 이익을 보호하는 것이므로 자본가 계급 자체가 사라지면 국가도 존립할 필요가 없어질 것으로 생각했던 것이다. 그러나 1917년 러시아에서 마르크스의 이론을 기반으로 볼셰비키 혁명을 통해 소련연방이 수립된 이후 소련연방은 협동조합경제로 전환하지도 않았고 국가 자체가 해체되지도 않았다. 이 혁명은 로마노프 왕조에 이어 소규모 공산주의 엘리트가 통제하는 또 다른 전제주의 국가를 탄생시켰을 뿐이다. 이 전제주의 국가는 공동 소유와 계획경제 제도를 채택하면서 국가가 개인의 사적인 삶에 철저히 개입하는 길을 걸었다.

둘째 그룹의 철학자와 정치가들은 프리드리히 헤겔과 오토 폰 비스마르크로 대표된다. 이들은 복지국가 제도를 주창했는데, 결과는 성공적이었다. 이들은 국가가 과세, 현금 보조 등을 통해 적극적인 개입 정책을 전개함으로써 부를 재분배해야 한다는 입장이었다. 19세기 말 프러시아가 최초로 도입한 복지국가 모델은 이후 불평등을 해소하기 위한 제3의 길로 인정받으면서 다른 산업화된 국가로 퍼져나갔다. 21세기 들어 현대 복지국가는 불평등을 완화하기 위해 교육, 보건, 연금, 사회안전망 등의 분야에 GDP의 약 25~35%를 지출하고 있다(Piketty, 2014).

제2세대 모델: 기회 균등의 제도화 모델

다음으로, 20세기 후반에 등장한 제2세대 정책 논의에서는 기회의 평등이 제3의 길로 부상했다(Fleurbaey et al., 2018). 영국의 학자인 앤서니 기든스(Anthony Giddens)는 불평등을 완화하기 위해 국가가 결과의 평등보다 기회의 평등을 향상시키는 방향으로 적극 개입해야 한다고 주창했다(Giddens, 1998). 제2세대 논의는 국가가 시장에서 경쟁이 이루어지는 동안 (최저 임금제 도입, 임차료 상한 설정 등 가격 통제 방식을 통해) 개입하거나 경쟁이 끝난 후 (과세나 현금 보조 방식으로) 개입해서는 안 되며, 경쟁이 시작되기 전에 (교육과 보건 지원을 통해 개인이 경쟁에서 생존할 수 있는 역량을 강화하는 방식으로) 개입해야 한다고 주장했다(Fleurbaey et al., 2018). 이러한 접근법은 인적 자본을 양성하고 시장의 효율성을 증진함으로써 국제사회에서 국가의 경쟁력을 유지함과 동시에 불평등을 완화하는 것을 목표로 한다(Fleurbaey et al., 2018).

제3세대 모델: 회원 소유 기업 모델

마지막으로, 21세기 초에 등장한 제3세대 정책 논의에서는 협동조합 운동이 제3의 길로 부상하고 있다(Fleurbaey et al., 2018). 제3세대 정책 논의는 자본주의를 보완하면서 불평등을 완화할 수 있는 협동조합의 잠재력에 주목한다. 예를 들어, 조너선 미치(Jonathan Michie)는 생산 시스템의 복원력을 높이기 위해 소유권 제도를 국영, 민영, 협동조합, 상호부조 등으로 더욱 다양화해야 한다고 주장한다(Michie, Blasi and Borzaga, 2017). 플뢰르배이와 300명이 넘는 사회학자들은 한 걸음 더 나아가서 협동조합과 이해관계자 자본주의를 불평등을 완화하기 위한 제3의 길로 주창한다(Fleurbaey et al., 2018).

제3세대 논의는 생산수단을 소유하는 방식을 개혁하는 데 중점을 두고 있는데, 이를 통해 기업이 투자자의 이익이 아니라 근로자, 고객, 지역공동체 등 다양한 이해관계자의 이익을 추구하게끔 하는 것을 목표로 하고 있다. 즉, 생산수단 소유 방식의 개혁을 통해 기업들이 경제적 이익뿐만 아니라 사회적·환경적 대의명분도 추구하게끔 하는 것을 목표로 하고 있다. 여기서 유의할 점은, 19세기 제1세대 논의에서는 협동조합이 자본주의를 완전히 대체하는 것으로 상정했으나, 제3세대 논의에서는 협동조합이 자본주의를 보완하는 것으로 상정하고 있다는 점이다(Marcuse, 2015). 왜냐하면 제조업 같은 자본집약적 분야가 현대 시장경제에서 경제발전의 중추적인 역할을 하고 있기 때문이다(Attiah, 2019).

자본집약적 분야에서는 협동조합이 일반 기업에 비해 경쟁우위를 보유하지 못한다는 점을 고려할 때, 협동조합에 경제발전을 주도하는 역할을 부여하는 방향으로 정책을 수립하는 것은 비합리적이다. 결과적으로 투자자 소유의 전통적인 기업이 여전히 경제발전의 중추적인 역할을 수행하고 협동조합은 이러한 전통적인 기업을 대체하는 것이 아니라 보완하는 역할을 수행하는 것이 합리적일 것이다. 요컨대 협동조합주의는, 제4장에서 설명한 바와 같이, 노동소득을 증가시킴으로써 불평등을 완화할 수 있고 그 결과 자본주의를 보완할 수 있다.

한편, 21세기 들어 제3의 길과 관련된 개념으로 '사회적 연대경제'라는 용어가 부상하고 있다. 사회적 연대경제란 상품과 서비스를 생산하는 과정에서 경제적·사회적 목표를 동시에 추구하는 기업과 단체를 포괄하는 개념으로, 협동조합, 사회적기업, 협회, 상호부조단체 등이 해당된다(Serrano et al., 2019).

협동조합과 다른 사회적 연대경제 단체들의 공통점은 양측 모두 경제적·사회적 목표를 동시에 추구한다는 것이다. 하지만 여러 가지 차이점도 있다. 예를 들어 협동조합은 기업인 반면, 시민사회단체와 같은 협회는 비영리기관이다. 따라서 협동조합은 회원에게 이익을 배분할 수 있는 반면, 협회는 회원에게 이익을 배분할 수 없고 오직 공공의 목표 또는 사회적 목표를 달성하기 위해 이익을 사용해야 한다. 마찬가지로 상호부조단체의 경우 기업이 아니므로 경제적 이익을 추구하기보다는 어려움에 빠진 회원들을 돕는 것을 우선시한다. 또한 사회적기업은 투자자 소유 형태와 회원 소유 형태를 모두 채택할 수 있지만, 협동조합은 오직 회원 소유 형태만 채택하고 있다.

이러한 상황을 고려할 때, 협동조합과 다른 사회적 연대경제 단체 간의 가장 큰 차이점은, 제2장과 제4장에서 설명한 바와 같이, 협동조합만이 유일하게 노동소득을 증가시키는 데 특화된 행위자라는 것이다. 시민사회단체, 상호부조단체, 사회적기업은 노동소득을 증가시키는 데 초점을 맞추고 있지 않다.

협동조합에 대한 유엔의 논의 현황

협동조합이 불평등을 완화하기 위한 정책수단 중 하나에 불과하지만, 노동소득을 증대시키기 위해 독보적인 역할을 할 수 있다는 점에서 매우 강력한 정책 수단인 것은 분명하다. 이러한 맥락에서 협동조합이 21세기 들어 다시 정책수립자들의 관심을 받고 있다는 것은 놀라운 사실이 아니다.

먼저, 유엔은 협동조합 발전을 위한 우호적인 환경을 조성하기 위해 2001년 가이드라인을 채택했다(UN, 2001). 이 가이드라인을 통해 유엔은 각국 정부가 협동조합의 중요성을 인정하고 협동조합운동을 확산시키기 위해 적극적으로 개입하도록 촉구했다. 정부가 취할 수 있는 조치로는 국가 차원에서 경제 및 사회발전에서의 협동조합운동의 기여를 공식 인정하는 것, 협동조합에 관한 기본법 및 특별법 제정, 협동조합에 대한 금융 지원, 협동조합 통계 개선, 연구와 교육 등이 있다.

또한 국제노동기구도 2002년 협동조합 활성화를 위한 권고를 채택한 바 있다(ILO, 2002). 이 권고를 통해 국제노동기구는 각국 정부가 협동조합을 지원하기 위한 정책 및 법적 프레임워크를 수립할 것을 촉구했다. 이 정책 및 법적 프레임워크는 지방분권화된 정책 수립과 이행, 협동조합 지원 체계 구축, 투자 금융에 대한 접근성 강화 등을 포함한다. 또한 국제노동기구는 고용주 단체 및 근로자 단체가 협동조합과 협력하도록 장려하면서, 이 두 종류의 단체에 협동조합이 참여하도록 허용할 것을 권장한다. 아울러 국제노동기구는 각국 정부가 협동조합, 고용주 단체, 근로자 단체와 협력해 공동으로 협동조합 지원에 관한 지역 및 국제 가이드라인을 마련할 것을 권장했다.

또 한 가지 주목할 점은 유엔이 2009년 12월 18일 총회에서 2012년을 '국제협동조합의 해'로 선포했다는 것이다(UN, 2010). 1959년부터 유엔은 전 세계적으로 큰 영향을 줄 수 있는 주요 이슈에 대한 일반 대중의 관심을 끌어올리기 위해 특정 연도를 주요 이슈의 해로 선포해 왔다(ILO, 2011). 국제사회는 2012년을 '국제협동조합의 해'로 선포함으로써 정부, 국제기구, 전문기구가 국가 단위 협동조합, 국제협동조합기관들과 협력해 협동조합 발전을 위해 우호적인 환경을 조성할 것을 장려했다. 특히 유엔은 농업 협동조합과 금융 협동조합을 중시했다. 한편 유엔은 각 이해관계자가 매년 7월 첫째 토요일에 국제협동조합의 날을 지속적으로 기념하도록 권고하고 있다.

그러나 협동조합운동에 대한 유엔의 이러한 관심에도 불구하고, 협동조합운동은 2015년 유엔이 채택한 SDG 및 세부목표 체계에 포함되지 못했다. 각국 정부는 정책 및 예산배분계획을 수립할 때 SDG와 관련된 사업이나 단체를 우선적으로 고려하는데, 협동조합은 SDG 및 세부목표 체계에 포함되지 못함에 따라 정부의 지원을 확보하는 측면에서 불리한 입장에 처하게 되었다.

결론

협동조합운동이 19세기에 이어 21세기에 또다시 불평등을 완화하는 수단으로 부상하고 있다. 하지만 과거와 달리 이번에는 협동조합이 현대 자본주의를 대체하는 것이 아니라 보완하는 것을 목표로 하고 있다. 이는 매우 가능성 있는 시나리오이다. 노동소득과 관련해 불평등이 발생하는 원인은 자본소득이 노동소득보다 빠르게 증가하고 있고 노동시장이 양극화하고 있는 것인데, 이를 해결하는 방법은 중저임금 근로자의 노동소득을 증가시키는 것이기 때문이다.

제4장에서 분석한 바와 같이, 근로자 협동조합이 일반 회사보다 노동소득을 더 잘 증가시킬 수 있는 잠재력을 보유하고 있다는 점에 주목해야 한다. 이러한 잠재력 때문에 협동조합은 국제적으로 제3의 길로 인정받고 있고, 유엔은 2012년을 국제협동조합의 해를 선포했다. 하지만 이러한 유엔의 노력에도 불구하고, 협동조합은 2015년 채택된 SDG에는 어떠한 형태로도 포함되지 못했다. 이는 협동조합이 정부의 정책과 예산 지원을 확보하는 데서 불리한 입장에 처하게 되었다는 것을 의미한다. 따라서 앞으로는 협동조합을 국제적인 핵심 의제로 부상시켜 차세대 글로벌 개발목표에 반드시 포함시켜야 한다. 그리고 이를 위해서는 치밀한 사전 준비 작업이 필요하다.

제3부

협동조합운동을
어떻게 확산시킬 것인가

제8장

지방분권화된 협동조합 지원 메커니즘

협동조합운동을 전 세계로 확산시키기 위해서는 정부의 지원 메커니즘이 필수적이다. 따라서 이 메커니즘을 어떻게 설계할 것인가에 관한 논의가 필요하다.

협동조합운동의 역사를 보면, 공공 지원 메커니즘에 관해서는 상반된 입장이 존재한다. 우선 스펙트럼의 한쪽 극단에 위치한 그룹은 협동조합운동을 시민의 자발적인 이니셔티브로 간주하고 정부의 지원을 추구하지 않았다. 서유럽과 미국의 사례가 여기에 해당한다. 그러나 스펙트럼의 반대편 극단에 위치한 그룹은 정부가 협동조합운동을 철저히 통제하는 것을 당연시했다. 과거 소련연방과 일부 개도국의 사례가 여기에 해당한다. 상식적으로 보면 협동조합의 본질은 기업이므로 정부가 협동조합을 통제하려 하지 않고 순수하게 지원(기술 지원 또는 금융 지원)만 할 경우 경쟁시장에서 일반 회사에 대한 협동조합의 경쟁적 우위가 강화될 것이다. 이와 같은 문제인식하에 이 장에서는 협동조합운동을 확산시키는 데서 지방분권화된 공공 지원 메커니즘이 지닌 잠재력을 분석하기로 한다.

이와 관련해 한국은 최근 정부의 강력한 주도하에 지방분권화된 공공 지원 메커니즘을 구축하면서 2013~2023년간 협동조합의 수를 20배나 증가시켰는데, 이 흥미로운 사례를 함께 살펴보기로 한다.

협동조합 지원 메커니즘을 지방분권화해야 하는 이유

공공 영역에서 지방분권화는 정책 기획, 결정, 이행과 관련한 행정권한을 중앙정부에서 지방정부로 이관하는 것을 의미한다(Giguère, 2004). 여기서 중요한 점은 중앙집권화된 공공 지원 메커니즘보다 지방분권화된 공공 지원 메커니즘이 협동조합에 더 도움이 된다는 것이다(Giguère, 2003). 이 부분은 삼단 논법으로 증명할 수 있다.

대전제는, 지방정부는 중앙정부에 비해 지역기업을 더 잘 지원할 수 있다는 것이다(Giguère, 2003). 지방정부는 중앙정부에 비해 현지 정보원(지역 주민, 지역 의원, 기업인, 노조, 시민사회단체, 지역 언론 등)에 물리적으로 더 가깝게 위치해 있다. 따라서 지방정부는 지역사회가 처한 상황과 필요에 대해 더 많은 정보를 가지고 있으며, 지역기업에 대해 맞춤형 지원 서비스를 제공할 수 있는 잠재력도 가지고 있다. 지방분권화는 지방정부에게 보다 강력한 행정권한을 위임함으로써 이러한 잠재력을 실현할 수 있도록 해준다. 다시 말해, 지방정부가 지방 상황에 대해 (중앙정부보다) 더 상세한 정보를 가지고 있는 상황에서 지방분권화는 지방정부가 지역기업에 맞춤형 지원 서비스를 제공할 권한을 부여한다. 따라서 중앙집중식 지원 메커니즘보다 지방분권화된 지원 메커니즘이 지역기업에 더 유리하다고 볼 수 있다. 2000년대에 OECD의 많은 회원국에서는 지방정부가 기업 지원 프로그램 설계, 교육훈련 제공, 보조금 교부를 고용주의 수요와 효율적으로 연결시키면서 좋은 성과를 냈는데, 이는 지방분권화된 지원 메커니즘의 효용성을 잘 보여주고 있다(OECD, 2011b).

소전제는, 협동조합은 대부분 지역기업이라는 것이다. 거의 모든 협동조합이 중소기업이고 중소기업은 대부분 지역기업이므로 협동조합 역시 대부분 지역기업인 것이다.

이를 조금 더 구체적으로 살펴보면, 우선 거의 모든 협동조합은 중소기업이라는 사실을 분석해 보도록 하자. 제1장에서 상세히 살펴본 바와 같이, 협동조합은 국제협동조합연맹 제2운영원칙(회원들에 의한 민주적 통제) 및 제3운영원칙(회원들의 경제적 참여)에 근거해 대규모 자본을 조달하기에는 구조적인 어려움을 가지고 있다. 나아가 협동조합은 제6운영원칙(협동조합 간 협력)에 근거해 다른 국가로 진출하는 데에도 제한이 있다. 아울러 많은 협동조합이 진출하는 노동집약적 분야의 경우 기업들이 생산성을 제고하기 위해 몸집을 키울 필요가 없다. 추가적으로, 전 세계 기업의 90%가 중소기업인 가운데 협동조합 역시 기업이고(World Bank, 2021) 협동조합이 일반 회사보다 자본 조달력이 부족하다는 점을 고려하면 협동조합 중에서 중소기업의 비율은 90%를 상회할 것이다.

이러한 배경을 토대로 중소기업은 대부분 지역기업이기 때문에, 협동조합 역시 대부분 지역기업이라고 볼 수 있다. EU가 중소기업을 250명 미만을 고용하는 사업장으로 정의하고 있는 데서 알 수 있듯이, 중소기업은 본질적으로 생산 역량이 낮다(EC, 2021). 중소기업은 자금 부족, 작은 연구 지출 규모, 협소한 판매 경로 등으로 인해 대기업으로 성장하지 못한 기업이다(ADBI, 2016). 따라서 이러한 제한된 생산 역량을 고려할 때, 중소기업은 대부분 전국적으로 또는 전 세계적으로 활동하는 기업이기보다 지역 시장을 타깃으로 활동하는 지역기업일 가능성이 높다. 따라서 중소기업의 본사와 사업장도 전국에 분포되어 있기보다 한 지역에 몰려 있을 가능성이 높다.

결론적으로, 지방정부가 중앙정부보다 지역기업을 더 잘 지원할 수 있고 대부분의 협동조합이 지역기업이라는 점에서, 지방정부는 중앙정부에 비해 대부분의 협동조합을 더 잘 지원할 수 있다.

여기서 한 가지 유의할 점은 지방분권화가 대도시에서도 가능하다는 것이다. 만약 중앙정부가 행정권한을 대도시의 자치 정부에 위임하고 이 자치 정부가 지역사회 여건과 필요에 맞추어 정책을 조정한다면 이 역시 지방분권이라고 부를 수 있다. 지방분권의 핵심 요소는 정책수립자가 '지역사회 속으로(go local)'라는 접근법을 채택하면서, 정책 수혜 대상과 관련된 정보 원천에 더 가깝게 다가가는 것이기 때문이다(Greffe, 2004). 이렇게 '지역사회 속으로'라는 접근법은 단순히 외딴 시골로 이동해 가는 것을 의미하는 것이 아니다.

협동조합이 지역공동체에 제공하는 혜택

지방정부가 협동조합을 지원하는 것은 지방정부에도 많은 도움이 된다.

첫째, 협동조합은 중소기업으로서 대기업에 비해 지역의 고용 창출에 더 기여할 수 있다. 중소기업은 대부분 지역시장을 타깃으로 하므로 시장 인근에 사업장을 설립한다. 이 때문에 중소기업은 외지인보다 지역 주민을 근로자로 고용할 가능성이 매우 높다. 나아가 중소기업은 생산 활동 과정에서 원자재, 건설, 웹 디자인, 회계 및 법률 지원, 청소 또는 케이터링 서비스 등이 필요할 때 전국적인 공급업자보다 지역 공급업자로부터 이를 구매할 것이기 때문에 지역 고용 창출에 추가적으로 기여한다(Cortese, 2011).

이러한 맥락에서 보면 지방정부가 지역의 고용 창출을 위해 '지역 상품 구매(buy local)' 캠페인을 전개하는 것도 충분히 이해할 수 있는 일이다. 만약 지역 주민이 자신의 거주지로부터 멀리 떨어진 곳에 위치한 대기업 제품을 구매한다면 이는 지역의 고용 창출에 그다지 크게 기여하지 않을 것이다. 그러나 지역 주민들이 지역의 중소기업 제품을 구매한다면 이는 지역의 고용 창출에 상당히 기여할 수 있을 것이다. 중소기업이 전 세계 일자리의 50% 이상을 창출하고 있고 신흥 경제의 공식 경제 부문 일자리 10개 중 7개를 창출하고 있다는 점을 고려할 때, 지역 고용의 창출원으로서의 중소기업의 중요성은 나날이 증가하고 있다 할 것이다(World Bank, 2021).

그러나 지역 주민이 자신들의 지역에 본사가 소재하지 않는 대기업의 제품을 구매하는 경우, 지역 고용에 미치는 긍정적인 영향은 상대적으로 적을 수 있다. 미국 월마트에 관한 조사 결과를 살펴보면, 월마트 근로자 1명이 지역경제의 소매업 분야 근로자 1.4명을 대체하는 것으로 나타난다(Neumark, Zhang and Ciccarella, 2008). 또한 하나의 주에서 월마트 지점 50개가 신설될 경우 해당 주의 노동수요를 감소시킴으로써 소매업 분야의 임금을 평균 10% 감소시킨다고 한다(Dube, Lester and Eidlin, 2007).

둘째, 중소기업인 협동조합이 창출하는 이익은 타지 본사로 송금되기보다 지역사회 내에서 순환하면서 지역경제를 혜택을 주는 경향이 있다(Cortese, 2011). 컨설팅 회사 시빅 이코노믹스(Civic Economics)의 연구에 따르면, 시카고시의 지역 상점에서 100달러를 소비하면 68달러가 시카고 지역사회 내에서 순환되지만, 대형 슈퍼마켓 체인에서 100달러를 소비하면 48달러만 지역사회 내에서 순환된다(Cortese, 2011).

더 많은 돈이 지역사회 내에서 머무르면서 순환되면 지역경제는 지역승수효과(지역 내 소비로 인한 지역 소득 증가 효과)로 인해 더욱 활기를 띠게 될 것이다(Cortese, 2011). 2007년 샌프란시스코의 지역경제에 대한 한 연구에 따르면, 지역 상인의 시장 점유율이 10% 증가하면 지역사회에 2억 달러 상당의 소득과 1,300개의 일자리를 추가로 창출할 수 있다(Cortese, 2011). 따라서 협동조합이 지닌 중소기업적 특성을 고려할 때, 협동조합은 전국 규모 또는 전 세계 규모의 기업보다 지역사회에 훨씬 많은 혜택을 가져다준다고 할 수 있다.

협동조합은 신규 고용 창출과 경제성장을 주도함으로써 지역사회의 지속가능한 발전에 매우 중요한 역할을 할 수 있다. 협동조합의 잠재력에 대해 '전국협동사업협회(NCBA)'의 회장 폴 하젠(Paul Hazen)은 한 인터뷰에서 "당신이 지역 일자리와 경제를 활성화하는 데 관심이 있다면 협동조합은 완벽한 사업모델이다. 왜냐하면 사업을 하는 사람들이 지역 주민이고 지역공동체의 이익에 가장 도움이 되는 일을 할 것이기 때문이다"라는 견해를 피력했는데, 이는 지역발전에 기여할 수 있는 협동조합의 잠재력을 잘 예시하고 있다(Cortese, 2011).

지방분권화된 협동조합 지원 메커니즘의 '구조'

협동조합을 지원하기 위한 공공 메커니즘을 지방분권화하기 위해서는 다음 두 가지 질문에 대한 해답을 먼저 구해야 한다.

첫째 질문은 지방정부가 협동조합을 지원하기 위해 기존 조직을 활용할 것인지, 아니면 특별 기관을 신설할 것인지에 관한 것이다. 사실 협동조합이 불평등을 완화하는 데 기여할 수 있는 잠재력을 고려하면, 지방정부가 협동조합 지원을 전담할 특별 기관을 신설해도 좋을 것이다.

이러한 측면에서 한국의 사례는 주목할 만하다. 비록 한국이 협동조합운동과 유사한 토속적인 전통(예를 들면, 품앗이)을 근대 이전부터 가지고 있긴 하지만, 현대 협동조합운동과 관련해서는 후발주자에 속한다(Jung and Rösner, 2012). 그런데 흥미로운 사실은 한국에서 정부의 강력한 주도로 협동조합 육성 정책을 추진하면서 협동조합 수가 2013년 1,209개에서 2023년 5월까지 2만 3,562개로 폭발적인 증가세를 기록했다는 것이다(한국사회적기업진흥원, 2021). 이러한 현상은 2008년 글로벌 금융위기 이후 악화된 불평등 문제에 대처하는 과정에서 중앙정부의 강력한 리더십과 효과적인 지방분권 정책이 함께 어우러져 만들어낸 성과로 설명할 수 있다.

기본적으로 한국의 중앙정부는 각 지방정부에 두 개의 협동조합 관련 특별 기관을 신설하도록 장려했다. 하나는 사회적경제를 확산하기 위한 목적이었고, 또 하나는 각 마을별로 자율적인 자치를 장려하기 위한 목적이었다. 이 두 개의 특별 기관은 초기에는 각각 다른 목적으로 설립되었지만, 각자의 사업을 추진하는 과정에서 시너지를 추구하면서 협력하는 경향이 생겨났다.

그중 하나는 '사회적경제센터(SEC)'이다. 2021년 기준으로 한국의 9개 도 중에서 8개 도와 8개 모든 광역시에 허브 역할을 하는 대형 사회적경제센터가 지역 의회의 입법을 통해 설립되었다(한국사회적기업진흥원, 2021). 나아가 이러한 대형 사회적경제센터의 지원을 토대로 시, 구, 동, 군 단위에서도 중소형 사회적경제센터가 설립되었다. 이러한 지역 단위 사회적경제센터는 지역공동체 내에서 여러 중앙부처와 지방기관의 협동조합 지원 활동을 조정하는 구심점 역할을 수행한다.

중앙정부 차원에서도 사회적경제센터를 지원하고 있는데, 예를 들어 고용노동부는 2007년 '사회적기업육성법'을 입법하면서 사회적경제센터에 대한 우호적인 사업 환경을 조성했고, 기획재정부는 2012년 '협동조합기본법'을 제정하면서 사회적경제센터에 대한 지원을 보다 강화했다. 이 법은 기획재정부가 협동조합 진흥과 사회적경제센터 지원을 위해 3년마다 국가기본계획을 수립하도록 명시하고 있다.

특별 기관 중 다른 하나는 '도시재생센터(URSC)'이다. 대형 도시재생센터는 전국 9개 도와 8개 광역시에 지방입법을 통해 설립되었고 지역에서 허브 역할을 수행하고 있다. 나아가 대형 도시재생센터의 지원에 힘입어 각 시, 구, 동, 군 단위에도 많은 소형 도시재생센터가 설립되었다.

이 도시재생센터는 지역 주민이 마을 재생 사업에 직접 참여하도록, 그리고 지방정부의 마을 재생 사업이 완료된 이후에는 지역 주민이 마을관리협동조합을 설립해서 직접 마을 관리를 담당하도록 지원한다. 마을 관리 업무는 주택 보수, 마을 카페 운영, 마을 노인회관 및 탁아소 운영, 공공시설(공공임대주택, 공공주차장, 공원, 도서관 등) 관리 등을 포함하므로 그 범위가 매우 넓다. 중앙정부 차원에서는 국토교통부가 2013년 '도시재생 활성화 및 지원에 관한 특별법'을 입법해서 법적 기반을 제공했다.

요컨대 사회적경제센터는 협동조합을 통한 일자리 창출과 소득 증대를 지원하는 반면, 도시재생센터는 협동조합을 통한 자치 공동체 조성을 목표로 한다. 목표는 서로 다르지만 이 두 특별 기관의 공통점은 바로 자신들의 목표를 달성하기 위해 협동조합을 핵심 수단으로 활용한다는 것이다.

둘째 질문은 협동조합에 맞춤형 지원 서비스를 제공하기 위해서는 지역 여건 및 필요에 관한 정보가 중요한데, 지방정부는 이러한 정보를 어떻게 수집할 것인지에 관한 것이다. 원칙적으로 지방정부는 도움이 필요한 지역 주민과 지역기업을 양자적으로 직접 접촉해서 상황을 파악할 수 있다. 하지만 또 다른 혁신적인 대안으로 '지역기반 파트너십'을 통해 파악하는 방법도 있다(Giguère, 2003). 이 지역기반 파트너십에는 다양한 지역사회 구성원이 참여할 수 있는데, 지방정부, 지역 공공기관, 지역 주민, 지역 의회, 지역 기업가, 노조, 시민사회단체 등을 포함할 수 있다.

지방정부와 협동조합은 지역기반 파트너십을 통해 서로 혜택을 볼 수 있다. 지방정부의 입장에서는, 지역기반 파트너십에 참여함으로써 지방 여건과 기업의 애로사항에 관한 정보를 수집할 수 있다. 또한 지방정부는 지역발전 전략을 기획하고 실행할 때 지역기반 파트너십을 통해 다양한 구성원의 협조를 확보할 수 있다(Giguère, 2004). 이런 포용적 과정은 공공 정책의 투명성과 적법성을 증진할 수 있고, 지역 주민의 주인의식을 제고함으로써 정책이행 과정에서 주민들의 자발적인 협력을 이끌어낼 수 있다.

한편, 협동조합의 입장에서는, 지역기반 파트너십에 참여함으로써 지역행정 논의에 참여할 수 있다. 사실 특정 지역을 행정적으로 관리하기 위해서는 다양한 문제에 신경을 써야 한다. 실업자에 대한 직업훈련, 합리적인 가격의 주택 공급, 건강관리 서비스 증진, 교육 서비스 향상, 지역 내에서 부족한 상품 또는 서비스 공급 등 신경 써야 하는 문제는 매우 다양하다(Potter, 2003).

따라서 지역기반 파트너십에 참여할 경우 협동조합은 지역 발전과 관련된 문제 논의와 해법 이행에 직접 참여할 수 있다. 예를 들어, 협동조합은 지역 차원의 실업자 직업훈련 프로그램을 지역공동체 내 협동조합 창업지원과 연계시키는 방안, 지역 주택 공급 프로그램을 주택 협동조합의 사업계획과 연결시키는 방안, 지역 건강관리 프로그램을 간병인 협동조합의 사업계획과 연결시키는 방안, 지역 교육 프로그램을 과외교사 협동조합의 사업계획과 연결시키는 방안 등을 제안할 수 있다. 간단히 말해, 지역기반 파트너십은 지역경제에서 협동조합의 역할을 확대하고 협동조합경제를 지역 차원, 국가 차원, 전 세계 차원으로 확산시키는데 크게 기여할 수 있다.

그렇다면 지역기반 파트너십의 이점을 고려할 때, 누가 지역기반 파트너십 설립을 주도할 것인가에 대해서도 생각해 보아야 한다. 흥미롭게도 OECD 회원국의 사례를 살펴보면, 대부분의 지역기반 파트너십 네트워크는 설립 과정에서 중앙정부가 핵심적인 역할을 수행했다(Giguère, 2003).

일례로, 아일랜드 중앙정부는 1991~1994년간 사회적 포용성을 증진하기 위해 38개의 지역 파트너십을 구축했다. 나아가 2000년에는 모든 지방과 도시에 지역 파트너십에 기반한 발전이사회를 설립하고 여기서 경제, 사회, 문화 발전 전략을 기획하도록 했다. 유사한 사례로, 오스트리아 연방정부는 9개 지방에 각각 파트너십을 설립하도록 지원했다. 각 지방의 지역기반 파트너십에서는 지방정부, 지역 공공 취업지원기관, 시민사회단체 등 다양한 지역사회 구성원이 모여서 고용정책을 조율하고 상호 협력 방안을 논의한다. 전반적으로 유럽연합은 1990년대 이후 지역기반 파트너십을 통해 수립된 지역발전사업을 우선적으로 재정 지원하는 프로그램을 운영하고 있는데, 이러한 제도적 지원에 힘입어 유럽 대부분의 지역에서는 지역기반 파트너십 네트워크가 구축되었다(OECD, 2001).

최근 한국의 사례에서도 이러한 추세를 확인할 수 있다. 앞에서 살펴본 바와 같이, 중앙정부 차원에서는 고용노동부가 2007년 '사회적기업육성법'을 제정하면서 지역기반 파트너십을 수립하는 데 우호적인 환경이 조성되었다. 이 법은 중앙정부가 5년마다 사회적기업육성계획을 수립하도록 하고 있으며, 지방정부도 중앙정부의 계획에 따라 지방 차원의 사회적기업육성계획을 수립하도록 규정하고 있다. 그 결과, 모든 광역시와 도 차원의 지방정부는 지방입법을 통해 지역 허브로서 대형 사회적경제센터를 수립함과 동시에 사회적경제위원회를 설립해 운영하고 있다. 사회적경제위원회에는 지방의 다양한 구성원이 참여하기 때문에 이 위원회는 일종의 지역기반 파트너십 같은 역할을 수행하고 있다.

국토교통부도 2013년 '도시재생 활성화 및 지원에 관한 특별법'을 제정함으로써 지역기반 파트너십을 수립하기 위한 법적 근거를 마련했다. 이 법은 중앙정부와 지방정부가 각각 중앙과 지역 단위에서 지역기반 파트너십을 수립하도록 하고 있다. 결과적으로, 모든 도, 시, 군, 구차원의 지방정부는 지방입법을 통해 도시재생지원센터를 수립함과 동시에 다양한 지역공동체 구성원이 참여하는 지역기반 파트너십인 도시재생위원회를 설립해 운용하고 있다.

다음으로, 협동조합은 지역기반 파트너십에 참여하는 방법에 대해서도 고민해 볼 필요가 있다. 이에 대한 해답은 다양한 협동조합을 대표하는 협동조합연합회를 설립하고 이 연합회가 지역기반 파트너십에 참여하도록 하면 된다는 것이다. 협동조합연합회는 일반적인 협동조합들이 회원이라는 점에서 '2차 협동조합'이라고 불리기도 한다.

협동조합연합회를 설립하는 방식에는 두 가지가 있다. 첫째, 특정 지역에서 활동하는 모든 업종의 협동조합들이 모여서 '지역협동조합연합회'를 설립할 수 있는데, 캐나다의 온타리오협동조합연합회가 좋은 사례이다. 둘째, 동종 업종의 협동조합들이 모여서 '특정업종협동조합연합회'를 설립할 수 있는데, 아일랜드신용협동조합연합회가 좋은 사례이다. 지역협동조합연합회와 특정업종협동조합연합회 둘 다 지역적, 국가적, 전 세계적 차원에서 설립될 수 있다.

협동조합연합회는 개별 협동조합에 일반적으로 여섯 가지 혜택을 제공한다(ICA, 2015).

첫째, 개별 협동조합은 협동조합연합회를 통해 더 큰 집단을 이루고 같은 목소리를 냄으로써 정부의 지원을 이끌어내는 데 필요한 교섭력을 강화할 수 있다.

둘째, 개별 협동조합은 협동조합연합회를 통해 회원인 개별 협동조합에 대한 내부 지원 시스템을 공동으로 구축할 수 있으며, 다수의 개별 협동조합이 지원 시스템에 참여함에 따라 이 시스템이 규모의 경제를 누릴 수 있다. 일례로, 주택 협동조합들은 주택협동조합연합회를 설립한 후 이 연합회를 통해 전문적인 경영 지원, 유지보수, 교육 및 기술 지원 서비스를 제공받을 수 있다. 유사한 맥락에서, 보험 및 은행 협동조합들은 금융협동조합연합회를 설립한 후 이 연합회를 통해 각 협동조합의 개별 회원에게 금융 서비스를 제공하기 위한 정보통신 시스템을 공동으로 운영할 수 있다. 마찬가지로, 지역 소비자 협동조합들도 연합회를 설립하면 대규모 공동구매를 할 수 있다.

셋째, 서로 다른 업종의 협동조합은 협동조합연합회를 통해 협력을 증진할 수 있다. 지역협동조합연합회의 지원을 토대로 개별 협동조합들은 협동조합 간 상호 무역(COOP2COOP Trade)을 확대할 수 있다. 즉, 협동조합은 자신들의 사업 분야가 아닌 다른 분야의 협동조합과 의도적으로 사업적 협력관계를 형성할 수 있다. 예를 들어, 농업 협동조합은 소비자 협동조합과 사업적 파트너십을 구축할 수 있다. 또한 주택 협동조합은 대출 서비스를 받기 위해 저축 및 보험 협동조합과 파트너십을 체결할 수 있다.

넷째, 한 국가의 협동조합연합회는 다른 국가의 협동조합연합회와 국제무역을 할 수 있다. 예를 들어, 선진국의 소비자 협동조합은 공정무역 이니셔티브를 참고해서 개도국의 생산자 협동조합과 사업 파트너십을 구축할 수 있다.

다섯째, 협동조합연합회는 지방정부의 지역발전 계획 수립 및 이행을 지원할 수 있다. 예를 들어, 협동조합연합회는 지역 여건과 개별 협동조합의 필요에 관한 정보를 수집해서 지방정부에 제공함으로써 지방정부 정책결정의 균형성과 적법성을 제고할 수 있다(ILO, 2019b). 만약 협동조합연합회가 없을 경우 협동조합들은 지방정부와 협의하기 위해 대표자를 종종 임시로 선발해야 하는 불편함을 겪을 수 있다(Giguère, 2004).

여섯째, 협동조합연합회는 사회의 여론주도층, 정치인, 언론과 긴밀히 협력하면서 협동조합운동에 대한 일반 대중의 인식을 제고할 수 있다.

요컨대 협동조합연합회는 국제협동조합연맹 제6운영원칙(협동조합 간 협력)을 실현하기 위한 열쇠라고 할 수 있다. 협동조합연합회가 가져 다주는 혜택은 1966년 국제협력조합연맹 제23차 총회 보고서에서 이 미 확인된 바 있다(ICA, 1967). 이 보고서는 개별 협동조합이 독자적으 로 활동할 경우에는 자신들의 잠재력을 실현할 가능성이 거의 없다고 평가하면서, 협동조합들이 국내적으로 또는 국제적으로 자신들의 역량 을 최대한 발휘하려면 서로 적극적으로 도와야 한다고 주장한다.

지역기반 파트너십에 대한 협동조합연합회의 참여 현황을 파악하는 데서 한국의 최근 사례는 좋은 정책적 시사점을 제공한다. 우선, 지역 기반 파트너십의 일종인 지역별 사회적경제위원회와 관련해, 2021년 기준으로 서울특별시, 충청남도, 제주도의 지방정부만 자신들이 운영 중인 사회적경제위원회에 해당 지역의 협동조합연합회를 위원으로 참 여시키고 있다. 또 다른 지역기반 파트너십인 도시재생위원회와 관련 해서는 개별 협동조합 차원에서만 참여한 사례가 확인되고 있다.

한국에서 지역기반 파트너십에 참여하는 협동조합연합회는 이처럼 그 수가 적은데, 그 이유는 현재 한국에서는 설립된 협동조합연합회의 수 자체가 적기 때문이다. 이러한 현상은 2012년 한국에서 '협동조합기 본법'이 제정되면서 협동조합운동이 다시 점화되었고 이 때문에 협동 조합운동의 역사가 짧다는 현실에서 기인한다.

이러한 현실을 고려해 현재 거의 모든 지역의 사회적경제센터는 지 역공동체 내 개별 협동조합들이 협동조합연합회를 설립할 수 있도록 금융 지원, 교육훈련, 컨설팅 서비스를 유관기관과의 협력하에 제공하고 있다. 그 결과 2013~2023년간 협동조합연합회의 수가 15개에서 129개로 급증했다(한국사회적기업진흥원, 2021).

추가적으로 중앙정부뿐만 아니라 다른 이해관계자들도 지역기반 파트너십 구축을 주도할 수 있지만 정부 주도보다 효율성이 떨어진다는 점에 유의할 필요가 있다(Giguère, 2003). 그 이유는, 우선 지역공동체 단체 또는 시민사회단체가 주도해 지역기반 파트너십을 구축할 경우 지방정부가 해당 파트너십에 참여하기까지 어느 정도 시일이 소요될 수 있기 때문이다. 다음으로, 만약 지역기업 또는 고용주 단체가 주도해 파트너십을 구축할 경우 사회문제를 지역기반 파트너십의 주요 의제로 반영하는 데 시일이 다소 소요될 수 있기 때문이다. 마지막으로, 지방정부가 주도해 파트너십을 구축할 경우 전국적으로 지역기반 파트너십 모델을 표준화하는 데 어려움이 있을 수 있기 때문이다.

지방분권화된 협동조합 지원 메커니즘의 '요소'

중앙정부에서 지방정부로 행정권한을 위임한 것이 지방분권화라는 점을 고려할 때, 지방분권화된 협동조합 지원 메커니즘에서는 지방정부가 핵심적인 역할을 수행해야 한다. 그렇다면 지방정부의 공공 지원 메커니즘은 어떤 요소를 가지고 있을까? 이 질문에 답하기 위해서는 협동조합이 설립되는 과정을 살펴볼 필요가 있다.

협동조합 설립의 다섯 단계 및 각 단계별 지방정부의 지원 방안

일반적으로 협동조합을 설립하기 위해서는 다섯 단계를 거쳐야 한다 (기획재정부, 2013). 첫째, 비전을 공유하는 몇 명의 개인이 작지만 하나의 그룹을 형성해야 한다. 둘째, 이 그룹이 사업계획을 수립해야 한다. 셋째, 이 그룹이 협동조합이라는 법인격을 획득해야 한다. 넷째, 이 그룹이 재원을 확보해야 한다. 다섯째, 이 그룹이 현실 세계에서 실제로 자신의 협동조합 브랜드를 토대로 사업을 출범해야 한다.

이와 같은 다섯 단계와 관련해, 지방정부는 단계별로 적극적 노동시장정책(ALMP)을 추진할 수 있다. 제4장에서 설명한 바와 같이, 적극적 노동시장정책은 다섯 가지 수단을 가지고 있다. ① 노동시장 서비스(노동시장 정보 제공, 구직 및 작업장 배치 지원, 경력 상담, 훈련 등 다른 통합 프로그램으로의 이관), ② 직업훈련, ③ 창업지원 프로그램, ④ 고용보조금, ⑤ 공공 근로 프로그램이다(ILO, 2016a).

협동조합을 설립하는 단계에 따라 지방정부가 지원할 수 있는 수단을 살펴보면, 몇 명의 개인이 그룹을 형성하는 첫째 단계에서는 노동시장 서비스, 직업훈련, 창업지원 프로그램이 유용할 것이다. 이 그룹이 사업계획을 수립하는 둘째 단계에서는 창업지원 프로그램이 필수적일 것이다. 이 그룹이 협동조합이라는 법인격을 획득하는 셋째 단계와 금융 및 인적 자원을 확보하는 넷째 단계에서는 창업지원 프로그램이 매우 중요할 것이다. 마지막으로 협동조합이 사업을 시작하는 다섯째 단계에서는 창업지원 프로그램, 고용보조금, 공공 근로 프로그램이 큰 도움이 될 것이다.

그러나 소극적 노동시장정책(PLMP) 또한 고품질 일자리를 창출하기 위해 필요하다는 것을 상기해야 한다(Wulfgramm and Fervers, 2015). 소극적 노동시장정책은 두 가지 수단을 사용한다. 하나는 고용주와 근로자의 기여를 토대로 운영되는 실업보험이고, 다른 하나는 공공재정을 토대로 하는 현금 지원, 연료 보조금, 식량 지원, 또는 기타 현물 지원이다(ILO, 2017b). 빈곤층 실업자는 소극적 노동시장정책에 따라 소득을 보조해 주지 않을 경우 생계를 유지하기 위해 좋지 않은 일자리라도 빨리 구할 수만 있다면 취직하려 들 것이다. 따라서 빈곤층 실업자가 적극적 노동시장정책에 힘입어 경쟁력 있는 협동조합을 기획하고 출범시킬 때까지 소극적 노동시장정책으로 지원하는 작업이 필요하다.

그렇다면 한국이 협동조합을 위해 적극적 노동시장정책을 사용한 최근 사례를 살펴보기로 하자.

1단계: 소규모 그룹 형성

협동조합 설립의 첫째 단계인 소규모 그룹 형성과 관련해서 보면, 지방정부는 선호하는 바가 비슷한 개인들이 협동조합 설립 그룹을 형성할 수 있도록 지원한다. 여기에는 세 가지 선택지가 있다.

첫째 선택지는 노동시장 서비스 차원에서 구직자를 대상으로 오리엔테이션 과정을 운영하는 것이다. 시, 도, 군 지자체의 거의 모든 사회적경제센터와 도시재생센터는 일반인들을 대상으로 협동조합에 관한 오리엔테이션 코스를 진행하고 있다. 일례로 안양 사회적경제센터를 들 수 있다(안양시 사회적경제지원센터, 2020). 협동조합 사업모델에 대한 일반 대중의 이해를 제고하는 것은 향후 협동조합을 설립할 잠재력이 있는 개인이 증가하는 결과로 이어진다. 운이 좋다면 개인들은 오리엔테이션 코스 수업 중에 자신과 뜻을 같이하는 사람들을 만날 수도 있다.

둘째 선택지는 사회적경제센터와 도시재생센터가 창업지원 프로그램을 통해 유사한 선호 또는 기술을 가진 구직자들이 한 곳에 모일 수 있도록 지원하는 것이다. 일례로, 강원도 사회적경제지원센터를 들 수 있는데, 이곳에서는 창업지원 프로그램 공고를 통해 협동조합에 관심이 있는 모든 형태의 프리랜서(가사도우미, 택시 기사, 배달 노동자, 정보통신기술 전문가, 예술가 등)가 센터가 시행하는 창업지원 프로그램에 참가 신청하도록 장려하고 있다(강원도 사회적경제지원센터, 2021a). 유사한 맥락에서, 성남시 사회적경제센터도 2021년 유치원 운영에 관심이 있는 개인을 대상으로 창업지원 프로그램에 참가 신청하도록 장려하는 공고를 낸 바 있다(성남시 사회적경제지원센터, 2021). 또한 삼척시 도시재생센터는 다수의 소형 도시재생센터가 동네 주민들을 대상으로 창업지원 프로그램에 참가 신청하도록 공고하는 사례를 보여준다(삼척시, 2021). 뿔뿔이 흩어져 있고 서로 전혀 관련이 없던 개인들은 지방정부가 주관한 프로그램에 참여함으로써 자신이 관심 있는 분야의 사람들을 만나고 협동조합을 설립할 수 있게 된다.

셋째 선택지는 사회적경제센터와 도시재생센터가 개인들에게 창업지원 프로그램에 참가하는 조건으로 미리 3~4명의 소그룹을 설립한 후 참가 신청을 하도록 하는 것이다. 첫째와 둘째 선택지는 개인에게 창업지원센터에 개인적으로 참가 신청하도록 하지만, 셋째 선택지의 경우,

전남 사회적경제통합지원센터의 사례가 보여주듯이, 창업지원 프로그램에 참여하기 위한 사전 준비로 소그룹을 먼저 설립하도록 한다(상생나무, 2021). 이 셋째 선택지가 사회적경제센터와 도시재생센터의 일반적인 관행이다.

첫째 단계와 관련해 또 한 가지 주목할 점은 협동조합을 설립하기 위해 직업훈련 또는 재교육이 필요한 구직자를 대상으로 지방정부가 기존 협동조합과의 협력하에 노동시장 서비스를 통해 맞춤형 직업훈련을 제공할 수 있다는 것이다. 예를 들어, 경상남도 사회적경제지원센터는 육아, 고령자 간병, 교육, 신체 부자유자 돌봄, 문화, 음식, 재생에너지 등 다양한 분야의 구직자들을 대상으로 해당 분야에 특화된 기존 협동조합과의 협력하에 창업지원 프로그램을 운영하고 있다(경상남도 사회적경제통합지원센터, 2021). 나아가 지방정부는 청소년, 여성, 신체 부자유자, 고령 근로자 등 특정 그룹을 대상으로 맞춤형 서비스를 제공하기도 한다. 예를 들어 전북 사회적경제연대회의는 여성협동조합을 설립하기 위한 창업지원 프로그램을 운영하고 있다(전라북도 사회적경제연대회의, 2021).

요컨대 새로운 협동조합을 설립하기 위해 3~4명의 사회운동가가 자발적으로 소그룹을 형성할 수 있다면 가장 바람직하겠지만, 대도시나 디지털 공간에서 익명화되어 살아가는 일반인들은 자신과 비슷한 기술이나 관심을 가진 사람을 찾기가 어렵다. 이 경우 지방정부가 개입해서 비슷한 생각을 가진 개인들이 서로 만날 수 있도록 지원하는 것도 협동조합 설립 초기의 준비 단계에서는 효율적이고 효과적인 지원 서비스라 할 수 있다.

2단계: 사업계획 수립

둘째 단계인 사업계획을 수립하는 것과 관련해서 보면, 지방정부는 소그룹의 사업 계획 수립을 지원할 수 있다. 지방정부는 이를 위해 창업지원 프로그램을 활용할 수 있다. 지방정부는 지방경제 여건과 필요에 대한 자체 분석을 토대로 신규 협동조합이 성공할 가능성이 높은 분야에 대한 정보를 소그룹에게 제공하고, 이들의 사업계획에 대해 타당성을 검토해 줄 수 있다. 이러한 과정을 통해 만약 직업훈련이 필요한 것으로 판단되면 지방정부는 소그룹 구성원들에게 직업훈련 프로그램도 제공할 수 있다.

예를 들어, 한국의 모든 사회적경제센터와 도시재생지원센터는 구직자들이 일단 창업지원 프로그램에 등록하면 사업계획 수립과 관련한 기술적 지원을 제공하는데, 대전광역시도시재생지원센터(대전광역시 도시재생지원센터, 2021)와 강원도 사회적경제지원센터(강원도 사회적경제지원센터, 2021b)가 참고할 만한 사례이다.

3단계: 법인 설립

셋째 단계인 협동조합의 법인격을 획득하는 것과 관련해서 보면, 지방정부는 법률 행정을 지원할 수 있다. 지방정부는 다양한 분야의 협동조합에 대해 각각의 특성을 반영한 모델 정관을 미리 작성해 놓고, 창업지원 프로그램의 일환으로 협동조합 설립 희망자들에게 이를 제공하면서 등기 절차까지 안내해 줄 수 있다. 예를 들어, 농업 협동조합은 종자, 비료 등의 원자재를 공동구매하는 절차나 공동 마케팅을 위해 생산품을 표준화하는 데 중점을 두는데, 이를 반영한 농업 협동조합용 샘플 정관을 미리 작성해 놓는 것이다.

또한 지방정부는 가사도우미 협동조합의 경우 회원들 간 일감을 균등하게 배분하는 것이 중요하다는 점을 고려해서 이 요소를 반영한 모델 정관을 미리 마련해 놓을 수 있을 것이다. 이러한 모델 정관이 있다면 소그룹은 이를 참고해 쉽게 자신들의 협동조합 정관을 작성하고 공공기관에 등기도 완료할 수 있을 것이다.

한국의 거의 모든 사회적경제센터와 도시재생지원센터는 협동조합 설립 희망자들에게 이러한 모델 정관과 등기 지원 서비스를 제공하고 있는데, 그 일례로는 경북 사회적경제지원센터를 들 수 있다(경상북도 사회적경제지원센터, 2021).

4단계: 자본 조달

넷째 단계인 협동조합의 자본을 조달하는 것과 관련해서 보면, 지방정부는 신규 협동조합의 금융 조달을 지원할 수 있다. 신규 협동조합은 장비 구매, 건물 임차, 또는 소득 흐름을 안정화시키기 위해 재원이 필요할 것이다. 이러한 상황에서 지방정부는 신규 협동조합에 대해 ① 직접 자금을 지원하거나 ② 협동조합이 (창업지원 프로그램을 운용하는) 다양한 공공기관으로부터 자금을 지원받을 수 있도록 컨설팅을 제공할 수 있다. 이러한 자금 지원은 무상 지원, 대출, 보증, 지분투자 등의 형태를 띨 수 있다.

우선, 지방정부가 협동조합에 직접 자금을 지원하는 서비스 사례로는 대구시 사회적경제지원센터의 사례를 들 수 있는데(대구 사회적경제, 2018), 이처럼 한국의 많은 지역 사회적경제센터와 도시재생지원센터가 창업지원 프로그램에 참여하는 구직자에게 무상 지원을 제공한다. 추가적으로, 경기도 사회적경제센터의 사례가 보여주듯이 많은 지방정부는 신규 협동조합에 사무실 공간 무상임대 등 현물 무상 지원도 제공하고 있다(경기도 사회적경제센터, 2020).

다음으로, 지방정부가 공공자금을 지원받을 수 있는 채널을 안내하는 서비스 사례로는 제주사회적경제네트워크 사례를 들 수 있는데(제주사회적경제네트워크, 2015), 이 사례가 보여주듯이 한국의 많은 지역 사회적경제센터와 도시재생지원센터는 창업지원 프로그램 참여자를 대상으로 공공자금을 신청하는 방법에 관한 자문을 제공하고 있다.

한국에서 협동조합이 신청할 수 있는 공공보조금과 대출 프로그램은 다양한데, 사회적경제센터와 도시재생지원센터는 금융 컨설팅을 통해 일반 구직자의 창업 자금 조달을 지원하고 있다. 2021년 현재 한국에는 다양한 협동조합 금융 지원 프로그램이 있다(설재오, 2020). 이 프로그램에는 중앙정부의 부처와 기관이 다수 참여하고 있으며, 다양한 지방 공공기관이 프로그램 이행을 담당하고 있다.

여기서 한 가지 유의할 점은 이와 같은 금융 지원 프로그램이 사실 오래 전부터 중소기업을 대상으로 시행되어 왔다는 점이다. 따라서 한국 정부는 2021년 '중소기업기본법' 시행령 개정을 통해 중소 규모의 협동조합을 중소기업의 정의에 포함시키고(중소벤처기업부, 2021), 이를 통해 중소기업이 그간 정부로부터 받아왔던 세금 경감, 보조금, 공공조달 우대 등의 혜택을 협동조합도 받도록 하고 있다. 한국의 협동조합 금융 지원 프로그램은 〈표 8.1〉과 같이 정리할 수 있다.

5단계: 사업 출범

다섯째 단계인 사업 출범과 관련해서 보면, 지방정부는 신규 협동조합의 일감 확보를 지원할 수 있다. 창업지원 프로그램의 맥락에서 협동조합은 신규 협동조합의 생산품을 홍보해 주거나, 추가 회원 모집을 돕거나, 사업 확대를 지원할 수 있다.

예를 들어, 경기도의 사회적경제통합지원센터 사례가 보여주듯이 한국에서는 거의 모든 광역 지방자치단체의 사회적경제센터가 웹사이트를 운영하게 되면서 이 웹사이트에 지역 협동조합들이 생산품을 광고할 수 있도록 하고 있다(경기도 사회적경제센터, 2022). 또한 충남 사회적경제지원센터 사례에서 볼 수 있듯이, 일부 사회적경제센터는 자체 웹사이트에 지역 협동조합의 신규 회원 모집 공고를 게재해 주기도 한다(충청남도사회적경제지원센터, 2020). 또한 관악구 사회적경제통합지원센터(관악 사회적경제통합지원센터, 2020) 및 도시재생지원센터(서울특별시 도시재생지원센터, 2021)의 사례에서 알 수 있듯이, 한국의 거의 모든 사회적경제센터와 도시재생지원센터는 신규 협동조합에 대해 협동조합을 설립한 후에도 역량 강화 지원 서비스, 컨설팅 무상 지원을 제공함으로써 사업의 정착 및 확대를 지원한다.

표 8.1 한국의 협동조합 금융 지원 프로그램(2020)

정책 수단	프로그램	중앙 정책결정 기관	지방 정책이행 기관
무상 지원	일자리 안정 자금	고용노동부	근로복지공단
무상 지원	사회적경제기업 전략업종 규모화 지원사업	고용노동부	한국사회적기업진흥원
무상 지원	업종, 지역 네트워크 지원사업	고용노동부	한국사회적기업진흥원
무상 지원	사회적경제기업 사업개발비 지원사업	고용노동부	한국사회적기업진흥원
무상 지원	소상공인 협업 활성화 공동 사업	중소벤처기업부	소상공인시장진흥공단
무상 지원	지역특화산업 육성 사업	중소벤처기업부	한국산업기술진흥원
무상 지원	중소기업 R&D 지원사업	중소벤처기업부	중소기업통합콜센터
무상 지원	창업도약 패키지 지원사업	중소벤처기업부	창업진흥원
무상 지원	과학기술인 협동조합 사업화 지원사업	과학기술정보통신부	과학기술인협동조합지원센터
무상 지원	문화예술 사회적경제 초기사업 사업기반구축 지원사업	문화체육관광부	예술경영지원센터
무상 지원	로컬푸드 기반 사회적 모델 발굴지원사업	농림축산식품부	한국농수산식품유통공사
무상 지원	사회서비스 분야 사회적경제 육성 지원	보건복지부	광역시도 경유
무상 지원	LH 소셜벤처 성장지원사업	국토교통부	한국토지주택공사
대출	소상공인정책자금	중소벤처기업부	소상공인진흥공단
대출	사회적경제기업 정책자금 지원	중소벤처기업부	소상공인진흥공단
대출	중소기업정책자금 융자사업	중소벤처기업부	중소벤처진흥공단
대출	공공구매론	중소벤처기업부	중소기업유통센터
대출	미소금융 창업운영 자금	금융위원회	서민금융진흥원
대출	신나는 조합	금융위원회	서민금융진흥원
대출	사회적금융 융자지원사업	고용노동부	함께일하는재단
대출/보증	지역자산화 지원사업	행정안전부	광역자치단체
보증	기술보증프로그램	중소벤처기업부	기술보증기금
보증	소기업, 소상공인 신용보증지원	중소벤처기업부	신용보증재단중앙회
보증	사회적기업 나눔 보증 프로그램	금융위원회	신용보증기금
보증	중소기업 보증공제사업	중소기업중앙회	N/A
지분투자	모태펀드	중소벤처기업부	한국벤처투자
보험	매출채권보험	금융위원회	신용보증기금

또한 정부는 고용보조금을 통해 기업의 노동비용을 경감시킴으로써 기업이 고용을 유지하거나 일자리를 증가시키도록 인센티브를 제공할 수 있다(ILO, 2016a). 이러한 맥락에서 지방정부는 고용보조금을 협동조합에 직접 지원할 수도 있고, 협동조합이 정부 관련 기관으로부터 고용보조금을 지원받는 방법에 대해 컨설팅을 제공할 수도 있다.

여기서 한 가지 잊지 말아야 점은 조세 유인도 일종의 고용보조금으로 간주할 수 있다는 것이다. 조세 유인은 세액공제, 세금감면, 세금면제의 형태를 띠는데, 조세 유인이 고용보조금으로 간주될 수 있는 이유는 조세 유인이 고용주의 노동 관련 세금 부담을 줄여주거나 근로자의 수입을 증대시켜 주는 효과를 낼 수 있기 때문이다(ILO and World Bank, 2016).

조세 유인 중 세액공제는 납세자(기업과 근로자)가 원래 납부하기로 했던 세금 총액에서 세금을 감해주는 것을 의미한다. 예를 들어, 납세자가 400달러의 지방세를 내야 하는데 1,000달러의 세액공제를 받을 자격이 있다고 하면, 그 납세자는 400달러는 납부하는 것이 아니라 600달러를 환급받게 된다. 이처럼 세액공제가 근로자의 소득을 증가시키므로 고용보조금으로 간주될 수 있는 것이다.

세금면제는 일반적으로 기업의 구매 활동(장비, 전기, 가스 등)과 관련된 판매세에 적용되고, 세금감면은 보통 재산세에 적용된다. 세금면제는 통상 항구적으로 이루어지는 데 비해 세금감면은 한시적으로 이루어진다(Eberts, 2005). 서울특별시 사회적경제지원센터의 사례가 보여주듯이(서울특별시 도시재생지원센터, 2021), 한국에서는 많은 사회적경제센터와 도시재생지원센터가 신규 협동조합에 대해 근로복지공단의 일자리 안정자금을 신청하는 방법이나 지방정부의 조세 유인을 받는 방법을 안내하고 있다.

아울러 지방정부는 협동조합과 공공사업 계약을 체결함으로써 협동조합의 사업 확대를 지원할 수 있다. OECD 회원국들이 지방정부를 통해 평균적으로 공공조달의 50%와 공공지출의 40%를 집행하고 있는 점을 고려할 때, 지방정부는 협동조합을 지원할 역량을 상당히 많이 가지고 있다고 할 수 있다(OECD, 2016).

지방정부는 교육(지방정부 지출의 25%), 보건(지방정부 지출의 17%), 사회보장(지방정부 지출의 14%) 같은 대국민 기본 서비스를 제공하는 데서 중요한 역할을 담당하고 있다(OECD, 2016). 따라서 지방정부는 자체 소비를 위한 장비와 물자 구매, 유지·보수, 정보기술 및 컨설팅 서비스와 관련한 공공조달 계약을 협동조합과 체결할 수 있다. 공공조달은 경기 침체 기간에 특히 중요한 역할을 할 수 있다(ILO, 2016a). 2016년 제정된 충청남도 사회적경제육성지원에 관한 조례 제4679호의 사례가 잘 보여주듯이, 한국에서는 거의 모든 지방정부가 공공조달을 할 때 협동조합의 제품을 우선 구매하도록 장려하고 있다.

요컨대 지방정부는 앞에서 분석한 바와 같이 협동조합에 대해 맞춤형 지원을 제공할 수 있다. 그러나 협동조합을 육성하는 우호적인 환경을 만드는 데서 중앙정부가 여전히 중요한 역할을 한다는 점도 잊지 말아야 한다. 예를 들어 중앙정부는 협동조합기본법 제정, 지방정부에 대한 협동조합 예산 할당 증대, 다양한 중앙부처와 기관의 업무 조정, 지방정부의 협동조합 공공 지원 메커니즘 표준화, 협동조합운동에 관한 국가 차원의 홍보 캠페인 전개, 협동조합 상품 및 서비스 광고용 전국 단위 웹사이트 운영 등의 지원을 제공할 수 있다.

일례로, 기획재정부는 국가 차원에서 협동조합운동을 조율해 왔는데, 여기에는 2012년 '협동조합기본법' 제정 이후 3년마다 국가 협동조합육성계획을 수립하는 것도 포함된다. 이를 통해 기획재정부는 이전 3개년 계획으로부터 교훈을 도출하고 개선점을 모색한다. 예를 들어 중앙부처 간 협의 강화, 사회적경제센터와 도시재생지원센터 간 역할 중복 방지, 협동조합에 대한 조세 혜택 도입 등이 그러한 노력의 결과물이다. 그리고 이러한 교훈을 차기 3개년 계획에 반영해 지속적으로 협동조합운동의 발전을 도모한다. 따라서 한국의 협동조합운동이 21세기 들어 단기간에 많은 진전을 이룬 것은 중앙정부와 지방정부가 서로 유기적으로 협력한 결과라고 볼 수 있다.

협동조합을 통한 지역 거버넌스 증진

협동조합 지원 메커니즘을 지방분권화하고 협동조합이 지역기반 파트너십에 참여한다면, 지역 거버넌스는 상당히 증진될 수 있다.

협동조합이 지역기반 파트너십에 참여할 경우, 민주적인 소유 구조 때문에 일반 회사와 비교해 지역기반 파트너십에 참여하는 지역 주민의 수가 더 증가하기 때문이다. 국제협동조합연맹 제2운영원칙은 "협동조합은 회원들에 의한 민주적 통제를 받는 단체로서, 회원들은 정책 수립 및 결정에 적극적으로 참여한다"라고 규정하고 있다. 모든 회원이 협동조합의 소유자이기 때문에 설령 하나의 협동조합이 지역기반 파트너십에 참여하더라도 그 협동조합의 모든 회원이 지역기반 파트너십에 참여하면서 지역공동체의 일에 참여하는 것과 같은 효과가 발생한다. 이에 반해, 만약 일반 기업이 지역기반 파트너십에 참여할 경우에는, 그 기업의 소유주 한 명만 지역기반 파트너십에 참여해 지역공동체의 현안을 논의하는 데 그친다.

따라서 지역기반 파트너십에 협동조합이 강한 관심을 가지고 참여한다면 일반 회사가 참여하는 것에 비해 지방 거버넌스가 확실히 증진될 것이다. 나아가 앞에서 권고한 바와 같이 만약 협동조합연합회가 지역기반 파트너십에 참여한다면 지방 거버넌스에 관여하는 지역 주민의 규모는 급증할 것이며 파급효과도 막대할 것이다.

지역 거버넌스를 증진시키는 데서 또 한 가지 중요한 점은 지역기반 파트너십이 체계적으로 잘 운영되고 있는지를 모니터링하고 평가하는 것이다. 이 모니터링 및 평가 시스템은 공동의 목표, 산출물, 결과, 다양한 책임 소재를 꼼꼼하게 평가해야 하고, 그 결과에 따라 개선 권고를 해야 한다(Guère, 2004). 또한 지역개발 사업의 재원을 주로 중앙정부가 예산 지원하고 지방정부는 이러한 지역 개발 사업의 결과를 중앙정부에 보고한다는 점을 고려할 때, 지방정부의 모니터링 및 평가 체계는 중앙정부의 모니터링 및 평가 체계와 양립할 수 있도록 설계해야 한다(Guère, 2003).

유사한 맥락에서 지방정부의 예산 지원을 받으면서 지역 개발 사업의 관리에 참여하는 시민사회단체의 경우에도 자신들의 사업 모니터링 및 평가 체계를 지방정부의 모니터링 및 평가 체계와 양립할 수 있도록 설계해야 한다. 만약 시민사회단체가 사업 모니터링 및 평가 체계를 불명확하게 운용한다면 지방정부는 시민사회단체와 협력하는 데 주저하게 될 것이다(OECD, 1999).

한국의 최근 경험을 살펴보면 협동조합이 지역 거버넌스 증진에 막대하게 기여한다는 사실이 잘 드러난다(국토교통부, 2021). 앞에서 설명한 바와 같이, 모든 광역시, 시, 도, 군, 구 차원의 지방정부는 각자 도시재생지원센터를 설립·운영하고 있다. 이러한 도시재생지원센터는 지역공동체의 도시재생사업을 주도하고, 해당 사업이 종료된 후에는 지역 주민들이 직접 자신의 지역을 관리할 수 있도록 마을관리협동조합 설립을 지원한다.

예를 들어, 슬럼가 재생과 관련해서는 전주시의 '인디마을관리협동조합'이 주목할 만하다. 전주시 도시재생지원센터와 지역 주민들은 지역기반 파트너십을 통해 한때 집창촌이었던 선미촌을 문화예술거리로 변모시켰다. 그리고 전주시 도시재생지원센터는 적극적 노동시장정책을 통해 지역 주민 30여 명이 인디마을관리협동조합을 설립하도록 지원했다. 인디마을관리협동조합은 공원 15개소, 젊은 예술인센터, 마을 갤러리, 젊은 예술가 지원 프로그램, 마을 박물관, 마을 도서관, 마을 정원, 마을 시장 등 사회간접자본 관리를 담당한다.

고령화되고 사람들이 떠나간 마을의 관리와 관련해서는 부산 영도의 '봉산마을관리협동조합'이 좋은 본보기가 되고 있다. 봉산마을 도시재생현장지원센터와 지역 주민들은 지역기반 파트너십을 통해 공동으로 봉산마을의 빈집들을 게스트 하우스와 문화 공간으로 재생해 관광촌으로 변모시켰다. 이후 봉산마을 도시재생현장지원센터는 적극적 노동시장정책을 통해 지역 청년 40여 명이 봉산마을관리협동조합을 설립하도록 지원했다. 이 협동조합은 게스트하우스, 공공임대주택, 마을 카페, 지역공동체 작업장, 공공주차장, 고령자 간병 프로그램, 청년 일자리 프로그램, 골목길 단장, 지역 소식지 발간 사업 등을 관리하고 있다.

높은 청년 실업률과 관련해서는 청주시의 '와우마을관리협동조합'이 주목할 만하다. 청주시 우암동 도시재생현장지원센터와 지역 주민들은 지역기반 파트너십을 통해 우암동 재생 사업을 실시했다. 이후 우암동 도시재생현장지원센터는 적극적 노동시장정책을 통해 지역 청년 50여 명으로 구성된 와우마을관리협동조합 설립을 지원했다. 이 협동조합은 공공임대 소매점, 마을 식당, 공공주차장, 세차, 자동차 수리, 주택 보수 사업 등을 관리하고 있다.

베드타운 관리와 관련해서는 안양시의 '명학마을관리협동조합' 사례가 좋은 시사점을 제공한다. 안양시 도시재생지원센터와 지역 주민들은 지역기반 파트너십을 통해 명학마을을 재생했다. 이후 안양시 도시재생지원센터는 적극적 노동시장정책을 통해 지역 주민 14명이 명학마을관리협동조합을 설립하도록 지원했다. 이후 이 협동조합은 마을 슈퍼마켓, 마을 부엌, 공공임대 공간 등을 포함한 마을공동체 센터를 관리하는 한편, 공공주차장, 세차장, 탁아소, 공공임대주택도 관리하고 있다.

결론

이 장에서는 중앙집중식 지원 시스템보다 지방분권화된 지원 시스템이 협동조합에 더 도움이 된다는 것을 설명했다. 중앙정부와 달리 지방정부는 지역 주민, 지역 입법가, 지역 기업인, 지역 노조, 지역 시민사회단체,지역 언론 등 지역 정보원에 더 밀착되어 있어 현지 사정을 더 잘 파악하고 있다. 이 때문에 지방정부는 지역기업에 대해 맞춤형 지원 서비스를 제공할 수 있는 잠재력을 가지고 있는데, 이 잠재력을 실현하게끔 해주는 것이 바로 지방분권화이다. 지방분권화를 통해 행정권한을 위임받은 지방정부는 지역기업에 보다 양질의 지원 서비스를 제공할 수 있다. 요컨대 지방분권화된 공공 지원 메커니즘이 지역기업에 더 도움이 되며, 협동조합 역시 대부분 지역기업이기 때문에 지방분권화된 공공 지원 메커니즘이 협동조합에 더 유리하다.

지방정부가 지방분권화된 협동조합 공공 지원 메커니즘의 구조를 설계할 때에는 두 가지 선택지가 있다. 하나는 기존 조직을 활용하는 것이고 또 하나는 전담 특수 기구를 설립하는 것이다. 아울러 지역정보를 수집하기 위해 지역 주민과 소통하는 것도 중요한데, 이때에는 다양한 지역 이해관계자들이 참여하는 지역기반 파트너십이 매우 유용하다.

한편, 협동조합을 위한 지방분권화된 공공 지원 메커니즘의 콘텐츠는 적극적 노동시장정책의 형태를 띠는 것이 유망하다. 이러한 맥락에서 한국의 최근 경험은 매우 유용한 정책적 시사점을 제공하고 있다.

제9장

협동조합의 디지털화

디지털 기술은 전자상거래 시대를 열었고, 전자상거래로 인해 시간과 공간의 제약이 감소됨에 따라 21세기 시장경제는 상당한 변화를 겪고 있다. 이러한 변화는 일반 회사뿐만 아니라 협동조합에도 상당한 충격을 주고 있다. 디지털화가 불가피한 시대적 대세라는 점을 고려할 때, 협동조합운동 역시 새로운 대세에 적응해야 한다. 협동조합운동을 전 세계로 확산시키기 위해서는 오늘날 시대적 흐름인 디지털화와 접목시키는 것이 중요하다.

이러한 배경하에 이 장에서는 디지털화가 시장경제에 미치는 충격에 대해 분석하고, 협동조합과 디지털화를 접목시키는 방안을 모색한 후, 각 분야별로 원형이 되는 사업모델을 분석한다.

전자상거래의 다섯 가지 특징

디지털화는 데이터를 저장하고 전송하는 방법을 근본적으로 전환했고, 그 결과 시장경제에 상당한 충격을 주었다. 디지털화로 인해 가상시장 공간에서는 물건을 사고파는 전자상거래가 등장했다. 온라인 플랫폼을 기반으로 운영되는 전자상거래는 다음과 같은 다섯 가지 특징을 지니고 있다.

(1) 소비자와 생산자 수를 증가시킨다

가상시장 공간에서는 물리적인 시장 공간보다 시간과 공간의 제약을 덜 받기 때문에 더 많은 생산자가 더 많은 소비자를 만날 수 있다. 예를 들어, 생산자는 밤과 낮을 가리지 않고 24시간 내내 소비자에게 물건을 팔 수 있다. 멀리 떨어져 있는 소비자에게도 물리적 경계에 제약받지 않고 물건을 팔 수 있는데, 멀리 있는 소비자도 웹사이트에서 버튼만 클릭하면 실시간으로 물건 판매 계약을 체결할 수 있기 때문이다.

가상시장 공간은 시간과 공간의 제약을 넘어서면서 생산자가 접근할 수 있는 시장의 크기를 키웠고, 거래 가능한 소비자의 증가는 생산자의 소득 증가로 이어졌다. 또한 가상시장 공간에 더욱 많은 생산자가 참여함에 따라 소비자 입장에서도 선택할 수 있는 상품의 종류가 과거에 비해 훨씬 증가하는 혜택을 누리게 되었다.

(2) 소비자와 생산자 간 직거래를 활성화한다

전자상거래에서는 생산자가 온라인 플랫폼을 통해 최종 소비자에게 직접 상품을 팔 수 있다. 생산자가 중간 상인을 거치지 않고 최종 소비자와 바로 거래할 수 있게 된 것이다. 중간 상인을 배제함으로써 이전에는 중간 상인이 취했던 이익을 생산자와 소비자가 서로 나누어 가지게 되었다. 이는 농업, 제조업, 서비스업 등 모든 분야에 적용되는 논리이다. 물론 물리적인 시장에서도 개인은 협동조합을 통해 중간 상인을 건너뛰고 소비자나 대형 쇼핑몰에 직접 생산품을 납품할 수 있지만, 디지털플랫폼을 활용할 경우 중간 상인을 건너뛰기가 더 용이해진다. 소비자가 알아서 협동조합의 웹사이트를 방문하기 때문이다.

그러나 만약 소비자가 협동조합의 웹사이트에 대해 모르고 있다면, 협동조합은 자체 웹사이트의 인지도를 올릴 수 있는 방안을 모색해야 한다. 협동조합 웹사이트의 인지도가 낮다면 협동조합의 상품을 아마존이나 이베이 같은 대형 온라인 쇼핑몰을 통해 판매할 수밖에 없다. 이 경우 협동조합은 판매 이익 중 일부를 대형 온라인 쇼핑몰 운영자와 나누어야 한다.

(3) 파트타임 상품과 서비스를 증가시킨다

전자상거래는 소비자와 생산자를 매우 효율적으로 연결시키는 디지털 시스템을 운영함으로써 파트타임 상품과 서비스와 관련된 일자리 수요를 폭발적으로 증가시킨다. 전자상거래 시스템이 생산자와 소비자를 연결시키는 데서 효율성이 높은 것은 다음 세 가지 이유 때문이다.

첫째, 가상시장 공간에서는 앞에서 설명한 바와 같이 시장에 참여하는 생산자와 소비자의 수가 증가하기 때문이다.

둘째, 가상시장 공간에서는 물리적인 시장 공간보다 훨씬 빠르게 거래를 할 수 있기 때문이다. 서비스 제공자와 소비자는 온라인상에서 버튼을 한 번 클릭하는 것만으로도 계약을 체결할 수 있다. 서비스 제공자와 소비자는 '개인 대 다수' 또는 '다수 대 다수' 방식의 디지털통신을 통해 매우 신속하고 효율적으로 상호 소통할 수 있다. 예를 들어, 사람들은 왓츠앱이나 카카오톡을 통해 다수의 친구에게 동시에 메시지를 전송할 수 있다. 또한 특정 장소에 있는 다수의 소비자는 우버 웹사이트를 이용해 다수의 운전자들과 실시간으로 연락할 수 있다.

셋째, 가상시장 공간은 통신비용이 매우 저렴하기 때문이다. 소비자가 인터넷에 접속되어 있는 한, 소비자와 서비스 제공자는 별다른 추가 비용 없이 쉽게 연락을 주고받을 수 있다. 만약 소비자가 와이파이망에 접속되어 있다면 사실상 공짜로 통신을 할 수 있다.

여기서 한 가지 유의할 점은 온라인 플랫폼이 가진 극도의 효율성으로 인해 공유 경제(sharing economy), 긱 이코노미(gig economy), 온디맨드 경제(on-demand economy)와 같은 새로운 비즈니스 모델이 시장에서 만들어지고 있다는 것이다. '공유 경제'는 "개인이 소유한 상품이나 서비스가 충분히 활용되는 않는 상황에서 주인이 소유권을 이전하지 않은 채 상품이나 서비스를 상업적 또는 비상업적으로 다른 개인과 (중개인을 통하지 않고) 정보통신기술을 이용해 공유하는 사업모델"을 말한다 (Schlagwein, Schoder and Spindeldreher, 2019). 긱은 음악인들 간에 한시적으로 지속되는 일자리를 지칭하는 은어이다. 따라서 '긱 이코노미'는 노동시장에서 한시적 일자리가 증가하는 추세를 표현하는 용어이다. '온디맨드 경제'는 소비자가 주문을 하면 디지털플랫폼을 보유한 기술 회사가 즉각적으로 대응해 상품과 서비스를 제공하는 영업방식을 가리 키는 용어이다.

요컨대 전자상거래가 등장하면서 공급자는 온라인 플랫폼을 통해 상 품과 서비스를 시간적으로 매우 작은 단위로 분리해서 판매할 수 있게 되었다. 에어비앤비 또는 우버가 좋은 사례이다. 주택이나 노동력을 소 유한 사람이 소비자들에게 실시간으로 자신의 주택이나 노동력을 파트 타임으로 사용할 수 있는 권리를 판매하는 것이다.

온라인 플랫폼은 상품과 서비스 유형을 풀타임 방식, 영구적 방식, 지연 판매 방식에서 파트타임 방식, 한시적 방식, 즉시 판매 방식으로 변모시켰다(Schlagwein, Schoder and Spindeldreher, 2019).

(4) 개인의 시장경쟁력을 강화시킨다

전자상거래는 자본이 빈약한 개인의 시장경쟁력을 강화시켜 준다. 그 이유는 다음과 같다.

첫째, 디지털 콘텐츠, 소프트웨어 같은 디지털 상품은 대부분 노동집 약적 상품이기 때문이다. 따라서 대규모 자본 투자 없이 개인의 기술과 컴퓨터만 있으면 상품을 생산할 수 있다. 즉, 자본이 없는 개인도 두뇌 와 노트북만 있으면 디지털 콘텐츠, 소프트웨어 같은 디지털 상품을 생 산할 수 있는 것이다.

둘째, 디지털 상품은 한계생산비용이 거의 제로에 가깝기 때문이다 (Schwab, 2017). 즉, 디지털 콘텐츠 및 소프트웨어를 복사하는 데에는 추가 비용이 거의 들지 않는다. 전통 경제이론에 따르면 생산이 증가하면 특정 시점부터는 한계생산비용이 증가하므로 한계생산비용이 한계수익을 초과하는 시점에 이르면 생산을 중지하는 것이 합리적이다. 그러나 디지털 상품 생산 과정에서는 이러한 전통 경제이론과 정반대되는 결과가 나타난다. 따라서 공급자는 디지털 상품을 무한정 생산할 수 있다.

디지털 상품은 추가 비용 없이 복제할 수 있기 때문에 자본이 없는 개인일지라도 큰 어려움 없이 상품 생산을 증가시킬 수 있다. 이러한 사업모델 덕분에 자본이 없는 개인도 디지털 산업 분야에서 쉽게 창업할 수 있다. 다시 말해서 디지털 산업 분야의 기업은 글로벌 수요에 대응하더라도 제조업 분야의 기업에 비해 투자 소요가 적을 것이다. 따라서 제조업 분야의 기업보다 수요 증가에 더 유연하게 대응할 수 있고 전세계적인 기업으로 성장할 가능성도 더 높다.

(5) 물리적 접촉 없이 수요자와 공급자를 연결한다

전자상거래에서는 수요자와 공급자가 물리적인 접촉 없이도 연결될 수 있다(World Bank, 2019). 이는 가상공간만이 가진 독특한 장점이다. 코로나19 위기를 겪으면서 전자상거래는 더욱 증가했는데, 그 이유는 대부분의 국가가 통행금지, 물리적 거리두기 같은 조치를 시행했기 때문이다(OECD, 2020b).

OECD의 연구에 따르면, 엄격한 봉쇄조치를 시행할 경우 물리적으로 가까운 거리에 있을 필요가 없는 분야(예를 들어, 전문적인 서비스, 음식 배달 등)에서 전자상거래가 15% 증가하는 것으로 나타났다(OECD, 2020b). 또한 흥미로운 점은 코로나19 사태로 인해 전자상거래로 전환한 경우 그 변화가 장기적으로 지속될 가능성이 높은 것으로 나타났다는 것이다(OECD, 2020a). 예를 들어, 코로나19 사태는 단기간 내에 고령자의 전자상거래 참여를 상당히 높였다. 일본의 경우 신용카드 소지자 1,000만 명의 구매 행태를 분석한 결과, 60대와 70대의 온라인 구매가 가장 높은 증가세를 보인 것으로 나타났다(OECD, 2020a).

추가적으로 코로나19 사태에 따른 학습효과가 발생하면서, 사람들은 물리적 경제활동을 위협할 수 있는 미래의 위기에 대비해 전자상거래를 보호막으로 간주하는 경향이 생겨나기 시작했다(OECD, 2020b). 디지털화가 시장에 미친 이러한 긍정적인 충격을 잘 활용하기 위해서는 디지털 인프라, 연결성, 디지털 기술에 대한 접근성을 향상시키는 것이 중요하다(OECD, 2020b).

디지털화가 시장에 미친 다섯 가지 영향을 분석해 보면 사실 소비자가 가장 큰 수혜자라고 할 수 있다(Schwab, 2017). 소비자는 거의 모든 상품을 온라인으로 구매할 수 있다. 소비자는 택시를 온라인으로 부를 수 있고, 항공 티켓도 온라인으로 구매할 수 있으며, 가상시장 공간에서 음악 스트리밍 서비스도 구매할 수 있다.

소비자는 더 많은 판매업자들을 가상공간에서 만날 수 있기 때문에 더 많은 선택지 중에서 자신이 원하는 상품을 더 좋은 가격에 살 수 있게 되었다. 소비자는 파트타임 서비스를 선택할 수도 있고, 중간 상인을 건너뛴 채 더 저렴한 가격에 물건을 구매할 수도 있다. 디지털 기술의 빠른 발전 때문에 전자상거래에 대한 소비자의 의존도는 앞으로 더 커질 것으로 예상된다.

협동조합의 디지털화

전자상거래가 시장경제에 미친 다섯 가지 충격을 고려할 때 협동조합도 이러한 변화를 사업에 잘 활용하는 것이 중요하다. 이를 위한 핵심 조치는 협동조합이 디지털플랫폼을 도입하는 것이다.

협동조합은 디지털플랫폼을 통해 구성원의 수입을 증가시킬 수 있는데, 그 이유는 전자상거래가 지닌 다섯 가지 특징 때문이다. 첫째, 전자상거래는 생산자 협동조합의 웹사이트를 방문하는 소비자의 수를 증가시키므로 협동조합의 입장에서 볼 때 시장의 크기가 커진다고 할 수 있다. 둘째, 전자상거래는 중간 상인 없이 생산자와 소비자 간 직거래를 촉진하므로 생산자 입장에서는 중간 상인이 가져갈 이익을 소비자와 나눔으로써 추가적인 소득을 얻을 수 있다. 셋째, 전자상거래는 파트타임 상품과 서비스를 증가시키므로 이를 공급하는 생산자 협동조합의 수입을 증가시킬 수 있다. 넷째, 전자상거래는 자본이 빈약한 개인의 시장경쟁력을 강화시키므로 디지털 산업 분야에서는 자본이 빈약한 협동조합도 사업을 시작하는 것이 용이하다. 다섯째, 전자상거래에서는 생산자와 소비자가 물리적 접촉 없이 거래할 수 있으므로 다수의 회원이 참여하는 협동조합에 유리하다. 특히 협동조합은 물리적 시장 공간보다 가상시장 공간에서 자신의 경쟁력 중 하나를 더 강력하게 발휘할 수 있다. 협동조합은 다수의 회원이 참여하므로 개인에 비해 수요에 대응하는 역량이 훨씬 크기 때문이다. 개인이 집단을 이룬 협동조합은 특성상 개인보다 수요에 대응하는 역량이 크고, 가상시장 공간은 특성상 물리적 시장 공간보다 더 많은 수요를 창출할 수 있다. 따라서 가상시장 공간에서 협동조합이 개인보다 수요에 훨씬 잘 대응할 수 있는 것은 당연한 일이다.

예를 들어, 한 명의 가사도우미와 가사도우미 협동조합이 각각 영업용 웹사이트를 만들었다고 가정할 때, 주문이 폭증할 경우 협동조합이 개인에 비해 증가하는 수요에 더 유연하게 대처할 수 있을 것이다. 일반적으로 디지털화가 자동화로 인해 소득과 일자리를 감소시킬 것으로 예상되지만, 가상시장 공간을 잘 활용할 경우 전자상거래에서 볼 수 있듯이 소득과 일자리를 증가시킬 수 있다.

추가적으로, 협동조합은 디지털플랫폼을 구축함으로써 회원을 모집하는 데서 도움을 받을 수 있다. 이는 디지털플랫폼이 시간과 공간의 제약을 받지 않기 때문인데, 디지털플랫폼은 특히 거대 도시에서 회원을 모집하는 데 효과적이다. 1950년대에는 전 세계 인구의 3분의 2가 농촌지역에 거주했지만, 2050년대에는 3분의 2가 도시에 거주할 것으로 예상된다(UN DESA, 2014). 이러한 도시화는 사회적 자본 형성과 관련해 양날의 칼이라고 볼 수 있다.

한편으로 보면, 도시에서의 생활 방식은 비인격적이고 이차 관계적이고 계약적이므로 익명성을 증가시키고 접촉도 매우 일시적이다(Anderson, 1959). 따라서 도시 거주자는 자신과 유사한 생각을 가진 사람을 찾기가 상당히 어렵다. 결과적으로 도시화는 유사한 생각을 가진 사람들이 모이는 협동조합을 설립하는 데 비우호적인 환경을 조성한다. 하지만 다른 한편으로 보면, 도시에서는 많은 사람이 거주하기 때문에 작은 시골 마을보다 유사한 생각을 가진 사람들이 있을 확률이 더 높다. 따라서 제도나 기술에 의해 잘 뒷받침된다면 도시화는 다양한 협동조합의 탄생을 촉진할 수 있다.

이러한 맥락에서 협동조합이 디지털플랫폼을 활용해 도시화를 자신에게 유리한 방향으로 활용할 수 있다는 점을 유념해야 한다. 예를 들어, 구글과 같은 인터넷 검색 엔진의 도움을 받아 특정 유형의 협동조합에 관심이 있는 도시 거주자는 쉽게 해당 협동조합을 찾을 수 있다. 따라서 디지털플랫폼은 협동조합 설립과 구성원 모집에서 판도를 바꿀 수 있는 게임체인저가 될 수 있다.

요컨대 디지털화는 결과 불평등과 관련해 양날의 칼처럼 보인다. 한편으로는, 디지털화를 잘 관리하지 못하면 제4장에서 설명한 바와 같이 결과 불평등을 악화시킬 수 있다. 노동절약 디지털 기술이 노동소득보다 자본소득을 증가시키는 데서 알 수 있듯이 디지털화는 근로자보다 자본소유주에게 더 혜택을 준다. 아울러 그러한 기술은 비정규직 일자리를 증가시킴으로써 일자리의 질을 악화시킨다.

다른 한편으로는, 디지털화는 이 장에서 설명한 바와 같이 전자상거래를 탄생시킴으로써 노동소득 및 일자리를 증가시키는 데 기여할 수 있다. OECD는 자동화가 진행되더라도 고용이 상당한 규모로 감소하지는 않을 것이라는 예측을 내놓은 바 있는데(OECD, 2019a), 전자상거래의 이러한 순기능은 OECD의 예측에 설득력을 더해준다. 다시 말해, 디지털플랫폼으로 인해 시장 크기 및 연결성이 증가하면 더 많은 일자리를 창출할 수 있다. 나아가 디지털 기술에 힘입어 생산성이 증가하고 소득이 증가하면 상품과 서비스에 대한 수요도 증가해 추가적인 일자리 증가로 이어질 수 있다.

또한 소셜 미디어 관리자, 사물인터넷 설계자, 인공지능 전문가, 사용자경험(UX) 디자이너의 사례에서 볼 수 있듯이 새로운 범주의 일자리도 생겨날 것이다. 비록 과거 수백 년간 기계가 인간의 일자리를 뺏어갈 것이라는 우려는 늘 있었지만, 주요 기술 혁명은 언제나 고용을 늘려왔다는 사실을 상기할 필요가 있다(World Bank, 2019).

분야별 사업모델 사례

일반적으로 디지털플랫폼은 제3장에서 소개한 여섯 가지 범주의 협동조합에 모두 도입될 수 있다. 즉, 1차 산업, 2차 산업, 3차 산업 분야의 생산자 협동조합 및 소비자 협동조합에 모두 적용 가능하다. 그러나 제1장에서 설명한 바와 같이 협동조합은 노동집약적 분야에 적합하므로 협동조합이 운영하는 디지털플랫폼도 노동집약적 분야에서 더 자주 찾아볼 수 있다. 여기서는 각 분야별로 구체적인 사례를 살펴보기로 하자.

1차 산업의 생산자 협동조합

1차 산업 분야의 생산자 협동조합을 살펴보자. 농업 생산자 협동조합은 디지털플랫폼을 활용해 중간 상인이나 대형 슈퍼마켓(월마트, 까르푸 등)을 거치지 않고 소비자에게 생산품을 직접 판매할 수 있다.

한국의 250여 개 축산농가가 설립한 횡성한우협동조합이 좋은 사례이다(홍석주·이동일, 2021.4.28). 원래 횡성한우협동조합은 2015년 사료 공동구매를 위해 설립되었다. 이 협동조합을 통해 회원들은 사료비를 12%까지 절약하게 되었고, 이후 협동조합은 사업 분야를 회원에 대한 기술 지원, 농가공 및 공동 마케팅 웹사이트 운영으로까지 확대했다. 저렴한 생산비용과 간단한 유통망 때문에 횡성한우협동조합은 시장에서 다른 경쟁 기업에 비해 더 저렴하게 한우상품을 판매할 수 있게 되었다. 결과적으로 횡성한우협동조합의 상품들을 품질이 좋으면서도 저렴한 가격 덕분에 소비자들 사이에 인기가 높다. 이 협동조합의 매출은 5년 만에 20배 이상 증가하면서 2020년 2,500만 달러를 기록했다.

2차 산업의 생산자 협동조합

2차 산업 분야에는 생산자 협동조합 자체가 별로 없는데, 스페인의 자전거 생산협동조합인 '오베아(Orbea)' 사례가 주목할 만하다. 오베아는 몬드라곤 협동조합의 일원으로, 온라인 웹사이트를 통해 소비자들에게 자전거를 직접 판매한다. 원래 오베아는 1840년 설립되었지만 1969년 근로자들이 이를 매입해 협동조합으로 전환했다(Orbea, 2021). 물론 제1장에서 설명한 바와 같이 협동조합은 자본집약적인 제조업 분야에서는 경쟁력이 약하기 때문에 이 분야에서는 디지털플랫폼을 운영하는 사례가 흔치 않다.

3차 산업의 생산자 협동조합

3차 산업 분야에는 다양한 업종의 협동조합 디지털플랫폼이 도입될 수 있다. 1차 산업과 2차 산업의 생산자 협동조합은 월마트나 까르푸처럼 대형 유통기업의 웹사이트에 상품을 올려서 판매하거나 자신의 웹사이트를 통해 직접 상품을 판매할 수 있는 반면, 3차 산업 분야의 생산자 협동조합은 일반적으로 자신의 웹사이트를 통해 물건을 판매하는 것 외에 다른 선택지가 별로 없다. 이는 서비스 분야의 경우 대형 기업이 운영하는 웹사이트가 택시 분야의 우버, 숙박 분야의 에어비앤비 등 소수를 제외하고는 별로 없기 때문이다.

따라서 오늘날 시장경제에서 서비스 분야의 범위가 점점 넓어지고 있는 추세임을 고려할 때, 가까운 미래에 다양한 형태의 서비스 협동조합 디지털플랫폼을 볼 수 있을 것으로 기대된다. 예를 들어, 가사도우미, 고령자 간병, 육아, 교육 서비스, 컨설팅, 주택 유지 보수 등 많은 분야에서 소비자들이 웹사이트를 통해 협동조합의 서비스를 주문할 수 있을 것으로 예상된다.

3차 산업 분야의 생산자 협동조합에서 주요 산업별로 등장하고 있는 디지털플랫폼의 초기 원형은 다음과 같다.

숙박 서비스와 관련해서는, '페어비앤비(Fairbnb.coop)'를 들 수 있다. 이 협동조합은 2016년 네덜란드 암스테르담에서 근로자 협동조합 형태로 설립되었는데, 유럽에서 휴가 시즌에 단기 숙박하려는 수요와 공급을 연결시켜 주는 디지털플랫폼을 운영한다(Fairbnb, 2021). 즉, 에어비앤비의 협동조합 버전이라고 할 수 있다. 이 협동조합의 비즈니스 모델을 분석해 보면 집주인은 에어비앤비로부터 받는 수입과 유사한 수입을 얻을 수 있고, 숙박객 역시 에어비앤비에 지불하는 숙박료와 유사한 숙박료를 지불할 수 있을 것이다.

하지만 이 디지털플랫폼을 운영하는 협동조합은 자신들이 받는 수수료의 50%를 지역공동체 사업을 위해 기부한다. 다시 말해 이 협동조합이 소비자가 지불하는 숙박료의 15%를 행정 수수료로 청구한다는 점은 에어비앤비와 유사하지만, 이 중에서 7.5%를 지역공동체 사업에 기부하는 것은 차별화되는 지점이다.

또한 에어비앤비는 자신의 웹사이트에 임대 전문기업이 관리하는 주택도 광고할 수 있도록 하고 있으나, 페어비앤비는 '1주인 1주택 규칙'을 채택하면서 한 명의 집주인이 여러 주택을 단기 임대 광고하는 것을 금지하고 있다.

페어비앤비의 사업모델이 독보적이기는 하지만 에어비앤비에 대한 경쟁력으로 사회적 자본 형성에 기여한다는 점만 유일하게 내세우는 것은 다소 아쉬운 지점이다. 만약 에어비앤비와 페어비앤비가 같은 시기에 시작했다면 그러한 사업전략이 에어비엔비에 대한 경쟁적 우위로 이어질 수도 있었을 것이다. 그러나 에어비앤비가 2008년 설립되어 이미 전 세계 시장에서 지배적인 위치를 점유한 상황임을 고려할 때 2016년 설립된 페어비앤비로서는 추가적인 차별화 요소가 필요하다.

택시 운송 서비스와 관련해서는, 영국 런던의 블랙캡 운전기사들이 설립한 '택시앱(Taxiapp)' 협동조합을 들 수 있다. 이 협동조합은 택시앱을 통해 우버와 유사한 온라인 예약·지불 서비스를 제공한다. 택시앱은 2016년 설립되었으나 우버, 게트 같은 전 세계적인 택시 서비스 디지털 플랫폼과 경쟁하기 위해 2018년 협동조합으로 전환했다(Cooperatives UK, 2020).

택시앱 회원들은 매월 20파운드를 행정비용으로 협동조합에 납부한다. 이 택시앱 협동조합은 설립 당시 하이브(Hive, 영국협동조합은행의 재원으로 운영 중인 협동조합 지원 프로그램)의 지원을 받았다. 택시앱 협동조합은 블랙캡 택시에 온라인 고객 연결 서비스와 전자요금 지불 서비스를 제공함으로써 우버와 유사한 연결성과 편리성을 제공한다. 한편 지역 주민은 자신이 지불하는 택시 요금이 해외 투자자에게 가지 않고 런던 지역경제 내에서 순환되면서 지역사회에 도움을 주기 때문에 보람을 느낀다는 추가적인 장점도 있다(Sheffield, 2017).

가사도우미 서비스와 관련해서는, '업앤고(Up & Go)' 협동조합을 들 수 있다. 업앤고는 2017년 미국의 가사도우미들이 설립한 협동조합의 디지털플랫폼으로, 온라인 예약·지불 서비스를 고객들에게 제공한다. 이 디지털플랫폼은 '코랩 코퍼레이티브(CoLab Cooperative)'가 로빈 후드 재단, 바클리, 코넬 테크, 뉴욕 선셋 파크 가족생활센터의 예산 지원을 받아 만든 것이다(Rosenblum, 2017). 일반 회사에 고용되어 일하는 가사도우미가 예약 금액의 50~80%를 임금으로 받는 데 비해, 업앤고 회원들은 예약 금액의 95%를 임금으로 받고 나머지 5%만 디지털플랫폼 운영을 위한 행정비용으로 지불한다(Up & Go, 2021). 3차 산업 분야의 경우 디지털플랫폼이 개 산책시키기, 육아, 마사지 서비스, 과외 교육 등 다양한 분야에 도입될 수 있다.

디지털 콘텐츠 서비스와 관련해서는, 흥미로운 사례가 몇 가지 있다. 앞에서 설명한 바와 같이 디지털 상품의 한계생산비용은 거의 제로에 가깝기 때문에, 자본이 빈약한 개인도 디지털플랫폼을 구축한 후 디지털 콘텐츠 생산을 쉽게 증가시킬 수 있다.

예를 들어, '레조네이트(Resonate)'는 스포티파이처럼 음악 스트리밍 서비스를 제공하는 베를린 기반의 디지털플랫폼이다. 정확히 이야기하자면, 레조네이트는 음악가, 음악 청취자, 플랫폼 운영자 등이 함께 모여서 2015년 설립한 다중이해관계자 협동조합이다(Resonate, 2021). 협동조합 구조를 채택했기 때문에 이 회사의 영업이익은 음악가(45%), 음악 청취자(35%), 플랫폼 운영자(20%) 3자가 참여한 정도를 기준으로 배분한다. 그 결과 음악 청취자는 일반 회사의 음악 스트리밍 서비스보다 저렴한 가격으로 음악을 즐길 수 있고, 음악가는 일반 회사와 계약하는 것보다 수익을 더 증가시킬 수 있다. 한 통계에 따르면, 레조네이트는 음악가에게 10만 회 다운로드당 1,526달러를 지불하지만, 일반 회사는 겨우 600달러를 지불한다.

또 다른 흥미로운 사례로는 '스톡시 유나이티드(Stocksy United)'를 들 수 있다. 스톡시 유나이티드는 로열티 없는 사진과 비디오를 제공하는 캐나다 기반의 디지털플랫폼이다. 이 디지털플랫폼은 사진작가와 플랫폼 운영자가 협동조합 구조로 2013년 설립한 디지털 콘텐츠 회사이다.

이 회사는 협동조합 구조 덕분에 각 구성원의 수익이 훨씬 더 증가했는데, 사진작가들은 1회 다운로드당 요금의 50%를, 장기 사용 서비스에 대해서는 요금의 100%를 지급받고, 연말에는 총 수익의 90%를 배당받는다(Stocksy United, 2013).

또한 코로나19 기간인 2020년 5월에 설립된 '미트쿱(Meet.coop)' 사례도 흥미롭다. 이 협동조합은 줌과 유사한 화상회의 서비스를 제공한다(Harvey, 2021). 미트쿱은 디지털플랫폼 운영자와 사용자 회원으로 구성된 다중이해관계자 협동조합으로, 대부분의 서버와 시설을 신재생에너지로 운영한다.

금융 서비스와 관련해서는, 아프리카의 저축 및 신용협동조합 사례를 들 수 있다. 이 협동조합은 상호부조 및 자구적인 성격을 지닌 다중이해관계자 협동조합이다. 제5장에서 설명한 바와 같이, 저축 및 신용협동조합은 회원들이 저축한 돈으로 돈이 필요한 회원들에게 시중 은행보다 더 싼 이자율로 대출 서비스를 제공한다(Lung'ahi, 2016). 여기서 중요한 점은 저축 및 신용협동조합이 디지털플랫폼 서비스를 도입함으로써 회원들의 금융 서비스 접근성을 더욱 제고했다는 것이다(Gundaniya, 2020). 디지털플랫폼 서비스 도입으로 금융 서비스 접근성이 높아진 이유는 다음과 같다.

우선, 아프리카에서는 유선전화 인프라가 열악하지만 전자화폐 송금제도와 같은 모바일 금융 서비스는 발달했기 때문이다. 따라서 이 협동조합은 디지털플랫폼 서비스를 도입하기에 최적의 환경을 가지고 있다. 다음으로, 저축 및 신용협동조합은 지역공동체를 기반으로 회원에게 편의성을 제공하기 때문이다. 따라서 이 협동조합은 전통적인 은행에 대한 대안으로서 지역사회에서 인기가 높다. 예를 들어, 케냐의 저축 및 신용협동조합은 약 1,400만 명의 회원을 보유하고 있다. 마찬가지로 에티오피아의 저축 및 신용협동조합의 회원은 2009년 2만 6,672명에서 2014년 5만 3,982명으로 매년 17%씩 증가하고 있다. 따라서 모바일 금융 서비스의 장점과 저축 및 신용협동조합의 장점을 결합하는 것은 매우 좋은 사업전략이다.

아울러 우간다의 루키가(Rukiga) 저축 및 신용협동조합의 사례에서 볼 수 있듯이, 전염병 상황에서 은행산업은 사회적 거리두기와 사람 간 접촉 최소화에 도움이 된다(Wakyiku and Adong, 2019).

모든 산업의 소비자 협동조합

이제 모든 산업 분야의 소비자 협동조합을 살펴보자. 예를 들어 스위스에서 가장 큰 소매협동조합이자 가장 큰 슈퍼마켓 체인인 미그로스는 다른 대형 슈퍼마켓 체인과 같이 자체 웹사이트를 개설했다. 소비자는 이 웹사이트에서 상품을 주문해서 집으로 배달시키거나 지정된 장소에서 인계받을 수 있다.

또 다른 흥미로운 사례는로 '페어몬도(Fairmondo)' 소비자 협동조합이 있다. 페어몬도는 2012년 독일에서 아마존과 이베이에 대항해 설립된 소비자 협동조합이다. 이 협동조합은 온라인 웹사이트를 통해 윤리적 생산자와 이러한 생산방식을 지지하는 소비자 사이에 상품과 서비스 매매를 중개한다(Fairmondo, 2021). 페어몬도가 다루는 상품과 서비스는 농업과 제조업의 상품은 물론이고, 심리 상담, 문서 교정, 소셜미디어 광고 등 다양한 서비스도 포함한다.

페어몬도는 다중이해관계자 협동조합으로 설립되었는데, 2,000명이 넘는 소비자 회원과 판매상이 참여하며 이들은 통상 가입비로 10유로에서 1만 유로를 기탁한다. 페어몬도는 공정하고 책임 있는 소비를 증진시키기 위해 전 세계적인 온라인 몰로 성장하는 것을 목표로 한다. 페어몬도는 해외에 다섯 개의 지점을 설립한 후 지역 협동조합들이 공동으로 소유하는 글로벌 차원의 본사를 수립하고 이 본사가 총괄 관리하는 글로벌 판매 네트워크를 구축하려는 계획을 갖고 있다(P2P Foundation, 2021). 이를 위해서는 지역 협동조합들이 우선 각 국가 차원의 페어몬도 연합체를 설립해야 한다.

전자상거래로 인한 협동조합의 도전 요인

협동조합은 전자상거래가 지닌 다섯 가지 특징을 잘 활용하기 위해 디지털플랫폼을 구축할 수 있다. 그러나 이러한 특징을 협동조합에 최대한 유리하게 활용하기 위해서는 다음 두 가지 도전 요인을 극복해야 한다.

일반 대중에게 웹사이트 홍보하기

협동조합은 자신의 웹사이트를 일반 대중에게 널리 홍보해야 한다. 대형 회사의 유명한 웹사이트와 달리, 알려지지 않은 지역 협동조합의 조그마한 웹사이트를 사람들이 먼저 인지하고 방문하기는 쉽지 않기 때문이다.

소비자가 협동조합의 웹사이트를 방문했을 때 비로소 협동조합은 전자상거래가 지닌 다섯 가지 특정의 혜택을 볼 수 있다. 즉, 시장을 방문하는 생산자와 소비자의 수가 증가할 수 있고, 중간 상인 없이 생산자와 소비자가 직거래를 할 수 있으며, 파트타임 일자리를 늘릴 수 있고, 자본이 빈약한 개인이나 기업도 시장에서 기업 활동을 할 수 있으며, 물리적 접촉 없이 생산자와 소비자를 연결할 수 있다.

하지만 소비자가 협동조합이 운영하는 웹사이트의 존재 자체를 모르고 있다면 웹사이트에 접속조차 하지 않을 것이다. 그러면 협동조합은 월마트나 까르푸 같은 대형 슈퍼마켓 체인의 웹사이트를 통해 자신의 생산품을 홍보하고 판매할 수밖에 없다. 따라서 협동조합의 입장에서는 자신의 웹사이트에 대한 일반 대중의 인지도를 높이는 것이 중요한 과제이다.

사이트에 대한 소비자 신뢰 구축하기

일반 대중이 협동조합이 운영하는 웹사이트의 존재를 인지했다 하더라도, 이 웹사이트에 대한 소비자의 불신을 해소해야 한다. 그래야 소비자의 웹사이트 방문이 실질적인 상품 구매로 이어질 것이기 때문이다. 만약 소비자가 처음 방문한 협동조합 웹사이트의 광고 내용을 신뢰할 수 없다면 이 협동조합의 상품을 구매하지 않을 것이다. 결론적으로, 웹사이트의 콘텐츠에 대한 소비자의 신뢰를 확보하는 것이 또 다른 과제이다.

전자상거래로 발생하는 도전 요인에 대한 해법

이러한 과제를 해결하기 위해서는 다음과 같은 두 가지 해법을 생각해 볼 수 있다.

지방정부가 중재자 역할을 수행

첫째 해법은 지방정부가 중재자 역할을 수행하는 것이다. 예를 들어, 지방정부는 지역 협동조합의 웹사이트와 일반 소비자를 연결시켜 주는 대표 웹사이트를 직접 운영할 수 있다. 이를 위해서는 대표 웹사이트에 개별 협동조합 웹사이트를 등재하기 전에 지방정부가 개별 협동조합의 웹사이트 상품에 대한 품질 검사를 수행해야 한다. 즉, 개별 협동조합이 상품 생산 과정에서 해당 분야의 공공 법규를 준수했는지 여부, 개별 협동조합의 웹사이트가 과장 광고가 아닌지 여부 등을 사전에 점검할 필요가 있다. 일단 개별 협동조합의 웹사이트에 대한 품질 검사가 완료되면 이 웹사이트는 지방정부가 운영하는 대표 웹사이트에 연동될 수 있을 것이다. 그리고 이 대표 웹사이트는 소비자가 자신이 원하는 상품을 생산하는 지역 생산자 협동조합을 찾을 수 있도록 검색 서비스를 제공할 수 있을 것이다.

지방정부가 이런 중재자 역할을 수행할 수 있다면 소비자가 지역공동체 내에서 자신이 원하는 상품과 서비스를 생산하는 개별 협동조합을 쉽게 찾을 수 있는 것은 물론이고 이들의 제품을 안심하고 구매할 수 있을 것이다. 제2장에서 살펴본 바와 같이, 협동조합이 공공 이익에 기여하는 측면을 고려할 때, 이미 일부 지방정부는 초기 형태의 대표 웹사이트를 운영하면서 자신들의 관할하에 있는 지역 협동조합을 지원하고 있다. 예를 들어, 한국의 경기도 사회적경제센터는 지역 협동조합들을 위해 온라인 쇼핑몰을 직접 운영하고 있다(경기도 사회적경제센터, 2022). 또한 경기도 사회적경제센터는 직접 운영하는 대표 웹사이트와 연결된 협동조합의 판매 상품에 대해 품질 보증을 제공한다.

협동조합연합회가 대표 웹사이트 개설

둘째 해법은 페어몬도 사례와 같이 협동조합연합회가 직접 대표 웹사이트를 개설하는 것이다. 페어몬도와 같이 협동조합들이 모여 자체적으로 대표 웹사이트를 만드는 것은 지역 또는 국가 규모로 이루어질 수 있다. 이러한 대표 웹사이트가 개설되면 이를 다른 나라의 대표 웹사이트와 연결시켜 글로벌 네트워크로 확장시키는 것도 검토해 볼 만하다.

두 가지 해법을 이행하는 것과 관련해 살펴보면, 보다 신속하고 쉬운 것은 첫째 해법, 즉 지방정부가 대표 웹사이트를 개설하는 방법일 것이다. 공공부문이 인적 및 물적 자원이 풍부하기 때문이다. 또한 정부가 주도하는 해법은 국가 차원에서 전국 각 지역의 대표 웹사이트 간 표준화를 도모할 때도 유리하다. 반면, 둘째 해법, 즉 협동조합이 자체적으로 대표 웹사이트를 개설하는 방법은 협동조합운동의 자율성과 독립성을 강화할 수 있을 것이다. 아울러 협동조합이 주도하는 둘째 해법은 대표 웹사이트를 구축할 때 각 지역만의 특성을 더 잘 반영할 수도 있을 것이다.

두 가지 해법 중 어느 쪽을 채택하든지 간에 대표 웹사이트에 대한 일반 국민의 인지도를 제고하기 위해 강력한 홍보 캠페인을 펼쳐야 할 것이다. 이러한 홍보 캠페인을 벌여야만 일반 소비자가 지방정부 주도의 대표 웹사이트 또는 페어몬도 같은 협동조합 주도의 대표 웹사이트의 존재를 알고 이 웹사이트를 방문할 것이기 때문이다.

결론

이 장에서는 전자상거래가 시장에 상당한 변화를 가져온다는 점을 설명했다. 전자상거래는 시장에 참여하는 소비자와 생산자의 수를 증가시키고, 중간 상인 없이 생산자와 소비자가 만날 수 있게 해주며, 파트타임 일자리를 증가시키고, 자본이 빈약한 개인과 기업도 시장에서 경쟁력을 가질 수 있도록 하며, 생산자와 수요자가 물리적 접촉 없이 만날 수 있게 한다. 따라서 협동조합도 디지털플랫폼을 도입하면 이러한 변화를 유리하게 활용할 수 있다. 다시 말해 협동조합이 디지털플랫폼을 활용해 회원들의 소득을 증가시키고 신입 회원을 더 쉽게 모집할 수 있는 것이다.

협동조합의 여섯 가지 유형(1차 산업, 2차 산업, 3차 산업 각 분야의 생산자 협동조합과 소비자 협동조합) 모두 디지털플랫폼을 사업에 활용할 수 있다. 다만, 제2장에서 분석한 바와 같이, 협동조합이 노동집약적 분야에서 더 강세를 보이기 때문에 협동조합이 운영하는 디지털플랫폼도 노동집약적 분야에서 더 많이 눈에 띈다.

또한 이 장에서는 전자상거래가 지닌 장점을 잘 활용하려면 협동조합이 다음 두 가지 과제를 해결해야 한다는 것을 강조했다. 첫째, 협동조합의 웹사이트에 대한 일반 지역 주민의 인지도를 높여야 하고, 둘째, 이 웹사이트를 통해 판매하는 상품에 대한 소비자 신뢰를 확보해야 한다.

그리고 이러한 도전 과제에 대처하기 위해 방안으로, 지방정부가 다수의 개별 협동조합 웹사이트와 연결되는 대표 웹사이트를 직접 운영함으로써 중재자 역할을 수행하는 방법 또는 페어몬도 사례와 같이 협동조합 연합체가 직접 대표 웹사이트를 운영하는 방법을 제시했다.

제10장

개발도상국에서의 협동조합의 유용성

협동조합운동은 개발도상국에서 유용하게 활용될 수 있는 큰 잠재력을 지니고 있다. 그러나 선진국 상황과 비교할 때 현재로서는 개발도상국에서 성공한 사례가 제한적이다. 일례로, 세계 상위 300대 협동조합 중에서 292개가 선진국에 소재하고 있는 반면, 개도국에는 단지 8개만 있다.

이러한 점을 고려해, 이 장에서는 먼저 개도국에서 협동조합이 유용한 이유를 살펴본 후, 지방분권화된 협동조합 지원 메커니즘을 구축하는 데 필요한 개도국의 역량 문제를 분석한다. 다음으로, 개도국과 선진국 간 이주근로자 교류를 활성화하는 데서 협동조합이 기여할 가능성을 모색한다. 그리고 마지막으로, 개도국에서 협동조합이 확산되는 것을 지원하기 위해 공적개발원조(ODA)를 활용하는 방안을 살펴본다.

개발도상국에서 협동조합이 유용한 이유

향후 30년간 개도국에서는 10.2억 명의 청년인구가 노동시장에 추가로 진입할 것으로 예상된다(UN DESA, 2019). 개도국에서는 25~64세의 노동연령인구가 2020년 34.8억 명에서 2050년 45억 명으로 29% 증가하는 반면, 선진국에서는 같은 기간 중에 노동연령인구가 6.7억 명에서 6.3억 명으로 다소 감소할 것으로 예측된다. 여기서 한 가지 유의할 점은 2020년 전 세계 노동인구는 32억 명이고 그중 2.2억 명은 실업자인데 이 실업자 중 1.78억 명이 개도국에 분포되어 있다는 점이다(ILO, 2021b). 이러한 상황하에서, 향후 30년 동안 개도국 노동시장에 추가로 10.2억 명이 유입될 경우 개도국 정부로서는 일자리 창출이 상당히 어려운 도전 과제가 될 것으로 예상된다.

노동연령인구의 급격한 증가는 주로 급속한 인구 증가가 예상되는 국가들에서 발생할 것으로 예측된다(UN DESA, 2019). 30년 후 인구가 급속하게 증가할 것으로 예상되는 국가들의 목록을 살펴보면 다음과 같다. 인도(13.8억 명→16.4억 명), 나이지리아(2.06억 명→4.01억 명), 파키스탄(2.2억 명→3.38억 명), 콩고민주공화국(0.9억 명→1.94억 명), 에티오피아(1.15억 명→2.05억 명), 탄자니아(0.6억 명→1.3억 명), 인도네시아(2.73억 명→3.31억 명), 이집트(1.02억 명→1.6억 명)이다.

인구가 증가하면서 노동연령인구 역시 급증하는데도 일자리가 충분히 창출되지 않는다면 불평등이 심화될 것이다. 그 결과 빈곤 퇴치가 지연되고, 경제성장의 잠재력이 훼손되며, 사회 불안이 야기될 것이다.

그렇다면 정책수립자는 개도국에서 고용을 창출하기 위해 무엇을 해야 할 것인가? 무엇보다도 노동집약적 분야를 잘 활용해야 한다. 그 이유는 다음과 같다.

첫째, 노동집약적 분야가 자본집약적 분야보다 노동소득 증대에 더 기여하기 때문이다. 즉, 노동집약적 분야와 자본집약적 분야의 매출액이 동일하다고 가정할 경우, 자본소득 대비 노동소득 비율은 노동집약적 분야에서 더 높게 나타난다.

둘째, 노동집약적 분야가 자본집약적 분야에 비해 일자리 창출을 위한 자원이 더 적게 소요되기 때문이다. 자본집약적 분야에서 일자리를 창출하려면 막대한 자본 투자가 선행되어야 하는데, 노동집약적 분야에서 일자리를 창출하려면 자본 투자가 크게 필요 없다. 따라서 자본이 빈약한 개도국으로서는 경제발전의 초기 단계에서 노동집약적 분야를 선택하는 것이 실용적일 수 있다(Khondoker and Kalirajan, 2012).

셋째, 개도국은 국제무역상 노동집약적 분야에서 비교우위를 가지고 있기 때문이다(IMF, 2001). 개도국은 노동집약적 분야에서 선진국보다 적은 기회비용을 지불하면서 상품과 서비스를 생산할 수 있다. 또한 개도국은 노동집약적 상품과 서비스를 선진국에 수출함으로써 일자리를 창출하고 외화를 획득할 수 있다. 후발주자로서 산업화에 성공한 동아시아 국가들의 경험을 분석해 보면, 섬유, 가죽제품, 농가공품, 목공예 등 노동집약적 분야가 경제발전 과정에서 중요한 역할을 수행했다는 것을 알 수 있다(Tesfaw, 2021).

개도국의 정책수립자는 이러한 배경을 고려하면서 노동집약적 분야에서 고용 창출을 도모할 때 투자자 소유형 기업보다 생존율이 더 높은 협동조합형 기업을 잘 활용해야 한다. 노동집약적 분야에서는 일반 회사가 지닌 두 가지 강점(대규모 자본 조성 능력, 빠른 의사결정 과정)이 별다른 파괴력을 발휘하지 못하는 반면, 협동조합이 지닌 일곱 가지 강점(교섭력, 비용 분담, 높은 생산성, 저렴한 생산품 가격, 비정규직의 정규직 전환, 공식적인 파트타임 일자리 창출, 사회적 자본 증대)은 유효하기 때문에, 협동조합이 경쟁 우위를 점한다는 사실을 상기할 필요가 있다.

이처럼 협동조합이 일반 회사(프리랜서 및 투자자 소유 기업)에 비해 경쟁적 우위를 가진다는 것은 개도국에서도 명확하게 관찰된다.

우선 프리랜서와의 경쟁과 관련해 보면, '쿠아파 코쿠(Kuapa Kokoo)' 사례가 좋은 시사점을 제공한다. 쿠아파 코쿠는 트위어(아칸족이 사용하는 아칸어의 방언)로 '좋은 코코아 농부'를 의미하는데, 가나에서 코코아를 재배하는 농부 8만 7,907명으로 구성된 협동조합이다. 이 협동조합 회원들은 공동으로 농업 원자재를 구매하고 장비도 공동 소유해 생산 비용을 낮추는데, 이를 통해 개별 농가보다 강력한 시장경쟁력을 가지고 있다(Fairtrade, 2022). 또한 쿠아파 코쿠는 단체 교섭력을 토대로 공동 마케팅도 전개한다. 이를 위해 이 협동조합은 '트위 트레이딩'과 합작해 영국에 자신의 제품을 판매하는 '디바인 초콜릿 컴퍼니'도 설립했다(Fairtrade, 2022). 가나에서 생산되는 코코아 생두의 품질은 세계 1위인데, 쿠아파 코쿠는 2012/2013년 기준 가나 코코아 전체 생산량의 5.5%를 생산했다(Fairtrade, 2022).

투자자 소유 기업과의 경쟁과 관련해 보면, '펀디테크(FundiTech)' 사

강승아. 2017.6.15. "9. 원주노인생협의 성공모델." ≪부산일보≫.
    http://www.busan.com/view/busan/view.php?code=20170615000255 (2021년 11월 1일
    검색).

강원도 사회적경제지원센터. 2021a. "2021 일자리 문제 해결형 협동조합 설립 지원 사업 공고." 6월
    8일. https://gwse.or.kr/bbs/board.php?bo_table=sub41&wr_id=2032 (2021년 8월 29일
    검색).

강원도 사회적경제지원센터. 2021b. "2022년 사회적기업가 육성사업 창업팀 모집공고." 12월 30일.
    https://gwse.or.kr/bbs/board.php?bo_table=sub41&wr_id=2247 (2022년 1월 15일 검색).

경기도 사회적경제센터. 2020. "2020년도 경기도 사회적경제 창업보육공간 신규 입주기업 모집
    공고." 5월 25일.
    https://www.gsec.or.kr/base/board/read?boardManagementNo=40&boardNo=177&men
    uLevel=3&menuNo=25 (2021년 9월 8일 검색).

경기도 사회적경제센터. 2022. "경기도 사회적경제 쇼핑몰." https://smartstore.naver.com/segg
    (2022년 5월 20일 검색).

경상남도 사회적경제통합지원센터. 2021. "2021년 청년 등 협동조합 창업팀 모집." 4월 19일.
    https://www.gseic.or.kr/bbs_detail.php?bbs_num=98&b_category=&now_number=118
    &id=&tb=support_business&pg=&links_number=&start=0 (2021년 9월 7일 검색).

경상북도 사회적경제지원센터. 2021. "2021년 경상북도 협동조합 창업지원사업 창업팀 모집 공고."
    4월 2일.
    http://gbse.or.kr/HOME/gbse/sub.htm?mode=view&mv_data=aWR4PTExOTUmc3RhcnR
    QYWdlPTAmbGlzdE5vPTIxJnRhYmxlPWV4X2Jic19kYXRhX2dic2UmbmF2X2NvZGU9Z2J
    zMTU2Njk3OTMxOCZjb2RlPU4ySnVOVOc25hTXhtbStZZWFyY2hfaXRlbT1zdWJqqZWN0JnNl
    YXJjaF9vcmRlcj3tmJHrj5nsobDtlakmb3JkZXJfbGlzdD0mbGlzdF9zY2FsZT0mdmlld19sZXZ
    lbD0mdmlld19jYXRlPSZ2aWV3X3N2NhdGUyPQ==|| (2021년 9월 7일 검색).

관악 사회적경제통합지원센터. 2020. "관악 사회적경제 기업역량강화 지원사업 참여 모집
    공고." http://gase.kr/web/notice/16383 (2021년 9월 8일 검색).

국토교통부. 2021. "지속가능한 도시 재생 뉴딜, 지역 일자리 창출을 위한 2021년 '선도
    마을관리협동조합' 7개소 선정, 발표." 보도자료. 4월 12일.
    http://m.molit.go.kr/viewer/skin/doc.html?fn=c658604974cca41f866e845ebcd2d86d&rs=
    /viewer/result/20210412 (2021년 10월 16일 검색).

권소담. 2021.5.17. "춘천희망택시협동조합." ≪MS Today≫.
    https://mstoday.tistory.com/3366. (in Korean) (2021년 9월 30일 검색).

기획재정부. 2013. 『협동조합 이렇게』. 낮은 문화사.

김예나. 2020. "당진전통시장협동조합: 지역밀착형 온라인쇼핑몰 추진." ≪당진시대≫. 4월 22일.
    http://www.djtimes.co.kr/news/articleView.html?idxno=82321 (2021년 12월 7일 검색).

김원규·김진웅. 2008. "투자활성화와 고용창출의 관계분석." ≪E-Kiet≫, no.406.

김창진. 2019. 「사회운동사의 맥락에서 본 한국협동조합운동 100년」. 김창진 엮음.
    『한국협동조합운동 100년사 II』. 가을아침.

김현대·하종란·차형석. 2012. 『협동조합 참 좋다』. 푸른지식.

둘째 유형의 메커니즘은 정부 간 모집 방식이다. 이 유형은 인력 송출국과 수용국의 공공 인력 중개 기관이 국가 간 노동력 이동을 관리하는 방식이다. 정부 간 모집 방식은 민간 부문 간 모집 방식과 비교할 때, 송출국의 두 가지 우려사항을 더 잘 해소할 수 있다. 일례로, 한국은 15개국 정부와 고용허가제에 관한 양해각서를 체결하고, 개도국 근로자가 한국어 시험을 통과하고 한국 정부가 정한 조건을 충족할 경우 이들을 공공 인력 리스트에 고용 후보로 등재한다. 한국의 고용주는 이 리스트에 등재된 후보 중에서 적절한 인력을 선택해 채용한다.

정부 간 모집 방식은 이주근로자들의 해외 구직 비용을 크게 경감시켰고, 동시에 이주근로자의 월급 수준과 사회보장제도 혜택을 현저히 개선했다(ILO, 2017d). 그러나 수용국의 입장에서는 정부 간 모집 방식이 숙련공을 확보하고 불법체류를 방지하는 데서 민간 부문 간 모집방식에 비해 더 낫다는 증거가 아직까지 없다. 한국의 경우 신규 이주근로자에 대한 언어 및 기술 훈련, 불법체류자 방지가 여전히 문제점으로 인식되고 있다. 예를 들어, 고용허가제를 통해 한국에 입국하는 이주근로자는 원활한 업무 수행을 위해 한국에서 언어 및 직업훈련 프로그램을 이수토록 하고 있다(진현·장은미·정기선, 2016). 또한 2013년 이후로는 한시적 이주근로자의 20%가 불법 체류자로 전환하고 있다(이규용, 2020).

이러한 두 가지 유형에 대한 비교 분석을 토대로 필자는 협동조합과 정부 간 모집 메커니즘을 제3의 선택지로 제안하고자 한다. 이 모집 메커니즘은 협동조합을 활용하는 것이 특징인데, 다음과 같이 설계할 수 있다. 우선, 이주근로자에 대한 수요는 보통 수용국의 농업, 건설, 가사, 환대, 간병, 엔지니어링, 정보통신기술과 같은 분야에서 주로 발생한다는 점에 유념해야 한다. 이러한 분야는 노동집약적 분야로, 협동조합이 일반 회사에 비해 더 경쟁력을 가지고 있다. 따라서 송출국 및 수용국 정부가 적절한 정책적 지원을 할 경우 송출국에 있는 이 분야의 협동조합들은 상당히 활성화될 수 있다. 그러면 수용국 정부는 개도국의 각 지역별 또는 지방 차원의 분야별 협동조합연합회와 이주근로자 모집에 관한 협정을 체결할 수 있을 것이다. 간단히 말해서 수용국 정부는 자국의 언어 테스트를 통과하고 동시에 농업, 건설, 가사, 환대, 간병, 엔지니어링, 정보통신기술 분야의 지역협동조합의 회원이기도 한 후보를 이주근로자로 선정하는 것이다.

송출국 입장에서 보면, 협동조합과 정부 간 모집 메커니즘은 정부 간 모집 메커니즘의 강점(낮은 해외 구직 비용, 양질의 일자리 확보)을 그대로 흡수할 수 있다. 이는 수용국 정부가 모집 절차를 직접 관리하기 때문에 가능한 시나리오이다. 한편, 수용국 입장에서 보면, 협동조합이 숙련공을 확보하고 불법 체류를 방지하는 데 기여할 수 있다. 수용국 정부가 직업훈련 프로그램 및 ODA를 통해 앞에서 예시한 분야의 송출국 협동조합을 지원할 경우 송출국의 숙련공을 증가시킬 수 있을 것이다. 이러한 접근법은 무엇보다 송출국의 국내 산업 기술 수준을 향상시키는 데 기여할 것이고, 이렇게 양성된 숙련 인력에 대해서는 해외 수요도 증가할 것이다. 결과적으로 이러한 지원은 송출국과 수용국 모두에게 도움이 되는 결과를 가져다줄 수 있다.

또한 불법체류자 발생을 방지하기 위해 수용국 정부는 협동조합을 활용해 예방 장치를 강구할 수 있다. 첫째 장치는 이주근로자가 본국으로 송금할 때 이주근로자가 소속된 지역 또는 분야의 협동조합연합회와 이주근로자 공동 명의로 개설한 은행계좌로 송금하도록 하는 것이다. 그리고 송출국 소재 이주근로자 가족을 위한 최소한의 고정 생계자금을 제외하고는 이 계좌의 저축액은 이주근로자가 귀국한 후 자신과 협동조합연합회의 공동 서명이 있어야 인출할 수 있도록 하는 것이다.

둘째 장치는 수용국 정부가 이주근로자를 모집할 때 불법 체류자가 과거에 소속되었던 지역별 또는 분야별 협동조합연합회에는 불이익을 주고 불법 체류자가 발생하지 않은 다른 협동조합연합회에는 인센티브를 주는 방안이다. 이 접근법은 이주근로자 한 명의 일탈 행위가 전체 공동체의 이익을 침해하도록 만듦으로써 공동체 내에 '동료 간 압력 메커니즘'을 구축하는 것을 목표로 한다. 이 동료 간 압력 메커니즘은 2006년 노벨평화상 수상자인 무하마드 유누스(Muhammad Yunus) 교수가 미소금융 프로그램에 도입했을 때 매우 강력한 것으로 증명되었다. 유누스 교수는 담보가 없는 가난한 여성들이 그라민 은행에서 돈을 빌릴 때 이 메커니즘을 적용해 부실대출률을 크게 낮추었다(Yunus, 2003). 즉, 마을별로 여성들에게 동료 그룹을 구성하게 한 후 이 그룹의 한 구성원이 대출금을 상환하지 않을 경우 그룹 전체가 추후 대출 서비스를 받을 수 없도록 하는 구조이다. 이러한 동료 간 압력 메커니즘으로 인해 그라민 은행의 부실대출률은 방글라데시의 일반 상업은행보다 훨씬 낮다.

정리하자면, 정책수립자들은 협동조합을 개도국과 선진국을 연결시키는 다리로 활용함으로써 SDG 10의 세부목표 10.7을 달성하는 데 기여할 수 있다. 세부목표 10.7은 "계획적이고 잘 관리되는 이주 정책을 통해 질서 있고 안전하고 정규적이고 책임감 있게 개인의 이주와 이동이 이루어질 수 있도록 한다"라고 규정하고 있다.

ODA를 통해 협동조합을 지원하는 다섯 가지 방안

제4장에서 살펴본 바와 같이, 한 국가 내에서 불평등을 완화하기 위해서는 국가의 개입이 필요한데, 이와 똑같은 논리가 국제사회에도 적용된다(Koh, 2018). 국제사회에서도 불평등 완화를 위해서는 공공 개입이 필요한데, 이러한 개입의 수단이 바로 ODA(Official Development Assistance), 즉 공적개발원조이다. 여기서는 ODA를 활용한 협동조합 지원 방안을 살펴볼 예정인데, 그에 앞서 국제사회에서 ODA가 등장한 배경을 먼저 알아보기로 하자.

우선, 토머스 홉스는 자신의 저작 『리바이어던』(1651)에서 개인은 자신의 안전을 담보하기 위해 사회(또는 권위)를 형성한다고 주장했다. 즉, 개인은 사회 내에서 권위를 가진 조직체에 세금을 납부하고, 그 조직체는 이에 대한 대가로 치안력을 활용해 개인에게 안전을 제공한다는 것이다. 마찬가지로 국제사회에서도 개별 국가는 다른 국가로부터 침략당할 위험에 노출되어 있으므로 자신의 안전을 담보할 사회(또는 권위)를 형성해서 안전을 담보할 필요가 있다. 이러한 맥락에서 1945년에 국가들은 공동으로 유엔을 설립했는데, 이 유엔이라는 권위체는 분쟁이 발생하면 유엔 평화유지군을 파견해 평화를 회복한다(Koh, 2018).

둘째, 개인은 안전이 담보되면, 다음으로 물질적 번영을 추구하는 경향이 있다. 이러한 맥락에서 존 로크는 자신의 저작『정부에 관한 두 가지 계약』(1689)을 통해 국가(또는 권위)는 경제활동에 관한 법과 질서를 잘 집행해 개인이 자유롭게 경제적 이익을 추구할 수 있도록 지원해야 한다고 주장했다. 마찬가지로 국제사회에서도 개별 국가가 자신의 경제적 이익을 극대화하기 위해서는 국제무역을 규율하는 법과 제도가 뒷받침되어야 한다. 이러한 맥락에서 국가들은 세계무역기구(WTO)와 국제통화기금(IMF)을 설립했다(Koh, 2018). WTO는 국가 간에 이루어지는 국제 무역에 관한 국제법을 제정하고 집행한다. IMF는 국제 무역 과정에서 국가들이 외화가 부족해서 외국 상품과 서비스에 대한 대금을 지불하지 못할 경우 이들에게 외화 단기 대출을 제공하는 기구이다.

셋째, 프리드리히 헤겔은 자신의 저작『권리 철학의 요소』(1820)에서 개인이 법과 질서에 따라 경제적 이익을 자유롭게 추구할 수 있게 되면 필연적으로 낙오자 그룹과 불평등이 발생한다고 주장한다. 이러한 상태를 방치하면 이 낙오자 그룹은 사회의 안정을 위협할 것이기 때문에, 헤겔은 국가의 개입이 필요하다고 주장한다. 헤겔의 철학은 현대 경제 시스템이 복지국가 모델을 도입할 수 있도록 이론적 기반을 제공했다. 마찬가지로 국제사회에서도 자유 경쟁 과정에서 뒤처지는 국가 그룹이 생기므로 국제사회가 개입할 필요가 있다. 개별 국가들은 이 낙오 국가 그룹을 지원하는 ODA를 시행하기 위해 국제부흥개발은행(IBRD) 및 다수의 국제기구를 설립했다(Koh, 2018). 물론 개별 선진국은 앞에서 언급한 IBRD 또는 다른 국제기구에 재원을 기여함으로써 다자 차원의 ODA도 제공하지만, 개도국에 대해 양자 차원의 ODA도 직접 제공하고 있다. 이렇듯 ODA를 통한 개입은 국가 간 불평등을 완화하는 것을 목표로 하고 있다.

이러한 배경하에 우리는 협동조합이 개도국의 노동소득을 증가시키고 경제발전을 촉진시키는 데서 독보적인 정책수단이라는 점을 상기할 필요가 있다. 따라서 만약 개도국의 협동조합을 활성화하는 데 ODA가 활용된다면, 국제사회에서 국가 간 불평등을 완화하는 데 상당한 도움이 될 것이다.

그렇다면 정책수립자는 협동조합을 지원하기 위해 ODA를 어떻게 활용해야 할 것인가? 논의를 전개하기에 앞서, ODA가 무상원조, 유상차관, 기술적 지원으로 구성된다는 점을 기억하도록 하자. 개도국 내에 협동조합을 확산시키기 위해 ODA를 활용하는 방안은 다섯 가지로 생각해 볼 수 있다. 첫째, 개도국 정부가 지방분권화된 협동조합 지원 메커니즘을 구축하도록 지원하는 것이다. 둘째, 개별 협동조합이 디지털 플랫폼을 구축하도록 지원하는 것이다. 셋째, 협동조합 구성원에게 기술 및 직업훈련을 제공하는 것이다. 넷째, 협동조합에 민간지원수단(PSI)을 활용해 금융 지원을 제공하는 것이다. 다섯째, 선진국 협동조합이 개도국 협동조합에 기술 지원을 제공할 수 있도록 선진국 협동조합과 개도국 협동조합 간 교류를 지원하는 것이다. 각 방안을 상세하게 살펴보자.

(1) 지방분권화된 협동조합 지원 메커니즘을 구축하도록 지원

ODA는 개도국 정부가 지방분권화된 협동조합 지원 메커니즘을 구축할 수 있도록 지원해야 한다. 제8장에서 설명한 바와 같이, 협동조합은 대부분 지역기업이므로 지방분권화된 지원 방식이 더 도움이 될 수 있다. 즉, 지방정부가 관할 지역에 대한 정보를 더 많이 가지고 있는 상태에서 지방분권화를 통해 지방정부에 더욱 강력한 행정권력이 주어진다면, 중앙정부에 비해 지역기업을 더 잘 지원할 수 있을 것이다. 따라서 ODA는 다음 세 가지 사항에 초점을 맞추어야 한다.

첫째, 지방정부가 협동조합 지원 메커니즘의 '구조'를 잘 설계할 수 있도록 지원해야 한다. 여기에는 지방정부가 기존 조직을 강화하거나 특별전담 기구를 설립할 수 있도록 지원하는 것도 포함된다. 이러한 관점에서, 제8장에서 설명한 바와 같이, 한국의 사회적경제센터 또는 도시재생지원센터가 유용한 참고사례가 될 수 있다.

나아가 다양한 이해관계자가 참여할 수 있는 지역기반 파트너십의 설립도 지원해야 한다. 이와 관련해서는 유엔개발계획(UNDP)이 추진한 '인간개발을 위한 지역 및 주제 네트워크 협력(ART)' 이니셔티브가 좋은 본보기이다. 이 이니셔티브는 지역공동체 내에 지방정부, 지방 의원, 주민, 기업, 시민사회, 지역 언론 등 다양한 이해관계자가 참여해 상호 대화할 수 있는 사회적 공간을 제공한다.

아울러 협동조합연합회 설립도 지원해야 한다. 다수의 개별 협동조합들이 모여서 협동조합연합회를 설립하고 이 연합회가 개별 협동조합들을 대표해 지역기반 파트너십에 참여하도록 할 경우, 협동조합 측 주장의 정당성을 강화시켜 줄 것이기 때문이다. 연합회 설립 지원과 관련해서는 한국사회적기업연구원(KSEPA)의 사례가 유용할 수 있는데, 이 기관이 한국의 협동조합 지원 메커니즘을 설계하는 과정에서 중추적인 역할을 담당했기 때문이다.

둘째, 지방정부가 협동조합 지원 메커니즘이 운용할 '프로그램'을 잘 설계할 수 있도록 지원하는 것이다. 개별 협동조합을 설립하기 위해서는 다음 다섯 단계를 거쳐야 한다. 1단계, 협동조합을 설립하기 위해 뜻을 같이하는 몇 명의 개인 모으기, 2단계, 사업 계획 수립, 3단계, 법적 구조 채택, 4단계, 재원 확보, 5단계, 협동조합을 출범하고 운영하기이다. ODA는 이 다섯 단계를 각각 지원하는 방식으로 프로그램을 구성할 수 있다. 이와 관련해서는 다시 한번 한국의 사례를 참고하는 것이 유용할 것이다.

셋째, 중앙정부가 협동조합운동에 우호적인 환경을 조성할 수 있도록 지원하는 것이다. 여기에는 협동조합 기본법 및 특별법 제정, 기업 지원용 공공재원을 협동조합에도 지원, 협동조합 지원 메커니즘(웹사이트 개설, 지역기반 파트너십 설립 등) 표준화, 연구 및 교육이 포함된다.

(2) 협동조합이 디지털플랫폼을 구축하도록 지원

ODA는 협동조합의 디지털화를 지원해야 한다. 제9장에서 분석한 바와 같이, 디지털화로 인해 전자상거래가 등장했고, 이를 통해 시장에 참여하는 소비자와 생산자의 수가 증가했으며, 생산자와 소비자가 중간 상인을 건너뛰고 직거래를 할 수 있게 되었고, 파트타임 일자리가 증가했으며, 자본이 빈약한 개인의 시장경쟁력이 강화되었고, 물리적 접촉 없이도 생산자와 소비자가 거래를 할 수 있게 되었다. 디지털화는 협동조합 회원의 소득을 증가시키고 신규 회원 모집에도 기여하기 때문에, 개도국의 협동조합도 디지털플랫폼을 도입하는 것이 사업 활동에 유용할 것이다.

이를 위해 ODA는 다음 세 가지 사항에 초점을 맞추어야 한다. 첫째, 지방정부가 협동조합의 디지털플랫폼 구축을 효과적으로 지원할 수 있도록 지방정부 자체의 기술적 역량을 강화해야 한다. 둘째, 개별 협동조합의 웹사이트를 활성화하기 위해 지방정부가 대표 웹사이트를 개설하고 운영할 수 있도록 기술적 지원을 제공해야 한다. 이 과정에서 지방정부가 이 대표 웹사이트에 연동되는 개별 협동조합 상품의 품질을 관리하는 역량을 강화하도록 지원할 필요가 있다. 이와 관련해서는 제9장에서 소개한 한국의 경험이 유용할 것이다. 셋째, 지방정부 대표 웹사이트에 대한 대중의 인지도를 제고하기 위해 개도국 중앙정부 차원에서 전국적인 홍보 캠페인을 지원해야 한다.

(3) 협동조합 구성원에게 기술 및 직업훈련 지원

ODA는 협동조합을 위한 기술 및 직업훈련을 지원해야 한다. 개도국은 국내 경제발전은 물론이고 해외근로자 파견을 통한 외화 획득을 위해서도 숙련된 노동력이 필요하다. 따라서 노동연령인구에 대해 고품질 기술 및 직업훈련을 실시하는 것이 중요하다.

조금 더 상세히 분석하자면, 고품질 기술 및 직업훈련을 통해 개도국의 국내 경제에 숙련 인력을 공급할 경우 개도국은 고부가가치 분야로 경제활동을 전환해 나갈 수 있을 것이다(OECD, 2007). 이러한 숙련 인력은 개도국 국내 경제에서 중추적인 역할을 담당하면서 협동조합의 창업 멤버가 될 수도 있다. 만약 이러한 숙련 인력에 대해 노동집약적 분야에서 협동조합을 설립하도록 인센티브를 제공한다면, 이들의 협동조합은 국내 시장에서 일반 회사를 상대로 강력한 경쟁 우위를 확보할 수 있을 것이다.

다음으로, 해외근로자를 파견하는 문제와 관련해서 보면, 고품질 기술 및 직업훈련을 통해 협동조합 차원의 숙련 인력이 증가한다면 수용국에서 양질의 일자리를 구하는 경우가 증가할 것이다. 특히 이러한 시나리오는, 앞서 언급한 바와 같이, 개도국 협동조합과 수용국 정부 간 이주근로자 모집 메커니즘이 안정적으로 자리 잡을 경우 더욱 현실적이 될 것이다. 현재로서는 수용국이 숙련된 이주근로자를 확보하는 데 어려움을 겪고 있다.

일례로, 인구 고령화로 인해 선진국과 개도국 모두 장기 간병 인력 수요가 증가하고 있지만 관련된 숙련 인력이 부족한 실정이다. OECD 37개 회원국에서 80세 이상 고령인구는 2016년 5,700만 명에서 2050년 1.2억 명으로 거의 두 배 증가할 것으로 예상된다(OECD, 2020c). 그러나 장기 간병 서비스가 건강상태 모니터링, 다양한 분야의 간호 계획 실행, 의료 기록 작성 등 전문적인 기술을 필요로 하는데도 간병인의 70% 이상이 무자격자이다(OECD, 2020c). 따라서 수용국은 적절한 노인의학 및 대인관계 관련 기술을 가진 간병인이 필요하다. 현재 이주근로자에 대한 수요는 농업, 건설, 가사, 환대 서비스업, 간병, 엔지니어링, 정보통신기술 분야에서 주로 발생한다(ILO, 2017d).

마찬가지로 개도국에서도 은퇴연령인구(65세 이상)가 2020~2050년 간 9.5억 명에서 22.8억 명으로 급증할 것으로 전망되어, 장기 간병 서비스에 대한 수요가 증가할 것으로 예상된다. 이러한 상황을 고려할 때, ODA를 통해 개도국의 국내 경제발전에 기여할 수 있는 유망 분야는 물론이고, 이주근로자에 대한 수요가 있는 분야에 대해서도 직업훈련을 지원하는 방안을 마련해야 할 것이다.

(4) 민간지원수단을 활용한 금융 지원

ODA는 민간지원수단을 통해 협동조합에 대해 직접 금융 지원을 제공해야 한다. 개도국의 협동조합은 기술, 장비, 마케팅 등에 투자할 자본이 부족하기 때문에 사업 확장에 상당한 어려움을 겪고 있다. 일례로, 케냐에서는 커피가 국가 농산품 수출액의 10%를 차지하고 있지만, 많은 커피 협동조합이 커피 생두를 저가에 중간 상인에게 판매하고 있다(Lugado and Omukoko, 2017). 이는 커피 생두를 가공할 시설이 없어서 협동조합이 소비자에게 커피를 바로 판매할 수 없기 때문이다(Lugado and Omukoko, 2017). 따라서 이들이 커피의 질과 판매 수익을 제고할 수 있도록 재정 지원이 필요하다.

이런 맥락에서 최근 국제사회가 개도국의 민간사업 또는 기업을 지원하기 위해 도입한 '민간지원수단(Private Sector Instrument: PSI)'은 개도국 협동조합의 자본 부족 문제를 해결하는 데 실마리를 제공할 수 있다. OECD의 개발원조위원회 고위급회의에서 2016년 합의된 '민간지원수단에 대한 ODA 현대화 원칙'에 따르면, 공여국의 공적 재원이 민간지원수단(지분투자, 대출, 보증 등)의 형태로 개도국의 민간기업에 지원될 경우에도 이를 ODA로 인정할 수 있다(DAC, 2016). 정책수립자들은 민간지원수단을 활용해 개도국의 민간 분야에 개도국 내 민간 재원과 해외 민간 재원의 투자를 유도하고자 하는 것이다. 정확히 말하면, 정책수립자들은 민간지원수단을 통해 개도국 및 해외 민간 투자자의 위험을 경감시켜 줌으로써 이 투자자들이 더 적극적으로 개도국에 투자할 수 있게끔 장려하고자 한다.

2021년 말 기준으로, 민간지원수단에 관한 최종 규칙은 아직 완성되지 못한 상황이다. 왜냐하면 개발원조위원회 차원에서 이에 관한 최종 결정을 내릴 만한 충분한 데이터를 수집하지 못했기 때문이다. 따라서 개발원조위원회는 현재 민간지원수단에 관한 잠정규칙을 적용 중이다(DAC, 2018). 이 잠정규칙은 민간지원수단을 ODA로 계산하는 데서 기관주의 접근법과 수단주의 접근법을 모두 인정하고 있다.

기관주의 접근법에 따르면, 공여국 정부가 민간지원수단 프로그램을 집행하는 공적 기관에 지원하는 모든 공공재원은 (개도국 기업에 지원되기 전에) 액면가 그대로 100% ODA로 인정된다. 이 '액면가 계산 방식'은 개발원조위원회가 그간 통상적으로 ODA 액수를 계산할 때 이용해왔던 '양허율 측정 방식'과 다르다. 즉, 공여국 정부가 개도국 기업을 지원하는 민간지원수단의 경우 액면가 그대로 ODA 금액으로 계상하는 반면, 공여국 정부가 개도국 정부를 지원하는 전통적인 방식의 원조는

원조 금액의 액면가와 현재 가치의 차이인 양허율을 ODA 액수로 계상하기 때문이다. 아울러 민간지원수단의 경우 자금이 이익 배당 등의 형태로 공적 기관에서 정부로 공공재원이 다시 환류될 경우 환류된 금액만큼 해당 국가의 ODA 통계에서 차감한다.

반면, 수단주의 접근법에 따르면, 개도국의 기업에 지원된 개별 대출 및 개별 지분투자를 개별적으로 ODA 액수로 계산하며, 이 경우 현금의 흐름을 액면가로 계상한다. 만약 전년도의 민간지원수단에서 이익이 발생해 정부 예산으로 환류될 경우, 이는 해당 국가의 ODA 통계에서 차감한다. 여기서 한 가지 유의할 점은 민간지원수단이 ODA로 인정받기 위해서는 재정적 부가성과 가치적 부가성을 충족시켜야 한다는 점이다(DAC, 2018). 재정적 부가성은 민간사업 또는 기업이 투자의 고위험성 때문에 자체적으로는 상업 금융을 조달할 수 없을 때 충족된다. 가치적 부가성은 민간지원수단이 지원될 때 비재정적 기여(지식 전수, 경영 역량 증진, 해외 네트워크 확장 등)도 함께 수반될 경우 충족된다.

민간지원수단에 관한 잠정규칙은 민간지원수단을 운용하기 위한 기반을 닦았지만, 여기에는 세 가지 우려사항이 존재한다.

첫째 우려는 이 잠정규칙이 양허율 측정 방식을 도입하지 않았다는 것이다. 사실 여기에는 현실적인 이유가 있다.

먼저, 지분투자에 대해 살펴보자. 지분투자의 양허율을 계산하기 위해서는 비교 분석을 위해 같은 국가 또는 다른 국가에 있는 상업적 성격의 유사한 투자 프로젝트의 위험에 관한 정보가 필요한데, 이러한 정보가 충분하지 않다(DAC, 2016). 마찬가지로 같은 국가 또는 다른 국가의 상업적 지분투자에 따른 이익 배당 사례에 관한 정보도 필요한데, 이러한 정보 역시 충분하지 않다(DAC, 2016).

다음으로, 대출과 보증에 대해 살펴보자. 국가에 대한 대출 및 보증의 양허율을 계산하는 것은 쉬운 작업이다. 왜냐하면 '공적지원을 받는 수출신용협약에 참여하는 국가들의 신용도 분류체계'에서 개별 국가에 대한 기준 이자율을 특정하고 있기 때문이다. 따라서 대출의 양허율을 계산하려면 개도국 정부에 대한 기준 이자율과 ODA를 통해 제공하는 대출의 저렴한 이자율 간의 차이를 양허율로 계상하면 된다. 그러나 민간지원수단을 통해 제공하는 대출의 경우 같은 국가 내에서 상업 대출을 이용하는 다양한 민간사업 또는 기업에 대한 위험 평가 정보를 구하기 어렵기 때문에 비교할 데이터가 없다는 것이 큰 문제이다. 상업 대출을 이용하는 기업의 위험 평가 정보가 있어야 이들이 지불하는 이자율과 민간지원수단 대출을 이용하는 기업이 지불하는 이자율 간 차이를 알아내 양허율을 구할 수 있는데, 현실적인 제약이 매우 크다.

민간지원수단을 통해 제공하는 보증에도 이와 유사한 논리가 적용된다. 이러한 보증의 양허율을 계상하기 위해서는 상업은행의 보증 수수료 수준을 알아야 한다. 그래야 시장 수수료보다 저렴한 민간지원수단을 통한 보증 수수료 간 차이를 양허율로 계상할 수 있을 것이기 때문이다. 수원국 내에서 상업적 보증료 수준을 파악하기 위해서는 상업적 보증을 이용하는 다른 민간기업의 신용평가 정보를 알아야 하는데 이는 기업 비밀의 영역이다. 나아가 민간지원수단은 본질적으로 비양허성 정책 도구라서, 민간기업에 대한 양허성 지원은 보조금 논란과 시장왜

곡 논란을 불러일으킬 수 있다(DAC, 2016).

둘째 우려는 공여국이 정부 간 차관보다 민간지원수단을 선호할 수 있다는 것이다. 민간지원수단에 할당된 ODA 예산은 전체 금액이 ODA 통계에 반영되지만, 정부 간 차관의 경우 양허율만큼의 금액만 ODA 통계에 반영되기 때문이다. 물론 이러한 우려와 관련해 민간지원수단의 경우 민간기업이 대출을 상환하거나 보증을 사용하지 않을 경우 결과적으로는 ODA로 인정받는 금액이 제로라는 점도 유의해야 한다. 이는 비양허성 정책 도구라는 민간지원수단의 본질적인 특성 때문이다. 반면, 정부 간 차관의 경우 개도국 정부가 이를 완전히 상환한다고 할지라도 양허율만큼의 금액은 ODA로 인정된다.

셋째 우려는 기관주의 접근법과 수단주의 접근법 간에 일관성이 결여되어 있다는 것이다. 2021년 말 기준으로 기관주의 접근법하에서는 보증이 ODA로 인정되지만, 수단주의 접근법하에서는 보증이 ODA로 인정되지 않는다. 사실 보증은 자본금이 같다고 하더라도 승수효과 때문에 대출보다 더 많은 민간 재원을 동원할 수 있다(Koh, 2018). 따라서 수단주의 접근법하에서도 보증을 ODA에 포함시키는 것이 필요하다 할 것이다.

이러한 배경하에, 민간지원수단의 주요 지원 대상이 중소기업과 에너지 인프라라는 점은 의미가 있다(DAC, 2020). 제1장에서 살펴본 바와 같이, 거의 모든 협동조합이 중소기업이므로 민간지원수단은 협동조합의 장비 및 자산 구매를 직접적으로 지원하는 데 활용될 수 있는 잠재력을 가지고 있다.

(5) 선진국 협동조합과 개도국 협동조합 간 교류 지원

ODA는 선진국 협동조합이 개도국 협동조합에 대해 기술적 지원을 하도록 만들어야 한다. 정확히 말하자면, ODA는 이러한 협동조합 간 기술적 지원을 완전히 또는 부분적으로 재정 지원할 수 있다. 개도국의 협동조합에 기술 지원을 제공하는 데 선진국의 협동조합을 관여시키는 데에는 세 가지 이유가 있다.

첫째 이유는 선진국의 협동조합은 자신의 운영 철학 때문에 개도국의 협동조합을 매우 돕고 싶어 하기 때문이다. 국제협동조합연맹 제6운영원칙(협동조합 간 협력)에 근거해, 협동조합은 서로 돕는 문화를 장려하고 있다. 또한 제7운영원칙(지역공동체를 향한 관심)에 근거해, 선진국의 협동조합은 개도국이 처한 상황에도 관심을 기울여야 한다. 왜냐하면 자신이 속한 지역공동체의 지속가능한 발전은 세계 다른 지역의 지속가능한 발전과도 밀접히 연관되어 있기 때문이다.

둘째 이유는 선진국의 협동조합은 동종 분야 개도국의 협동조합을 지원하는 데서 다른 어떤 기관보다도 뛰어난 역량을 가지고 있기 때문이다. 선진국의 협동조합은 자신의 전문 분야를 잘 이해하고 있으며, 동시에 협동조합 모델의 특징을 깊이 이해하고 있다. 따라서 이들은 개도국 협동조합이 겪는 어려움을 다른 어떤 기관보다 더 잘 이해할 수 있으며, 맞춤형 지원을 제공할 수 있다.

셋째 이유는 ODA 사업에 선진국의 협동조합을 관여시키면 선진국 일반 국민의 ODA에 대한 이해와 지원도 증가하기 때문이다. 즉, 협동조합의 회원인 일반 국민이 ODA 사업에 직접 참여하면 ODA의 가치와 중요성을 경험하게 되고 어려운 이웃을 돕는 데서 오는 개인적 행복감도 맛볼 수 있다. 많은 공여국이 경제 사정과 재정 악화로 인해 ODA 예산 감축 압력에 시달리고 있는 상황에서 일반 국민이 ODA의 가치와 중요성을 현장 체험한다면, 이들은 정책결정 과정에서 ODA 예산을 확대하는 데 든든한 지지 기반이 되어줄 것이다.

요컨대 선진국 협동조합이 개도국 협동조합을 지원할 내재적인 동기가 있고, 이를 실행한 역량이 충분하며, 일반 국민이 ODA 사업에 참여할 경우 ODA 예산 증대를 위한 지지 기반이 강화된다는 점에서, 선진국 협동조합이 개도국 협동조합을 지원하는 데 ODA 예산을 투입하는 것은 매우 실용적이고 효율적이라고 할 수 있다.

예를 들어, 미국국제개발처(USAID)의 재정 지원으로 미국의 국립농촌전력공급협동조합연합회(NRECA)는 방글라데시의 농촌전력 협동조합을 지원해 오고 있다(NRECA International, 2021). 이러한 지원에 힘입어 방글라데시에서는 80개의 농촌전력 협동조합이 설립되어 약 1억 명 이상에게 혜택을 제공하고 있다(Hoffman, 2019).

또 다른 사례로, 유럽연합과 국제협동조합연맹 간에 맺은 국제개발 파트너십 협정이 주목할 만하다. 2016년 유럽집행위원회와 국제협동조합연맹은 2016~2020년간 전 세계적으로 협동조합을 확산시키기 위해 파트너십 협정을 체결했다. 유럽연합은 2014~2020년간 국제개발을 위한 유럽연합의 전략을 실행하는 데서 협동조합을 민간 부문의 중요한 행위자로 인정하고 ODA 예산으로 국제협동조합연맹의 활동을 지원했다(Cooperatives Europe, 2021a). 유럽연합과 국제협동조합연맹 간 파트너십은 개도국에서 약 160개의 사업을 지원하는 성과를 거두었다 (Cooperatives Europe, 2021b).

결론

이 장은 협동조합운동이 개도국에서 매우 유용할 수 있는 이유에 대해 설명했다. 개도국은 향후 30년간 노동시장에 추가적으로 진입하는 10.2억 명을 위한 일자리를 창출해야 한다. 이러한 일자리 수요를 고려할 때 노동집약적 분야에 대한 정책적 관심이 매우 중요하다. 21세기 들어 노동집약적 분야는 고용 창출 측면에서 점점 더 중요해지고 있기 때문이다. 즉, 노동집약적 분야(예를 들어, 서비스 산업)는 자본집약적 분야(예를 들어, 제조업)보다 일자리 창출에 더 유리하고, 일자리 창출에 소요되는 자원을 더 절감할 수 있으며, 개도국이 이 분야에서 국제무역상 비교우위를 가지고 있기 때문이다.

이러한 점을 고려할 때, 제2장에서 규명한 바와 같이, 협동조합이 노동집약적 분야에서 일반 회사보다 강점이 많다는 것은 매우 중요한 정책적 시사점을 제공한다. 따라서 협동조합은 개도국에서 일자리 창출을 위한 유망한 정책수단으로 자연스럽게 부상하고 있다. 다행스럽게도 개도국은 지방분권화 접근법을 채택할 경우 효과적인 협동조합 지원 메커니즘을 구축할 수 있는 역량을 가지고 있다.

한편, 협동조합은 선진국과 개도국 간에 한시적 이주근로자의 교류를 활성화시킴으로써 인구 고령화로 노동력이 부족한 선진국에 숙련 인력을 공급하고 개도국에는 막대한 외환 수입을 가져다줄 잠재력을 가지고 있다. 즉, 협동조합은 송출국의 우려사항(높은 중개 비용, 안정적인 일자리 확보의 불확실성)과 수용국의 우려사항(숙련 인력 부족, 불법 체류자 양산)을 균형적으로 해소할 수 있는 잠재력을 가지고 있다. 개도국 입장에서 보면 협동조합은 국내 일자리 창출을 통해 경제발전을 촉진할 수 있고, 국제적으로 이주근로자 송출을 활성화해 막대한 외환 수입을 가져다줄 수 있으며, 이를 통해 개도국과 선진국 간 불평등 완화에 기여할 수 있다.

개도국에서 협동조합이 갖는 이 같은 유용성을 고려할 때, 개도국의 협동조합을 ODA를 통해 지원하는 작업이 필요하다. 이를 위해 ODA가 해야 할 일은 다음과 같다.

첫째, 2000년대 초반 유엔과 국제노동기구(ILO)가 권고한 바와 같이, 협동조합운동이 비록 민간 주도로 시작되었지만 공여국 정부와 개도국 정부가 적극적으로 개입해 협동조합을 지원하고 확산시켜야 한다. 제8장에서 소개한 한국의 성공 사례는 지방분권화된 협동조합 지원 메커니즘의 효용성을 잘 증명해 주고 있기 때문에, ODA는 개도국이 이러한 메커니즘을 잘 구축할 수 있도록 지원해야 한다. 둘째, 제9장에서 설명한 바와 같이, 디지털 기술과 전자상거래가 시장경제에 가한 충격이 지대하다는 점을 고려할 때, ODA는 협동조합의 디지털화를 지원해야 한다. 셋째, 협동조합의 주요 활동 분야가 노동집약적 분야이고 이 분야에서는 노동력의 기술 수준이 협동조합의 시장경쟁력에 큰 영향을 미친다는 점을 고려할 때, ODA는 (협동조합의 잠재적인 회원인) 구직자를 대상으로 직업기술 교육을 지원해야 한다. 넷째, 국제사회가 개도국의 민간 부문 발전을 지원하기 위해 2016년 ODA 분야에 민간지원수단을 도입했고 이 민간지원수단이 중소기업 지원에 큰 잠재력을 가지고 있다는 점을 고려할 때, 민간지원수단에 대한 인지도를 제고하고 이를 협동조합 지원에 활용해야 한다. 다섯째, ODA 분야의 정책수립자는 원조 예산으로 개도국의 협동조합을 지원할 때 선진국 협동조합의 기술지원 역량을 잘 활용해야 한다.

앞으로 나아갈 길

경제적 불평등과 환경 악화가 가속화되는 가운데, 협동조합과 대안적 경제이론에 대한 관심도 증가하고 있다. 1970년대에 메도스와 그의 동료들(Meadows et al., 1972), 앙드레 고르츠(André Gorz) 같은 학자들이 지속가능성의 위기에 따른 경제적·사회적 붕괴 가능성을 경고했을 때, 사람들은 별로 심각하게 생각하지 않았다. 그러나 오늘날 이들의 주장이 다시금 관심을 불러일으키고 있다.

지금 우리는 불확실성의 시대에 살고 있다. 자본주의 시장경제의 부정적인 폐해를 완화하는 보완적인 대책만으로도 지속가능한 성장이 여전히 가능한지, 아니면 역성장(degrowth) 같은 대안적 경제이론을 추구함으로써 경제구조를 완전히 변화시켜야 하는 시점인지는 아직 알 수 없는 상황이다. 그러나 현실 세계에서 글로벌 공동체가 역성장 같은 극단적인 경제이론을 만장일치로 채택할 수 있을까? 개도국 진영이 선진국 진영을 따라잡기 위해 지속적으로 경제성장을 추구하는 동안 선진국 진영은 자발적으로 경제를 축소시키는 상황이 과연 일어날 수 있을까?(Hickel, 2020) 우리가 살고 있는 자본주의 시장경제는 자본에 의존해 대량 생산과 확장을 끊임없이 추구하는데, 이러한 세계에서 과연 그와 같은 경제 패러다임의 급진적인 전환이 평화롭게 이루어질 수 있을까? 이러한 고민이 쌓여가는 중차대한 시점에서, 현실적인 접근법은 지금의 정치·경제 여건이 허락하는 범위 내에서 대책을 모색하는 것이다.

이러한 맥락에서 이 책은 협동조합이 21세기에 양질의 고용을 창출하고 불평등을 완화하는 데 중요한 역할을 수행할 수 있다는 것을 보여준다. 미래에 협동조합경제가 자본주의 시장경제를 완전히 대체할 것인지를 예측하기는 어렵지만, 적어도 자본주의 시장경제의 폐해를 완화하는 보완적인 역할을 수행할 수 있다는 것은 명료하다. 신협동주의(New Cooperativism) 같은 새로운 비전에 힘입어 협동조합운동은 인간의 해방과 환경 복원을 추구하는 다양한 제도적·조직적 네트워크와 접속할 것이다(Cheney et al., 2023). 향후 협동조합경제가 전 세계적으로 시장경제에서 점유하는 비중은 현세를 살아가는 우리의 노력 여하에 따라 결정될 것이다. 따라서 이 책은 글로벌 공동체가 적어도 현 자본주의 시장경제 시스템의 폐해를 완화하기 위해 협동조합을 국제 정책 논의에서 주류화해야 한다고 제안한다.

현재로서는 협동조합운동이 정책수립자 또는 일반 대중에게서 충분한 관심을 받지 못하고 있다. 유엔이 2012년을 국제협동조합의 해로 선포하면서 협동조합운동 확산에 노력했음에도 불구하고 협동조합을 유엔의 지속가능발전목표(SDG)에 포함시키는 데 실패한 것은 시사하는 바가 크다. 각국 정부는 국가 정책을 수립하고 예산을 배정하는 과정에서 SDG 달성과 관련된 사업 및 단체를 우선 지원하고 있기 때문에 이 목표 체계에 포함되지 않은 협동조합은 2030년까지 정부의 지원을 받는 데 불리한 상황에 처할 것이다. 그렇다면 이러한 장벽을 극복하고 협동조합을 국제 정책 논의에서 주류화할 수 있는 방법은 무엇일까?

(1) 정책수립자에게 협동조합의 중요성에 대한 이해 증진

먼저, 유엔이 제3세대 글로벌 개발목표를 수립하는 2030년까지 협동조합의 중요성에 대한 정책수립자의 이해를 증진시키기 위해 최대한 노력해야 한다. 전 세계적으로 협동조합의 중요성을 홍보하는 데에는 콘텐츠가 중요한데, 이러한 콘텐츠에는 SDG 달성과 관련한 협동조합의 기여를 증명하는 통계, 모범정책, 모범사례 등이 포함된다.

콘텐츠를 생산하는 데에는 '협동조합홍보 및 확산위원회(COPAC)'의 역할이 중요하다. 이 위원회는 전 세계적으로 협동조합을 확산시키기 위해 유엔이 주도해서 1969년 설립한 다중이해관계자 협의체이다. 현재 이 위원회에는 유엔 경제사회국(UN DESA), 국제노동기구(ILO), 국제협동조합연맹(ICA), 국제농업기구(FAO), 국제무역센터(ITC)가 구성원으로 참여하고 있다(COPAC, 2021).

아울러 이 위원회는 다른 중요한 이슈도 분석할 수 있다. 예를 들어, 전 세계적으로 협동조합이 증가하는 것이 국민소득에서 노동소득이 차지하는 비율에 미치는 영향을 분석할 수도 있을 것이다. 나아가 현재 협동조합에 관한 논의는 경제적 측면에 중점을 두고 있는데 사회적·환경적 복원력과 관련한 연구도 보강해야 한다.

　또한 협동조합이 자본주의 시장경쟁 시스템 내에서 기업으로서 생존해야 한다는 점을 고려할 때, 협동조합의 단점을 극복하기 위해 모범사례도 연구해야 한다. 예를 들어, 협동조합은 일반 기업과 경쟁하는 과정에서 협동조합 모델의 특성을 버리고 일반 기업에 동화되려는 유혹에 직면한다. 이와 같은 상황에서 협동조합은 회원의 참여, 민주적인 정책 결정 과정, 회원 간 단결, 지역공동체와의 접촉, 협동조합 간 협력, 신세대와의 소통 등 협동조합 모델 고유의 가치와 구조를 지켜나가려는 노력이 필요한데, 이를 정책 논의와 연구로 뒷받침해야 한다(Novkovic, Miner and McMahon 2023; Cheney et al. 2023).

　협동조합홍보 및 확산위원회의 역량을 강화하는 것이 중요한 또 다른 이유는, 협동조합을 국제적 어젠다로 부상시키기 위해서는 정치적 모멘텀을 강화해야 하기 때문이다. 이 위원회의 역량을 강화하기 위해서는 '유엔 사회적 연대경제 태스크포스(UNTFSSE)'의 구성 범위를 참고할 필요가 있다. 2013년 설립된 이 태스크포스는 협동조합운동과 관련된 분야에서 활동하는데, 이 태스크포스에는 유엔경제사회국(UNDESA), 국제노동기구(ILO), 유엔에이즈합동계획(UNAIDS), 경제협력개발기구(OECD), 유엔난민기구(UNHCR), 세계은행, 유엔무역개발회의(UNCTAD), 유엔개발계획(UNDP), 유엔교육과학문화기구(UNESCO), 유엔여성기구(UN Women), 유엔환경계획(UNEP), 유엔인간정주위원회(UNHABITAT), 유엔산업개발기구(UNIDO), 유엔훈련조사연수원(UNITAR), 유엔제네바사무소(UNOG), 유엔사회개발조사연구소(UNRISD), 세계식량계획(WFP),

세계보건기구(WHO) 총 18개 기구가 참여한다. 사회적 연대경제가 앞에서 살펴본 바와 같이 협동조합운동과 관련 있는 개념이므로 사회적 연대경제에 관심이 있는 국제기구라면 협동조합운동의 비전과 잠재력에도 관심을 가질 가능성이 높다.

⑵ 차세대 글로벌 개발목표에 협동조합을 반영하는 방안 연구

협동조합을 국제 정책 논의에서 주류화하기 위해서는 2030년 이후 적용될 유엔의 제3세대 글로벌 개발목표에 협동조합운동을 반영할 수 있도록 연구해야 한다. 비록 협동조합운동이 제2세대 글로벌 개발목표인 SDG에 포함되는 데는 실패했지만 21세기에 협동조합운동을 전 세계적으로 확산시키려면 제3세대 목표에는 반드시 포함되어야 한다. 이러한 맥락에서 제3세대 글로벌 개발목표에 협동조합을 어떤 식으로 반영할 것인지 검토해야 한다.

하지만 현재로서는 제3세대 글로벌 개발목표의 형식과 내용을 예측하기 어렵기 때문에 이 목표 체계에 협동조합을 반영하는 방안을 설계하기란 쉽지 않다. 하지만 제1세대 및 제2세대 글로벌 개발목표를 분석해 보면 제3세대 글로벌 개발목표의 형태에 대한 실마리를 발견할 수 있다. 우선 새천년발전목표(MDG)는 2001~2015년의 기간에 대해 글로벌 개발목표로 채택되었는데, 주로 사회적 영역(건강 및 교육)을 다루었고, 목표 달성 주체도 개발도상국에 한정되었다. 이후 지속가능발전목표(SDG)가 2015~2030년의 기간에 대해 글로벌 개발목표로 채택되었는데, 그 범위가 사회적 영역뿐만 아니라 경제, 환경, 평화의 영역으로까

지 확장되었으며, 목표 달성의 주체도 개발도상국은 물론이고 선진국
으로까지 확대되었다. 이러한 점진적인 변화 추세를 고려할 때, 제3세
대 글로벌 개발목표 역시 포괄하는 영역의 범위나 목표 달성의 주체를
급격히 변경하기는 어려울 것이다. 따라서 제3세대 글로벌 개발목표는
지금 SDG의 기본 구조를 유지하면서 2030년까지의 상황 변화를 반영
할 가능성이 크다.

이러한 가정을 토대로 차기 글로벌 개발목표에 협동조합을 반영하는
방식을 고민할 필요가 있다. 이에 대한 논의는 국제 정책 논의에서 협
동조합운동을 주류화하기 위해 현재 펼치고 있는 캠페인을 활성화하는
데에도 유용할 것이다. 예를 들어 정책수립자들은 다음과 같이 반영 방
안을 모색해 볼 수 있다. 앞서 〈표 7.1〉에 요약한 바와 같이, 협동조합
이 SDG에 주요하게 기여하는 바는 다음과 같다.

협동조합은 양질의 일자리를 일반 회사보다 잘 창출할 수 있으므로
SDG 8(양질의 일자리 및 경제성장) 달성에 기여할 수 있다. 이 과정에서 여
성 근로자를 차별하지 않음으로써 SDG 5(양성평등) 달성에도 기여할 수
있다. 협동조합은 또한 개인적인 사정으로 풀타임으로 일하기 어려운
취약계층에게 파트타임 일자리를 제공할 수 있다. 협동조합이 창출하는
이와 같은 일자리는 저소득 가정의 근로소득을 증가시킴으로써 SDG 1
(빈곤 퇴치) 및 SDG 2(기아 퇴치) 달성에 기여할 것이다. 저소득 가정의
경우 자본소득보다 근로소득에 더 의존하기 때문에 이들을 위한 일자리
창출은 빈곤 퇴치와 기아 퇴치에 매우 중요하다(ILO et al., 2015).

또한 근로자 협동조합은 노동소득을 증대하고 불평등의 원인을 해소

하는 데 기여하기 때문에 SDG 10(불평등 완화) 달성에도 도움이 된다. 따라서 협동조합은 '양질의 고용 창출' 그리고/또는 '불평등'과 관련된 목표의 세부목표로 포함될 가능성이 있다. 구체적으로 보면, 협동조합이 경제에 기여하는 측면과 관련해서는, 전체 고용 중 협동조합이 창출하는 고용의 비율, 전체 GDP 중 협동조합이 창출하는 GDP의 비중 등을 세부목표로 포함시킬 수 있다.

협동조합에 대한 우호적인 환경을 조성하는 것과 관련해서는, 협동조합에 관한 기본법 및 특별법 제정, 정책 수립과 이행 기능의 지방분권화, 협동조합 지원 기관 설립, 공공보조금 중 협동조합에 대한 보조금의 비중 설정 등을 세부목표로 포함시킬 수 있다.

이와 같은 관점에서 볼 때 협동조합홍보 및 확산위원회가 세부목표 후보와 관련된 통계를 산출할 수 있다면 차세대 글로벌 개발목표에 포함될 정량 세부목표를 미리 준비하는 데 큰 도움이 될 것이다.

(3) 협동조합 모델에 대한 대중의 이해 제고

협동조합을 활성화하려면 협동조합 모델에 대한 일반 대중의 이해를 제고해야 한다. 이를 위해서는 국제적으로 영향력 있는 홍보 플랫폼을 선택해야 하는데, 우선 유엔을 후보로 검토해 볼 수 있다. 엄밀히 말하자면, 유엔의 '지속가능발전에 관한 고위급정치포럼(HLPF)'이 주목할 만하다(UN, 2021). 이 포럼은 매년 경제사회이사회의 주관하에 8일간 개최되며, 여기에는 3일간의 각료회의가 포함된다. 또한 4년마다 총회의 주관하에 정상급 회의가 개최된다. HLPF는 SDG의 이행 상황을 모니터링하고, 중요한 이슈에 대해서는 국제사회의 관심을 불러일으키기 위해 정부 간 협상을 통해 정치적 선언문을 채택하기도 한다. 여타 전문 포럼으로 는 OECD, 세계경제포럼(WEF), G20 등을 들 수 있는데, 이들 포럼도 국 제사회에서 보완적으로 여론 형성의 기능을 수행할 수 있다.

아울러 협동조합홍보 및 확산위원회가 유엔교육과학문화기구와의 협력하에 교과서에 협동조합운동에 관한 커리큘럼을 반영한다면 전 세 계적으로 협동조합운동을 확산시키는 데 매우 큰 도움이 될 것이다. 근 로자들이 유년 시기부터 일반 회사의 대안인 협동조합 모델에 대해 배 우고, 이를 통해 자신만의 협동조합 설립을 꿈꿀 수 있기 때문이다. 이 러한 접근법은 협동조합운동의 기반을 확대함으로써 협동조합을 체계 적으로 확산시킬 수 있다.

(4) 협동조합 관련 ODA 예산 확대

개도국에서 협동조합이 확산하는 것을 지원하기 위해서는 ODA 예 산을 확대해야 한다. 제10장에서는 ODA로 개도국의 협동조합을 지원 함으로써 개도국 내 불평등과 개도국 간 불평등을 완화시킬 수 있다고 설명했다. 그리고 ODA로 협동조합을 지원하는 다섯 가지 방법도 제시 했다. 그렇다면 여기서는 협동조합을 지원하는 용도의 ODA 예산을 증 액시키는 방안에 대해 살펴보도록 하자.

협동조합이 유엔 SDG 달성에 기여할 수 있는 잠재력은 상당하지만, 불행하게도 현재로서는 협동조합이 SDG 체계 자체에 포함되어 있지 않 다. 따라서 협동조합은 선진국 정부로부터 ODA 예산 지원을 확보하는 데서 다른 사업 또는 단체에 비해 불리한 입장에 있다. 제7장에서 설명한 바와 같이, 공여국 정부는 ODA 예산을 지원할 때 SDG와 관련된 행위자와 사업에 우선권을 주고 있기 때문이다. 그러나 정책수립자 입장에서는 2030년부터 적용될 차세대 글로벌 개발목표에 협동조합이 포함되기만을 마냥 기다릴 수 없다. 그 전에라도 ODA 예산이 개도국의 협동조합 분야로 활발하게 흘러 들어갈 수 있도록 조치를 강구해야 한다.

우선, 앞서 제안한 바와 같이 협동조합홍보 및 확산위원회는 협동조합과 관련된 연구를 주도함으로써 국제 정책 논의에서 협동조합을 중요한 어젠다로 만들 수 있는 기반을 마련하고 차세대 개발목표에 협동조합을 반영할 명분을 축적해야 한다. 또한 글로벌 차원에서 전개되는 협동조합홍보 및 확산위원회의 노력과 병행해, OECD의 개발원조위원회 역시 협동조합이 개도국 발전에 미치는 영향과 개발협력의 효과에 미치는 영향을 연구하는 사업계획을 수립하고, 모범사례를 확산하도록 노력해야 한다. 이러한 연구 결과가 나오면 선진국과 개도국은 개발협력 분야에서 협동조합운동을 확산시키기 위해 행동에 나서야 한다.

선진국 입장에서 취할 수 있는 행동은, 개발원조위원회가 이러한 움직임을 주도하는 것이다. 개발원조위원회는 ODA에 관한 국제규범 수립, 관련 데이터 수집, 동료 검토를 통한 국제규범 이행 상황 모니터링이라는 세 가지 기능을 수행한다.

이러한 맥락에서 볼 때 개발원조위원회가 해야 할 일은 다음과 같다. 첫째, 개도국에서 협동조합운동을 진흥하기 위해 ODA를 활용하는 방안에 관한 권고를 채택해야 한다. 둘째, 협동조합운동 분야의 ODA 예산 집행 현황을 모니터링할 수 있도록 '정책목표 마커'와 같은 통계 수집 메커니즘을 구축해야 한다. 2021년 기준으로 개발원조위원회는 양성평등, 환경, 거버넌스 등 글로벌 어젠다와 관련해 ODA 집행 현황을 모니터링하기 위해 총 12개의 정책목표 마커를 도입했다(DAC, 2021). 이러한 정책목표 마커가 통계 시스템 내에서 주요 글로벌 어젠다와 관련된 개별 사업에 부착되면 분류 기능을 통해 특정 어젠다에 집행된 ODA에 관한 정보를 제공해 준다. 셋째, 동료 검토를 통해 개발원조위원회가 채택한 협동조합 육성과 관련된 권고를 공여국이 제대로 이행하고 있는지 여부를 모니터링해야 한다.

개도국 입장에서 취할 수 있는 행동은, 유엔의 개발협력포럼(DCF)을 잘 활용하는 것이다. 개발협력포럼에는 공여국과 수원국의 정부뿐만 아니라, 시민사회단체, 민간 부문 등 다양한 행위자도 개발협력의 효과성을 증진시킨다는 공동의 목표하에 참여한다. 이 개발협력포럼의 사업모델을 분석하면, 먼저 이 포럼이 평가지표를 수립하고, 개도국이 이 평가지표에 따른 자체평가 보고서를 전 세계와 공유하는 방식이다. 이렇게 함으로써 개별 개도국은 다른 개도국과 자신의 현황을 비교할 수 있고 모범사례의 확산도 도모할 수 있다.

현재 이 개발협력포럼의 평가지표는 아래와 같이 단순하면서 유연성도 내포하고 있다.

1. 국가 개발협력정책 수립 여부
2. 국가 주도의 결과 프레임워크 수립 여부

3. 국가 개발협력포럼 운영 여부

4. 개발협력정보시스템 운영 여부

5. 역량 강화 지원 여부

이러한 지표를 고려할 때, 협동조합운동은 유엔 개발협력포럼의 평가지표에 다음과 같이 반영될 수 있을 것이다. 즉, ① 국가 개발협력정책에 협동조합 및 지원 요소(협동조합 관련법, 지원 서비스, 금융 지원)가 포함되는지 여부, ② 국가 주도의 결과 프레임워크에 협동조합 관련 사항(협동조합 고용인구, 협동조합의 GDP 기여분)이 포함되는지 여부, ③ 협동조합운동 대표자가 국가 개발협력포럼에 참여하는지 여부, ④ 개발협력정보시스템이 협동조합운동과 관련된 데이터와 통계를 수집하는지 여부, ⑤ 협동조합운동의 다양한 이해관계자의 역량을 강화하도록 지원하는지 여부이다.

"빨리 가려면 혼자 가고, 멀리 가려면 같이 가라." 이것은 협동조합운동가들 사이에 자주 인용되는 유명한 격언이다. 인류 문명이 앞으로도 오랜 기간 평화롭게 지속되기 위해서는 개인이 각개약진하지 않고함께 가려는 노력이 절실하다. 지금은 협동조합운동이 추구하는 철학이 그 어느 때보다 필요한 시점이다.

참고문헌

강승아. 2017.6.15. "9. 원주노인생협의 성공모델." ≪부산일보≫.
　　　http://www.busan.com/view/busan/view.php?code=20170615000255 (2021년 11월 1일
　　　검색).
강원도 사회적경제지원센터. 2021a. "2021 일자리 문제 해결형 협동조합 설립 지원 사업 공고." 6월
　　　8일. https://gwse.or.kr/bbs/board.php?bo_table=sub41&wr_id=2032 (2021년 8월 29일
　　　검색).
강원도 사회적경제지원센터. 2021b. "2022년 사회적기업가 육성사업 창업팀 모집공고."12월 30일.
　　　https://gwse.or.kr/bbs/board.php?bo_table=sub41&wr_id=2247 (2022년 1월 15일 검색).
경기도 사회적경제센터. 2020. "2020년도 경기도 사회적경제 창업보육공간 신규 입주기업 모집
　　　공고." 5월 25일.
　　　https://www.gsec.or.kr/base/board/read?boardManagementNo=40&boardNo=177&men
　　　uLevel=3&menuNo=25 (2021년 9월 8일 검색).
경기도 사회적경제센터. 2022. "경기도 사회적경제 쇼핑몰." https://smartstore.naver.com/segg
　　　(2022년 5월 20일 검색).
경상남도 사회적경제통합지원센터. 2021. "2021년 청년 등 협동조합 창업팀 모집." 4월 19일.
　　　https://www.gseic.or.kr/bbs_detail.php?bbs_num=98&b_category=&now_number=118
　　　&id=&tb=support_business&pg=&links_number=&start=0 (2021년 9월 7일 검색).
경상북도 사회적경제지원센터. 2021. "2021년 경상북도 협동조합 창업지원사업 창업팀 모집 공고."
　　　4월 2일.
　　　http://gbse.or.kr/HOME/gbse/sub.htm?mode=view&mv_data=aWR4PTExOTUmc3RhcnR
　　　QYWdlPTAmbGlzdE5vPTIxJnRhYmxlPWV4X2Jic19kYXRhX2dic2UmbmF2X2NvZGU9Z2J
　　　zMTU2Njk3OTMxOCZjb2RlPU4ySnVOc25hTXhtbSZzZWFyY2hfaXRlbT1zdWJJqZWN0JnNl
　　　YXJjaF9vcmRlcj3tmJHrj5nsobDtlakmb3JkZXJfbGlzdD0mbGlzdF9zY2FsZT0mdmlld19sZXZ
　　　lbD0mdmlld19jYXRlPSZ2aWV3X2NhdGUyPQ==|| (2021년 9월 7일 검색).
관악 사회적경제통합지원센터. 2020. "관악 사회적경제 기업역량강화 지원사업 참여 모집
　　　공고."http://gase.kr/web/notice/16383 (2021년 9월 8일 검색).
국토교통부. 2021. "지속가능한 도시 재생 뉴딜, 지역 일자리 창출을 위한 2021년 '선도
　　　마을관리협동조합' 7개소 선정, 발표." 보도자료. 4월 12일.
　　　http://m.molit.go.kr/viewer/skin/doc.html?fn=c658604974cca41f866e845ebcd2d86d&rs=
　　　/viewer/result/20210412 (2021년 10월 16일 검색).
권소담. 2021.5.17. "춘천희망택시협동조합." ≪MS Today≫.
　　　https://mstoday.tistory.com/3366.(in Korean) (2021년 9월 30일 검색).
기획재정부. 2013. 『협동조합 이렇게』. 낮은 문화사.
김예나. 2020. "당진전통시장협동조합: 지역밀착형 온라인쇼핑몰 추진." ≪당진시대≫. 4월 22일.
　　　http://www.djtimes.co.kr/news/articleView.html?idxno=82321 (2021년 12월 7일 검색).
김봉규·김진웅. 2008. "투자활성화와 고용창출의 관계분석." ≪E-Kiet≫, no.406.
김창진. 2019. 「사회운동사의 맥락에서 본 한국협동조합운동 100년」. 김창진 엮음.
　　　『한국협동조합운동 100년사 II』. 가을아침.
김현대·하종란·차형석. 2012. 『협동조합 참 좋다』. 푸른지식.

대구 사회적경제. 2018. "청년협동조합 창업팀 모집." 3월 20일.
　　https://dgse.kr/bbs/board.php?bo_table=notice&wr_id=164&sfl=wr_subject&stx=%ED%9
　　8%91%EB%8F%99%EC%A1%B0%ED%95%A9+%EC%B0%BD%EC%97%85&sop=and
　　(2021년 9월 7일 검색).
대전광역시 도시재생지원센터. 2021. "2021 대전광역시 도시재생대학 심화과정(제5기) 수강생
　　모집 공고". 8월 30일.
　　https://www.djrc.kr/index.php?mid=djrc_notice&document_srl=8004 (2021년 9월 7일
　　검색).
삼척시. 2021. "2021년 스스로 성장 도시재생대학 수강생 모집." 6월 18일.
　　https://www.samcheok.go.kr/intro/00443/02085.web?amode=view&idx=108316&gcode
　　=1002&cpage=1 (2021년 9월 6일 검색).
상생나무. 2021. "2021년 전라남도 협동조합 창업지원 사업」 참여자 모집 공고." 7월 22일.
　　http://www.jnsec.kr/bbs/board.php?bo_table=notice&wr_id=1174 (2021년 9월 7일
　　검색).
서울특별시 도시재생지원센터. 2021. "서울도시재생기업 발굴, 육성, 지원 사업."
　　https://surc.or.kr/crc (2021년 9월 8일 검색).
서울특별시 사회적경제지원센터. 2021. "2021년 서울시 사회적경제 '찾아가는 회계·세무 서비스'
　　지원사업 참여기업 모집." 8월 18일. https://sehub.net/archives/2069167 (2021년 9월 8일
　　검색).
설재오. 2020. "협동조합 정책자금 지원정책." 11월 3일.
　　https://blog.naver.com/jacob1948/222133841085 (2021년 9월 7일 검색).
성남시 사회적경제지원센터. 2021. "2021년 아동보육시설 사회적협동조합 설립지원 사업 참여자
　　모집." 3월 12일.
　　https://se.seongnam.go.kr:10002/contents/content.php?cIdx=10&fboard=board_notice&
　　num=1080&actionMode=view&num=1080&fpage=1&searchOpt1=title&searchOpt2=&sear
　　chOpt3=&searchOpt4=&searchName=%ED%98%91%EB%8F%99%EC%A1%B0%ED%95%A
　　9&orderby1=writeDate&orderby2=Desc (2021년 9월 6일 검색).
안양시 사회적경제지원센터. 2020. "2020년 안양시 협동조합 창업스쿨(기본과정) 모집."
　　https://www.anyang.go.kr/se/eduLctreWebView.do?pageUnit=10&pageIndex=1&search
　　Cnd=all&key=2487&searchEdcCode=EDC000070&searchInsttNo=55&searchUseAt=Y&ed
　　uLctreNo=1356 (2021년 9월 6일 검색).
오창호. 2019. 「레가쿱」. 장종익 외 지음. 『이탈리아와 독일 협동조합 백년 성공비결』. 동하.
우재영. 2016. 『협동조합 이야기』. 국보.
울산사회적경제지원센터. 2018. "더불어락협동조합, 인생의 경험으로 자립선언하다!." 8월 27일.
　　www.sescoop.or.kr/board/bbs/board.php?bo_table=info02&wr_id=58 (2021년 10월 7일
　　검색).
이규용. 2020. 「외국인 비합법 체류 및 고용 실태」. ≪노동리뷰≫ 4월호.
전라북도 사회적경제연대회의. 2021. "2021년도 사회적경제 여성분야 창업입문과정(심화과정)
　　수강생 모집공고." 8월 12일.
　　http://www.jbsecoop.or.kr/bbs/board.php?bo_id=notice03&wr_id=1542 (2021년 9월
　　7일 검색).
제주사회적경제네트워크. 2015. "협동조합이 가장 많이 활용한 정부 지원사업 안내." 3월 31일.
　　http://jejusen.org/skyboard/read.sky?code=sky_com_notice&id=24 (2021년 9월 8일

검색).

중소벤처기업부. 2021. "중소기업협동조합 중소기업으로 인정." 보도자료. 4월 20일.
https://www.mss.go.kr/site/smba/ex/bbs/View.do?cbIdx=86&bcIdx=1025999&parentSe
q=1025999 (2021년 8월 30일 검색).

진현·장은미·정기선. 2016. 「일반고용허가제 저숙련 외국인 근로자의 직장 만족도와 이직 의도」.
≪중소기업연구≫, 28(3), 1~23쪽.

최계진. 2019. 「독일의 사회주택협동조합: 브레메호헤(Bremer Höhe)」 장종익 외 지음.
『이탈리아와 독일 협동조합 100년 성공의 비결』. 동하.

충청남도사회적경제지원센터. 2020. "덕유산올류협동조합 조합원 모집 안내." 2월 19일.
https://www.cnse.kr/app/support_news/index?md_id=support_news&keyword=%ED%9
8%91%EB%8F%99%EC%A1%B0%ED%95%A9&page=1 (2021년 8월 29일 검색).

한국사회적기업진흥원. 2021. "사회적기업이란 무엇인가?" http://www.socialenterprise.or.kr
(2021년 9월 4일 검색).

한국사회적기업진흥원. 2023. "주요 통계."
http://www.coop.go.kr/home/statistics1.do?menu_no=2035 (2023년 5월 6일 검색).

한기원. 2016.10.17. "일본의 고령자생활협동조합: 동경고령자협동조합." ≪홍주일보≫.
http://www.hjn24.com/news/articleView.html?idxno=25236 (2021년 11월 1일 검색).

홍석주·이동일. 2021.4.28. "내실 있는 경쟁력 현장…강원 '횡성한우협동조합.'" ≪축산신문≫.
http://www.chuksannews.co.kr/news/article.html?no=240496 (2021년 7월 7일 검색).

Asia Development Bank Institute(ADBI). 2016. "Major Challenges Facing Small and
Medium-Sized Enterprises in Asia and Solutions for Mitigating Them." ADBI Working
Paper Series, April. Available from:
https://www.adb.org/sites/default/files/publication/182532/adbi-wp564.pdf [accessed
on 1 December 2018].

Akgun, O., Bartolini, D. and Cournède, B. 2017. "The capacity of governments to raise taxes."
OECD Economics Department Working Papers, no.1407, Paris: OECD Publishing.
Available from:
https://www.oecd-ilibrary.org/economics/the-capacity-of-governments-to-raise-taxes_6b
ee2df9-en [accessed 30 October 2021].

Allan, G. B. F. 1939. "Production, Primary, Secondary and Tertiary." *Economic Record*, 15(1),
pp.24~38.

Allred, C. J. 2000. "Breaking the Cycle of Abandonment Using a Tax Enforcement Tool to Return
Distressed Properties to Sound Private Ownership" [online]. Government of New York
City. Available from:
https://www1.nyc.gov/assets/hpd/downloads/pdfs/services/bgc_winner.pdf [accessed 7
December 2021].

Alzola, I., Arando, S., Fakhfakh, F., Freundlich, F., Gago, M., Pérotin, V. and Zevi, A. 2010.
"Are Labor-Managed Firms All the Same? A Comparison of Incentives for Growth,
Democracy and Institutional Sustainability in the Constitutions of Worker Cooperatives in
Mondragon, Italy and France." *the 15th World Congress of the International Association
for the Economics of Participation(IAFEP) in Paris on 8 July 2010*.

Ammirato, P. 2018. *The Growth of Italian Cooperatives: Innovation, Resilience and Social*

Responsibility. Oxon: Routledge.

Amsden, A. 2001. *The Rise of "the Rest": Challenges to the West from Late-Industrializing Economies*. Oxford: Oxford University Press.

Anderson, N. 1959. "Urbanism and Urbanization." *The American Journal of Sociology*, July, pp.68~73.

Arando S., Gago, M., Podivinsky, J. M. and Stewart, G. 2012. "Do Labor-managed firms benefit from agglomeration?" *Journal of Economic Behavior and Organization*, 84(1), pp.193~200.

Asia Development Bank Institute(ADBI). 2016. *Major Challenges Facing Small and Medium-sized Enterprises in Asia and Solutions for Mitigating Them*. ADBI Working Paper Series. April.

Attiah, E. 2019. "The Role of Manufacturing and Service Sectors in Economic Growth: An Empirical Study of Developing Countries." *European Research Studies Journal*, 22(1), pp.112~127.

Autor, D, Dorn, D., Katz, L. F., Patterson, C. and Van Reenen, J. 2017. "Concentrating on the fall of the labor share." *American Economic Review*, 107(5), pp.180~185.

Autor, D., Dorn, D., Katz, L. F., Patterson, C. and Van Reenen, J. 2019. "The Fall of the Labor Share and the Rise of Superstar Firms." *Quarterly Journal of Economics*, 135(2), pp.645~709.

Bajo, C. S. and Roelants, B. 2016. "Mainstreaming cooperatives after the global financial crisis." Webster, A., Shaw, L. and Vorberg-Rugh, R.(eds.). *Mainstreaming Cooperation: An Alternative for the Twenty-First Century?* Manchester: Manchester University Press.

Banks, J. 2019. "Spanish pharma co-op celebrates birthday with royal visit." *COOP News* [online], 21 March. Available from: https://www.thenews.coop/137427/sector/health/spanish-pharma-co-op-celebrates-birthday-royal-visit/ [accessed 21 May 2022].

Bartlett, W., Cable, J., Estrin, S., Jones, D. C. and Smith, S. C. 1992. "Labor-Managed and Private Firms in North Central Italy: An Empirical Comparison." *Industrial and Labor Relations Review*,(46):1, pp.103~118.

Bateman, M. 2013. "Cooperative Enterprise Development as a Key Aspect in Rebuilding Solidarity-Driven Local Economies in the Aftermath of Thirty Years of Destructive Local Neoliberalism." *the UNRISD Conference: Potential and Limits of Social and Solidarity Economy in Geneva, Switzerland from 6 to 8 May 2013*. Available from: https://library.uniteddiversity.coop/Cooperatives/Cooperative_Enterprise_Development_as_a_Key_Aspect_in_Rebuilding_Solidarity-Driven_Local_Economies.pdf [accessed 20 November 2019].

Battilani, P. and Schröter, H. G.(eds.). 2012a. *The Cooperative Business Movement, 1950 to the Present*. New York: Cambridge University Press.

Battilani, P. and Schröter, H. G. 2012b. "Conclusion: The Decisive Factors of Cooperatives' Future—Their Nature, Longevity, Role and Environment." Battilani, P. and Schröter, H. G.(eds.). *The Cooperative Business Movement, 1950 to the Present*. New York: Cambridge University Press.

Bayo-Moriones, J. A., Salvatierra, P. J. G. and Díaz de Cerio, J. M. 2003. "Participation,

Cooperatives and Performance: An Analysis of Spanish Manufacturing Firms." Kato, T. and Pliskin, J.(eds.). *Advances in the Economic Analysis of Participatory and Labor-Managed Firms, Vol. 7, The Determinants of the Incidence and the Effects of Participatory Organizations.* Oxford: Elsevier Science.

Ben-Ner, A. 1984. "On the Stability of the Cooperative Form of Organization." *Journal of Comparative Economics*, 8(3), pp.247~260.

Ben-Ner, A. 1988. "Comparative Empirical Observations on Worker-Owned and Capitalist Firms." *International Journal of Industrial Organization*, 6(1), pp.7~31.

Berlingieri, G., Calligaris, S. and Criscuolo, C. 2018. "The Productivity-wage Premium: Does Size Still Matter in a Service Economy?" *OECD Science, Technology and Industry Working Paper*, no.2018/13. Available from: https://www.oecd-ilibrary.org/docserver/04e36c29-en.pdf?expires=1689213909&id=id&accname=guest&checksum=E7CA84A810FA8922EDF6749945638F8E [accessed 15 August 2020].

Bessen, J. 2017. "Information Technology and Industry Concentration." *Boston University Law and Economics Paper*, no.17-41. Available from: https://scholarship.law.bu.edu/cgi/viewcontent.cgi?article=1269&context=faculty_scholarship [accessed 24 May 2020].

Bétrisey, F. 2015. "The conditions for the reproduction of the SAGUAPAC water cooperative in the city of Santa Cruz de la Sierra, Bolivia: discourse analysis." *Journal of Urban Research*, Special Issue 7.

Birchall, J. 1994. *Co-op: The People's Business.* Manchester: Manchester University Press.

Birchall, J. 2003. *Rediscovering the cooperative advantage: Poverty reduction through self-help.* Geneva: International Labor Office.

Birchall, J. 2004. *Cooperatives and the Millennium Development Goals.* Geneva: International Labor Office.

Birchall, J. 2011. *People-Centered Business: Cooperatives, Mutuals and the Idea of Membership.* London: Palgrave Macmillan.

Birchall, J. and Ketilson, L. H. 2009. "Resilience of the Cooperative Business Model in Times of Crisis." Paper of Sustainable Enterprise Programme. International Labor Organization. Available from: https://www.ilo.org/wcmsp5/groups/public/@ed_emp/@emp_ent/documents/publication/wcms_108416.pdf [accessed 3 June 2021].

Bond, L., Clément, M., Cournoyer, M. and Dupont, G. 2008. "Survival Rate of Co-operatives in Québec. A study conducted by the Ministry of Industry and Commerce, Government of Québec." Available from: https://library.uniteddiversity.coop/Cooperatives/Co-op_survival_rates_and_resilience/Survival_Rate_of_Co-operatives_in_Quebec.pdf [accessed 20 April 2020].

Bonroy, O., Graphin, A., Hamilton, S. F. and Monteiro, D. M. S. 2019. "Free-riding on Product Quality in Cooperatives: Lessons from an Experiment." *American Journal of Agricultural Economics*, 101(1), pp.89~108.

Bpifrance. 2021. "Business and employment cooperatives" [online]. Available from: https://bpifrance-creation.fr/encyclopedie/differentes-facons-dentreprendre/entreprendr e-autrement/cooperatives-dactivites# [accessed 24 May 2021].

Burdín, G. 2010. "Survivability of Worker Cooperatives Compared with Capitalist Firms and Its Determinants: Evidence from Uruguay." *the 15th World Congress of the International Association for the Economics of Participation in Paris on 8 July 2010*.

Burdín, G. and Dean, A. 2012. "Revisiting the Objectives of Worker Cooperatives: An Empirical Assessment." *Economic Systems*, 36(1), pp.158~171.

Call, C. T. 2021. "The imperative to address the root causes of migration from Central America" [online]. Brookings Institution. Available from: https://www.brookings.edu/blog/order-from-chaos/2021/01/29/the-imperative-to-address-the-root-causes-of-migration-from-central-america/ [accessed 30 March 2021].

Carlson, N. F. 2004. "UHAB Comes of Age: Thirties Years of Self-help Housing in New York City. New York: UHAB." Available from: https://community-wealth.org/sites/clone.community-wealth.org/files/downloads/report-carlson.pdf [accessed 7 March 2021].

Carmona, M. J. 2017. "Growing old better by growing old amongst friends: the rise of third age cooperatives." *Equal Times* [online], 13 February. Available from: https://www.equaltimes.org/growing-old-better-by-growing-old?lang=en#.YYAUrFXMLIU [accessed 1 November 2021].

Chaddad, F. and Cook, M. L. 2012. "Legal Frameworks and Property Rights in US Agricultural Cooperatives: The Hybridization of Cooperative Structures." Battilani, P. and Schröter, H. G.(eds.). *The Cooperative Business Movement, 1950 to the Present*. New York: Cambridge University Press.

Chamie, J. 2016. *Understanding Unauthorized Migration*. Inter Press Service, 15 November.

Chang, H. J. 2007. *Bad Samaritans: Rich Nations, Poor Policies and the Threat to the Developing World*. London: Random House.

Cheney, G., Noyes, M., Do, E., Vieta, M. and Azakarraga, J. 2023. *Cooperatives at Work*. UK: Emerald Group Publishing.

Chhabra, E. 2016. "Could This Small Cohort of Startups Transform The $3 Trillion Fashion Industry?" *Forbes*, 30 November. Available from: https://www.forbes.com/sites/eshachhabra/2016/11/30/could-this-small-cohort-of-startups-transform-the-3billion-fashion-industry/?sh=5cb2e15b50c5 [accessed 9 March 2021].

CICOPA. 2018. "The Future of Work: Where do industrial and service cooperatives stand?" [online]. Strategic Paper. Available from: https://www.cicopa.coop/publications/the-future-of-work-where-do-industrial-and-service-cooperatives-stand/ [accessed 12 December 2018].

Cole, G. D. H. 1944. *A Century of Cooperation*. London: Allen & Unwin.

Conaty, P. 2004. *Social Cooperatives: a Democratic Coproduction Agenda for Care Services in the UK*. Brussels: CICOPA.

Conger, K. 2021. "A Worker-Owned Cooperative Tries to Compete With Uber and Lyft." *New York Times* [online], 28 May. Available from: https://www.nytimes.com/2021/05/28/technology/nyc-uber-lyft-the-drivers-cooperative.html [accessed 14 October 2021].

Conte, M. A. and Jones, D. C. 1991. "On the Entry of Employee-Owned Firms: Theory and

Evidence from US Manufacturing Industries, 1870 – 1960." *Hamilton College Working paper*, 91(5).

Conte, M. A. and Svejnar, J. 1990. "The Performance Effect of Employee Ownership Plan." Blinder, A. S.(ed.). *Paying for Productivity: A Look at the Evidence*. Washington, DC: Brookings Institution Press.

Cooperatives Europe. 2019. "Cooperatives and peace: Strengthening democracy, participation and trust" [online]. Available from: https://coopseurope.coop/news_article/cooperatives-and-peace-report-cooperatives-cont ributions-peacebuilding-and-conflict/ [accessed 3 July 2022].

Cooperatives Europe. 2021a. "Sharing the benefits. International Development through cooperatives" [online]. Available from: https://coopseurope.coop/sites/default/files/Sharing%20the%20benefits_International%2 0development%20through%20cooperatives_V2.pdf [accessed 1 December 2021].

Cooperatives Europe. 2021b. "Welcome to Cooperatives in International Development" [online]. Available from: https://coopseurope.coop/development/ [accessed 1 December 2021].

Cooperatives UK. 2020. "A driving force for fair, cooperative cabs: Taxiapp" [online]. 1 September. Available from: https://www.uk.coop/case-studies/driving-force-fair-co-operative-cabs-taxiapp-hive [accessed 15 September 2021].

COPAC. 2021. "About" [online]. Available from: http://www.copac.coop/about/ [accessed 14 December 2021].

Cortese, A. 2011. *Locavesting: The Revolution in Sub-central Investing and How to Profit from it*. New Jersey: John Wiley & Sons.

Dave Grace & Associates. 2014. "Measuring the Size and Scope of the Cooperative Economy: Results of the 2014 Global Census on Co-operatives." UN DESA.

De la Maisonneuve, C. and Martins, J. O. 2015. "The future of health and long-term care spending." *OECD Journal: Economic Studies*, 2014/1.

Defourny, J., Estrin, S. and Jones, D. C. 1985. "The Effects of Workers' Participation on Enterprise Performance: Empirical Evidence from French Cooperatives." *International Journal of Industrial Organization*, 3, pp.197~217.

Development Assistance Committee of the OECD(DAC). 2016. "HLM Agreement on ODA Modernization of Private Sector Instruments—Implementation Details." DCD/DAC(2016)46. 19 September.

Development Assistance Committee of the OECD(DAC). 2018. "Reporting Methods for Private Sector Instruments." DCD/DAC(2018)47/Final. 12 December.

Development Assistance Committee of the OECD(DAC). 2020. "Private sector instruments: Report on 2018 data and members' ODA-eligibility assessments of their PSI vehicles." DCD/DAC(2020)10. 14 February.

Development Assistance Committee of the OECD(DAC). 2021. "Converged Statistical Reporting Directives for the Creditor Reporting System(CRS) and the Annual DAC Questionnaire." DAC Working Party on Development Finance Statistics. DAC/DAC/STAT(2020)44/FINAL. 20 April 2021.

Devereux, S. and Sabates-Wheeler, R. 2015. "Graduating from Social Protection Thinking." *IDS*

Bulletin, 47(2), pp.63~76.

Díaz-Foncea, M. and Marcuello, C. 2015. "Spatial patterns in new firm formation: Are cooperatives different?" *Small Business Economics*, 44, pp.171~187.

Dube, A., Lester, T. W. and Eidlin, B. 2007. "A Downward Push: The Impact of Wal-Mart Stores on Retail Wages and Benefits" [online]. UC Berkeley Labor Center. Available from: https://laborcenter.berkeley.edu/a-downward-push-the-impact-of-wal-mart-stores-on-retail-wages-and-benefits/ [accessed 4 May 2020].

Dynan, K. E, Skinner, J. and Zeldes, S. P. 2004. "Do the rich save more?" *Journal of Political Economy*, 112(2), pp.397~444.

Eberts, R. W. 2005. "Chapter 6 Financing Sub-central Economic Development: Experiences in Europe and the United States." *OECD, Sub-central Governance and the Drivers of Growth*. Paris: OECD Publishing.

Ecopower. 2021. "About Ecopower" [online]. Available from: https://www.ecopower.be/over-ecopower/cooperant-worden# [accessed 5 March 2021].

Embassy of the Republic of Korea in Nairobi(EROKN). 2021. "Financial support programs for SMEs in Kenya" [online]. Available from: https://overseas.mofa.go.kr/ke-en/brd/m_10548/list.do [accessed 10 February 2022].

Estrin, S. and Jones, D. C. 1992. "The Viability of Employee-Owned Firms: Evidence from France." *Industrial and Labor Relations Review*, 45(2), pp.323~338.

Estrin, S., Jones, D. C. and Svejnar, J. 1987. "The Productivity Effects of Worker Participation: Producer Cooperatives in Western Economies." *Journal of Comparative Economics*, 11(1), pp.40~61.

Eum, H. S. 2017. "Contribution of cooperatives to decent work in the changing world of work" [online]. Cooperatives and Employment Second Global Report. Geneva: CICOPA. Available from: https://www.cicopa.coop/wp-content/uploads/2018/01/Cooperatives-and-Employment-Second-Global-Report-2017.pdf [accessed 12 December 2018].

Euro Coop and Consumer Cooperatives Worldwide(Euro Coop and CCW). 2013. "Climate Change and Consumer Co-operatives: Taking the Challenge Forward" [online]. Available from: http://www.eurocoop.coop/uploads/content/docs/4th_Edition_Euro_Coop_Climate_Change_Report.pdf [Accessed 13 December 2021].

European Commission(EC). 2021. "SME definition" [online]. Available from: https://ec.europa.eu/growth/smes/sme-definition_en [accessed 29 July 2021].

Euwals, R. and Hogerbrugge, M. 2006. "Explaining the Growth of Part-time Employment: Factors of Supply and Demand." *Labor*, 20(3).

Fairbairn, B. 1994. "The Meaning of Rochdale: The Rochdale Pioneers and the Cooperative Principles." The Centre for the Study of Cooperatives, University of Saskatchewan. Available from: https://usaskstudies.coop/documents/occasional-papers/meaning-of-rochdale.pdf [accessed 12 December 2018].

Fairbnb. 2021. "About us" [online]. Available from: https://fairbnb.coop [accessed 14 July 2021].

Fairmondo. 2021. "About us" [online]. Available from: https://www.fairmondo.de/ [accessed 26 July 2021].

Fairtrade. 2022. "Kuapa Kokoo, Ghana" [online]. Available from:
    https://www.fairtrade.org.uk/farmers-and-workers/cocoa/kuapa-kokoo-ghana/
    [accessed 7 July 2022].

Fakhfakh, F., Pérotin, V. and Gago, M. 2012. "Productivity, Capital and Labor in Labor-Managed
    and Conventional Firms." Industrial and Labor Relations Review, 65(4), pp.847~879.

Ferreira, N., Kar, J. and Trigeorgis, L. 2009. "Option Games: The Key to Competing in the
    Capital-Intensive Industries." Harvard Business Review, March.

Fleurbaey, M., Bouin, O., Salles-Djelic, M. L., Kanbur, R., Nowotny, H. and Reis, E. 2018. A
    Manifesto for Social Progress: Ideas for a Better Society, UK: Cambridge University Press.

Food and Agriculture Organization(FAO). 2015. Small-scale fisheries [on-line]. Available from:
    fao.org/fishery/en/publications/64589 [accessed on 2 July 2022].

Food and Agriculture Organization and International Fund for Agricultural and
    Development(FAO and IFAD). 2012. "Cooperatives in small-scale fisheries: enabling
    successes through community empowerment" [online]. Available from:
    https://www.fao.org/3/ap408e/ap408e.pdf [accessed 2 July 2022].

Ford, B. and Simonetti, I. 2021. "Driver-Owned Uber Alternative Looks to Crowdfund $1
    Million. Bloomberg" [online], 14 July. Available from:
    https://www.bloomberg.com/news/articles/2021-07-14/driver-owned-uber-alternative-lo
    oks-to-crowdfund-1-million?leadSource=uverify%20wall [accessed 29 April 2023].

Fortune. 2022. Fortune 500 [online]. Available from:
    https://fortune.com/ranking/global500/2022/ [accessed 20 March 2023].

Fosu, A. K. 2009. "Inequality and the impact of growth on poverty: comparative evidence for
    sub-Saharan Africa." The Journal of Development Studies, 45(5), pp.726~745.

Furubotn, E. G. and Pejovich, S. 1970. "Property Rights and the Behaviour of the Firm in a
    Socialist State: The Example of Yugoslavia." Zeitschrift für Nationalökonomie, 30(3-4),
    pp.431~454.

Gago, M., Pérotin, V. and Fakhfakh, F. 2009. "Is the Investment Decision Different in
    Cooperatives?" A Study on French Data. ICA International Research Conference, Queen's
    College, Oxford, 2 September 2009. Available from:
    viurrspace.ca/bitstream/handle/10613/26541/GagoPerotinFakhfakh.pdf?sequence=1&isA
    llowed=y [accessed on 2 January 2022].

Garrett, A. 2019. "The Refugee Crisis, Brexit, and the Reframing of Immigration in Britain."
    EuropeNow. 1 August. Council of European Studies.

Giddens, A. 1998. The Third Way: The Renewal of Social Democracy. Cambridge: Polity.

Giguère, S. 2003. "Chapter 1 Managing Decentralization and New Forms of Governance."
    OECD. Managing Decentralization: A New Role for Labor Market Policy. Paris: OECD
    Publishing.

Giguère, S. 2004. "Chapter 1 Building New Forms of Governance for Economic and
    Employment Development." OECD. New Forms of Governance for Economic
    Development. Paris: OECD Publishing.

Goldin, C. and Katz, L. F. 2009. The Race between Education and Technology. Harvard
    University Press.

González, X. 2020. "Why Don't We Have More Co-op Housing?" The Sprawl [online], 3

November. Available from:
https://www.sprawlcalgary.com/calgary-housing-cooperatives-affordable [accessed 6 March 2021].

Gould, E. 2019. "Decades of rising economic inequality in the US." Testimony before the US House of Representatives Ways and Means Committee. 27 March. Available from: https://www.epi.org/publication/decades-of-rising-economic-inequality-in-the-u-s-testim ony-before-the-u-s-house-of-representatives-ways-and-means-committee/ [accessed 3 March 2019].

Greffe, X. 2004. "Chapter 2 Decentralization: What Difference Does it Make? A Synthesis." OECD. *New Forms of Governance for Economic Development*. Paris: OECD Publishing.

Guerriero, M. 2019. "The labor share of income around the world: evidence from a panel dataset." *Asian Development Bank Institute(ADBI) Working Paper Series*, no 920. Available from: https://www.adb.org/sites/default/files/publication/484346/adbi-wp920.pdf [accessed 15 February 2019].

Guinto, M. and Otahara, T. 1999. "The role of government in the development of cooperatives in the Philippines." *Review of Agricultural Economics*, 55, pp.99~104.

Gundaniya, N. 2020. "What is SACCOs and why should it be digitized?" *Digipay.guru* [online], 6 October. Available from: https://www.digipay.guru/blog/digital-evolution-of-saccos-after-covid-19/ [accessed 24 July 2021].

Halpern, D. 2005. *Social Capital*. Cambridge: Polity Press.

Harvey, R. 2021. "Democracy, you're on mote: A co-op alternative to Zoom." *Coop News* [online], 28 April. Available from: https://www.thenews.coop/154366/topic/technology/democracy-youre-on-mute-a-co-o p-alternative-to-zoom/ [accessed 25 July 2021].

Hashimoto, S. 2015. "The provision of care services for elderly people by the cooperative sector in Japan." *the 5th EMES international research conference on social enterprise in Helsinki, Finland from 30 June to 3 July 2015*. Available from: https://emes.net/content/uploads/publications/the-provision-of-care-services-for-elderly-people-by-the-co-operative-sector-in-japan/ESCP-5EMES-29_Care_Services_Coop_Japan_Hashimoto.pdf [accessed 5 July 2020].

Hegel, G. W. F. 1967. *Elements of Philosophy of Right*. Translated from German by Knox, T.M. Oxford: Oxford University Press.

Heifer International. 2012. "Dairy farmer cooperative contributes to food security in Cameroon" [online]. https://www.heifer.org/blog/dairy-farmers-cooperative-contributes-to-food-security-in-ca meroon.html [accessed 18 August 2020].

Hickel, J. 2020. "What does degrowth mean? A few points of clarification." *Globalization*, 18(7), pp.1105~1111.

Hobbes, T. 1651. *Leviathan*. Reprint, Penguin Classics, 2017.

Hoffman, Z. 2019. "A Daring Experiment: Bangladeshi co-op mandate helped bring rural women into the workplace." *Rural Electric Magazine* [online], 5 March. Available from:

https://www.cooperative.com/remagazine/articles/Pages/bangladesh-electric-co-op-man
date-women-in-workplace.aspx [accessed 7 December 2021].

ILO and World Bank. 2016. "Joint Synthesis Report: Inventory of Policy Responses to the
Financial and Economic Crisis" [online]. Available from:
https://www.ilo.org/wcmsp5/groups/public/---dgreports/---dcomm/---publ/documents/
publication/wcms_492373.pdf [accessed 9 September 2021].

ILO, OECD, IMF and World Bank. 2015. "Income inequality and labor income share in G20
countries: Trends, Impacts and Causes." *the G20 Labor and Employment Ministers
Meeting and Joint Meeting with the G20 Finance Ministers in Ankara, Turkey from 3 to 4
September 2015.* Available from:
https://www.oecd.org/g20/topics/employment-and-social-policy/Income-inequality-labo
ur-income-share.pdf [accessed 21 December 2020].

Im, J. H. 2022. *Organizational Perspectives on the Performance of Farmer Cooperatives in
Northern Ghana* [unpublished]. Ph.D thesis, the University of Ghana, Legon.

International Confederation of Private Employment Services(CIETT). 2015. Economic Report:
2015 Edition . Available from:
https://www.jassa.or.jp/ciett/statistical/2013/Ciett_Economic_Report_2013.pdf [accessed
20 November 2021].

International Cooperative Alliance(ICA). 1967. "Report of the ICA Commission on Cooperative
Principles" [online]. Available from:
https://archive.org/stream/ICAReportCooperativePrinciples1967/ICA%20Report%20Coop
erative%20Principles%201967_djvu.txt [accessed 20 May 2022].

International Cooperative Alliance(ICA). 2013. "Co-operatives and Sustainability: An
investigation into the relationship" [online]. Available from:
https://ica.coop/sites/default/files/basic-page-attachments/sustainability-scan-2013-revise
d-sep-2015-559438094.pdf [accessed 13 December 2021].

International Cooperative Alliance(ICA). 2015. "Guidance Notes to the Cooperative Principles"
[online]. Available from:
https://www.ica.coop/sites/default/files/publication-files/ica-guidance-notes-en-3106299
00.pdf [accessed 10 June 2020].

International Cooperative Alliance(ICA). 2017. "Co-ops for 2030: A movement achieving
sustainable development for all" [online]. Available from:
https://www.ica.coop/sites/default/files/publication-files/co-ops-for-2030-final-report-vol
-1-2017-1105233539.pdf [accessed 10 June 2020].

International Cooperative Alliance(ICA). 2018. "Report," *Cooperative Leaders/ Managers and
Ministerial Conference Technical Committee Meeting, Held from 29 to 31 May 2018 in
Maputo.*
https://icaafrica.coop/sites/default/files/2021-11/Co-operative%20Leaders_Managers%20a
nd%20Ministerial%20Conference%20Tecnical%20Committee%20Meeting%20Report.pdf
[accessed 17 July 2021].

International Cooperative Alliance(ICA). 2019. "Exploring the Cooperative Economy." World
Cooperative Monitor [online]. Available from:
https://www.ccw.coop/uploads/Publications/World%20Co-op%20Monitor%202019.pdf

[accessed 12 December 2018].

International Cooperative Alliance(ICA). 2020. "What is a cooperative?" [online]. Available from: https://www.ica.coop/en/cooperatives/what-is-a-cooperative [accessed 21 January 2020].

International Cooperative Alliance(ICA). 2023. "Facts and figures" [online]. Available from: https://www.ica.coop/en/cooperatives/facts-and-figures [accessed 20 March 2023].

International Labor Organization(ILO). 2002. "Promotion of Cooperatives." Recommendation. No. 193.

International Labor Organization(ILO). 2011. "International Year of Cooperatives." EMP/COOP - IYC, issue no.04.

International Labor Organization(ILO). 2013. "Cooperatives offer migrant workers options for better lives." Issue Brief. Geneva: International Labor Office.

International Labor Organization(ILO). 2014. "Cooperatives and the Sustainable Development Goals. A Contribution to the Post-2015 Development Debate." A Policy Brief.

International Labor Organization(ILO). 2016a. *What Works: Active labor market policies in Latin America and the Caribbean. Studies on Growth with Equity.* Geneva: International Labor Office.

International Labor Organization(ILO). 2016b. *Non-standard employment around the world: Understanding challenges, shaping prospects.* Geneva: International Labor Office.

International Labor Organization(ILO). 2017a. "Active Labor Market Policies." Green Initiative Policy Brief. Geneva: International Labor Office.

International Labor Organization(ILO). 2017b. "World Social Protection Report 2017-19: Universal social protection to achieve the Sustainable Development Goals." Geneva: International Labor Office.

International Labor Organization(ILO). 2017c. "Vavuniya North Fruit Grower's Cooperative Society" [online]. Available from: https://www.ilo.org/wcmsp5/groups/public/---asia/---ro-bangkok/---ilo-colombo/documents/publication/wcms_614444.pdf [accessed 27 September 2021].

International Labor Organization(ILO). 2017d. "Addressing governance challenges in a changing labor migration landscape." Report IV. *International Labor Conference 106th Session in Geneva on 16 June 2017.* Available from: https://www.ilo.org/wcmsp5/groups/public/---ed_norm/---relconf/documents/meetingdocument/wcms_550269.pdf [accessed 9 March 2020].

International Labor Organization(ILO). 2017e. "Rah-e-Roshd: The first cooperative school working to advance inclusive and quality education in Iran." Spotlight Interviews with Co-operators. 28 September. Available from: https://www.ilo.org/global/topics/cooperatives/news/WCMS_577533/lang--en/index.htm [accessed 8 September 2020].

International Labor Organization(ILO). 2018a. "Guidelines concerning statistics of cooperatives." Annex to the Report of the 20th conference of Labor Statisticians. Geneva: International Labor Office.

International Labor Organization(ILO). 2018b. "Transforming our world: A cooperative 2030—Cooperative contributions to SDG 4." Available from:

https://www.ilo.org/wcmsp5/groups/public/---ed_emp/---emp_ent/---coop/documents/
publication/wcms_645815.pdf [accessed 7 July 2020].

International Labor Organization(ILO). 2018c. "Transforming our world: A cooperative
2030—Cooperative contributions to SDG 5." Available from:
https://www.ilo.org/wcmsp5/groups/public/---ed_emp/---emp_ent/---coop/documents/
publication/wcms_645815.pdf [accessed 7 July 2020].

International Labor Organization(ILO). 2019a. "Waste pickers' cooperatives and social and
solidarity economy organizations." *Cooperatives and the World of Work*, no.12.
Available from:
https://www.ilo.org/wcmsp5/groups/public/---ed_emp/---emp_ent/---coop/documents/
publication/wcms_715845.pdf [accessed 11 July 2020].

International Labor Organization(ILO). 2019b. *What Works: Promoting Pathways to Decent
Work*. Geneva: International Labor Office.

International Labor Organization(ILO). 2019c. "Transforming our world: A cooperative
2030—Cooperative contributions to SDG 14." Available from:
https://www.ilo.org/wcmsp5/groups/public/---ed_emp/---emp_ent/---coop/documents/
publication/wcms_713990.pdf [accessed 15 July 2020].

International Labor Organization(ILO). 2021a. "Decent Work" [online]. Available from:
ilo.org/global/topics/decent-work/lang--en/index.htm [accessed 10 February 2022].

International Labor Organization(ILO). 2021b. *World Employment and Social Outlook: Trends
2021*. Geneva: International Labor Office.

International Labor Organization(ILO). 2021c. "COVID-19 and the World of Work." ILO Monitor.
7th Edition. Available from:
https://www.ilo.org/wcmsp5/groups/public/---ed_emp/---emp_ent/---coop/documents/
publication/wcms_713990.pdf [accessed 15 July 2020].

International Labor Organization(ILO). 2022. "Dairy cooperatives in Mozambique benefit from
ILO training tools." 25 April. Available from:
https://www.ilo.org/global/topics/cooperatives/sse/WCMS_842996/lang--en/index.htm
[accessed 7 July 2022].

International Monetary Fund(IMF). 2001. "Global Trade Liberalization and the Developing
Countries" [online]. November. Available from:
https://www.imf.org/external/np/exr/ib/2001/110801.htm [accessed 7 November 2021].

International Monetary Fund(IMF). 2021. "Introduction to inequality" [online]. Available from:
https://www.imf.org/en/Topics/Inequality/introduction-to-inequality [accessed 30 March
2021].

Investopedia. 2021. "Labor Intensive" [online] Available from:
https://www.investopedia.com/terms/l/laborintensive.asp [accessed 4 October 2021].

Irish League of Credit Unions(ILCU). 2022. *About the Irish League of Credit Unions* [on-line].
Available from: creditunion.ie/ilcu/about/ [accessed 25 November 2022].

Irving, P., Beamish, R. and Burstein, A. 2018. "Silver to Gold: The Business of ageing" [online].
Milken Institute. Available from:
https://milkeninstitute.org/report/silver-gold-business-ageing [accessed 26 October
2021].

Jang, S. K.(ed.). 2019. *The Management of Consumer Co-Operatives in Korea: Identity, Participation and Sustainability*. Oxon: Routledge.

Jones, D. C. 1982. "British Producer Cooperatives, 1948-1968: Productivity and Organizational Structure." Jones, D. C. and Svejnar, J.(eds.). *Participatory and Self-Managed Firms*. Lexington, MA: Lexington Books.

Jossa, B. 2014. *Producer Cooperatives as a New Mode of Production*. Oxon: Routledge.

Jung, H. J. and Rösner, H. J. 2012. "Chapter 3 Cooperative Movements in the Republic of Korea." Battilani, P. and Schröter, H. G.(eds.). *The Cooperative Business Movement, 1950 to the Present*. New York: Cambridge University Press.

Karabarbounis, L. and Neiman B. 2013. "The global decline of the labor share." *Quarterly Journal of Economics*, 129(1), pp.61~103.

Karatani, K. 2014. *The Structure of World History: From Modes of Production to Modes of Exchange*. Durham and London: Duke University Press.

Kenessey, Z. 1987. "The Primary, Secondary, Tertiary and Quaternary Sectors of the Economy." *The Review of Income and Wealth*, 33(4), pp.359~385.

Kennedy, J. 2021. "Monopoly Myths: Are Superstar Firms Stifling Competition or Just Beating It?" [online]. Information Technology and Innovation Foundation(ITIF). Available from: https://itif.org/publications/2021/01/11/monopoly-myths-are-superstar-firms-stifling-competition-or-just-beating-it [accessed 17 September 2021].

Kenyan Ministry of Industry, Trade and Cooperatives(KMITC). 2019. "Promoting Cooperatives Societies for Industrialization." Available from: https://ushirika.go.ke/wp-content/uploads/2020/07/national-co-operative-development-policy.pdf [accessed 7 July 2021].

Khondoker, M. and Kalirajan, K. 2012. "Determinants of Labor-Intensive Exports by the Developing Countries: A Cross Country Analysis." *Australia Southeast Asia Research Center Working Paper*, 9. Available from: https://crawford.anu.edu.au/acde/asarc/pdf/papers/2012/WP2012_09.pdf [accessed 24 December 2020].

Kim, J. W. and Kim, W. K. 2009. "The relationship between investment and employment" [online]. Korea Institute for Industrial Economics & Trade. *e-KIET*, no. 406. Available from: file:///Users/jaemyongkoh/Downloads/04201202160001107015798.PDF [accessed 21 April 2019].

Ko, H. J. 2020. "Effects of active labor-market policies on welfare state finances." *Journal of International and Comparative Social Policy*, 36(2), pp.200~216.

Ko, H. J. and Cho, H. J. 2017. "Revisiting the effectiveness of the employment-oriented welfare state: Considering the quality of employment achievement." *Asian Social Work and Policy Review*, 11, pp.158~167.

Koh, J. M. 2018. *Green Infrastructure Financing: Institutional Investors, PPPs and Bankable Projects*. Palgrave Macmillan.

Kramper, P. 2012. "Chapter 5 Why Cooperatives Fail: Case Studies from Europe, Japan, and the United States, 1950-2010." Battilani, P. and Schröter, H. G.(eds.). *The Cooperative Business Movement, 1950 to the Present*. New York: Cambridge University Press.

Kuznets, S. 1955. "Economic Growth and Income Inequality." *American Economic Review*,

45(1), pp.1~28.

Locke, J. 1689. *Two Treatises of Government*. Reprint, Lawbook Exchange, Ltd, 2010.

Lugado, C. and Omukoko, C. 2017. "Factors Leading to Decline of Coffee in Vihiga County, Kenya." *Asian Journal of Agricultural Extension, Economics & Sociology*, 16(4), pp.1~5.

Lund, M. 2011. "Multi-stakeholder Cooperatives. The Babson-Equal Exchange Cooperative Curriculum" [online]. Available from: https://library.uniteddiversity.coop/Cooperatives/Multi-Stakeholder_Co-ops/Multistakeh older_Cooperatives-Lund.pdf [accessed 12 March 2023].

Lung'ahi, G. 2016. "Building resilience through financial inclusion" [online]. Building Resilience and Adaptation to Climate Extremes and Disasters. 30 November. Available from: http://www.braced.org/news/i/?id=03da3b7b-99c6-490c-8703-75ce63500907 [accessed 6 August 2020].

MacPherson, I. 1995. "Co-operative Principles." *ICA Review*, 88(4).

Maietta, O. W. and Sena, V. 2008. "Shadow price of capital and the Furubotn-Pejovich effect: Some empirical evidence for Italian wine cooperatives." *Applied Stochastic Models in Business and Industry*, 24, pp.495~505.

Marcuse, P. 2015. "Cooperatives On the Path to Socialism?" *Monthly Review*. 1 February.

Marsh, M. 2018. "Affordable co-ops in Harlem are facing foreclosures. The Community Benefits Agreement could help." *Columbia Daily spectator* [online], 26 September. Available from: https://www.columbiaspectator.com/the-eye/2018/09/26/affordable-co-ops-in-harlem-ar e-facing-foreclosures-columbia-may-be-able-to-help/ [accessed 7 December 2021].

McDonnell, D., Macknight, E. C. and Donnelly, H. 2012. *Democratic Enterprise: Ethical Business for the 21st Century*. Glasgow: Co-operative Enterprise Education Scotland.

Meade, J. 1989. "Agathotopia the economy of partnership." Aberdeen University Press for The David Hume Institute. *Hume Paper*, 16.

Meadows, D. H., Meadows, D. L., Randers, J. and Behren, W. W. 1972. *The Limits to Growth*. Universe Books.

Metz, C. 2018. "A.I. researchers are making more than $1 million, even at a nonprofit." *The New York Times* [online], 20 April. Available from: https://www.nytimes.com/2018/04/19/technology/artificial-intelligence-salaries-openai.html [accessed 24 September 2020].

Michie, J. 2017. "The Importance of Ownership." Michie, J., Blasi, J. R. and Borzaga, C.(eds.). *The Oxford Handbook of Mutual, Cooperative, and Co-Owned Business*. New York: Oxford University Press.

Michie, J., Blasi, J. R. and Borzaga, C.(eds.). 2017. *The Oxford Handbook of Mutual, Cooperative, and Co-Owned Business*. New York: Oxford University Press.

Mill, J. S. 1848. *Principles of Political Economy with Some of their Applications to Social Philosophy, vol.II*. London: John W. Parker.

Mishel, L. and Wolfe, J. 2019. "CEO compensation has grown 940% since 1978: Typical worker compensation has risen only 12% during that time" [online]. Economic Policy Institute, 14 August. Available from https://www.epi.org/publication/ceo-compensation-2018/ [accessed 5 July 2020].

Monteiro, N. P. and Stewart, G. 2015. "Scale Scope and Survival: A Comparison of Cooperative and Capitalist Modes of Production." *Review of Industrial Organization*, 47(1), pp.91~118.

Münker, H. H. 1986. "Participative Law-Making: A New Approach to Drafting Cooperative Law in Developing Countries." *Verfassung und Recht in Übersee/ Law and Politics in Africa, Asia and Latin America,* 19(2), pp.123~137.

National Rural Electric Cooperative Association International(NRECA International). 2021. "Bangladesh" [online]. Available from: https://www.nrecainternational.coop/where-we-work/bangladesh/ [accessed 30 November 2021].

National Rural Electric Cooperative Association(NRECA). 2021a. "History" [online]. Available from: https://www.electric.coop/our-organization/history [accessed 7 December 2021].

National Rural Electric Cooperative Association(NRECA). 2021b. "Americas' Electric Cooperatives" [online]. Available from: https://www.electric.coop/wp-content/uploads/2021/01/Co-op-Facts-and-Figures.pdf [accessed 5 March 2021].

Neumark, D., Zhang, J. and Ciccarella, S. 2008. "The Effects of Wal-Mart on local labor markets." *Journal of Urban Economics*, 63, pp.405~430.

Neupane, H., Adhikari, M. and Rauniyar, P. B. 2015. "Farmers' Perception on Role of Cooperatives in Agricultural Practices of Major Cereal Crops in Western Terai of Nepal." *Journal of the Institute of Agriculture and Animal Science*, 33(177).

Ngure, A. 2022. "Nyeri To Register Avocado Farmers, Quarry Workers to Cooperative. Kenya News Agency" [online], 21 February. Available from: https://www.kenyanews.go.ke/nyeri-to-register-avocado-farmers-quarry-workers-to-coo perative/ [accessed 7 October 2022].

Novkovic, S. 2019. "Chapter 13. Multi-stakeholder cooperatives as a means for jobs creation and social transformation." Roelants, B., Eum, H. S., Esim, S. and Katajamäki, W.(eds.). *Cooperatives and the World of Work.* Routledge.

Novkovic, S., Miner, K. and McMahon, C.(eds.). 2023. *Humanistic Governance in Democratic Organizations: The Cooperative Difference.* Palgrave Macmillan.

Nyatichi, J. M. 2015. "Cooperatives and employment creation: the Kenyan case." *the ICA seminar in Antalya Turkey from 8 to 13 November 2015.* Available from: https://ccr.ica.coop/sites/ccr.ica.coop/files/attachments/5.4%20Nyatichi.pdf [accessed 18 July 2021].

O'Sullivan, A. and Sheffrin, S. M. 2003. *Economics: Principles in Action.* Upper Saddle River, NJ: Pearson Prentice Hall.

Okari, G. 2022. Interview conducted by Koh, J. M., 25 July [in person].

Ontario Cooperative Association(OCA). 2022. "About us" [online]. Available from: https://ontario.coop/about-us [accessed 25 November 2022].

Orbea. 2021. "1969/1982: Orbea, an expanding cooperative" [online]. Available from: https://www.orbea.com/fr-fr/nous/1969-1982/ [accessed 7 July 2021].

Organization for Economic Cooperation and Development(OECD). 1999. *Decentralizing Employment Policy: New Trends and Challenges.* Paris: OECD Publishing.

Organization for Economic Cooperation and Development(OECD). 2001. *Sub-central Partnerships for Better Governance*. Paris: OECD Publishing.

Organization for Economic Cooperation and Development(OECD). 2007. "Moving up the value chain: staying competitive in the global economy." *the OECD's 2007 Ministerial Council meeting in Paris, France from 15 to 16 May 2007*.

Organization for Economic Cooperation and Development(OECD). 2011a. *Divided we stand: Why Inequality Keeps Rising*. Paris: OECD Publishing.

Organization for Economic Cooperation and Development(OECD). 2011b. *OECD Regional Outlook 2011: Building Resilient Regions for Stronger Economies*. Paris: OECD Publishing.

Organization for Economic Cooperation and Development(OECD). 2012. *Employment Outlook 2012*. Paris: OECD Publishing.

Organization for Economic Cooperation and Development(OECD). 2014. *OECD Employment Outlook 2014*. Paris: OECD Publishing.

Organization for Economic Cooperation and Development(OECD). 2016. *OECD Regions at a Glance 2016*. Paris: OECD Publishing.

Organization for Economic Cooperation and Development(OECD). 2017a. *OECD Employment Outlook 2017*. Paris: OECD Publishing.

Organization for Economic Cooperation and Development(OECD). 2017b. *Preventing Ageing Unequally*. Paris: OECD Publishing.

Organization for Economic Cooperation and Development(OECD). 2019a. *The Future of Work: OECD Employment Outlook 2019*. Paris: OECD Publishing.

Organization for Economic Cooperation and Development(OECD). 2019b. *Fiscal challenges and inclusive growth in ageing societies*. Paris: OECD Publishing.

Organization for Economic Cooperation and Development(OECD). 2019c. *Ageing OECD societies: responding to challenges, harnessing the opportunities*. Discussion notes for the 2019 Global Strategy Group." GSG(2019)1. 20 November. Paris: OECD Publishing.

Organization for Economic Cooperation and Development(OECD). 2019d. *Working better with age. Ageing and Employment Policies*. Paris: OECD Publishing.

Organization for Economic Cooperation and Development(OECD). 2019e. "Health for Everyone?: Social Inequalities in Health and Health Systems." OECD Health Policy Studies. Paris: OECD Publishing.

Organization for Economic Cooperation and Development(OECD). 2020a. "E-commerce in the Times of COVID-19. Tackling Coronavirus(COVID-19): Contributing to a global effort." 7 October.

Organization for Economic Cooperation and Development(OECD). 2020b. "The Role of Online Platforms in Weathering the COVID-19 Shock. Tackling Coronavirus(COVID-19): Contributing to a global effort." 16 December.

Organization for Economic Cooperation and Development(OECD). 2020c. "Who Cares? Attracting and Retaining Care Workers for the Elderly." OECD Health Policy Studies. Paris: OECD Publishing.

Organization for Economic Cooperation and Development(OECD). 2021a. "Scaling up Policies that connect people with jobs in the recovery from COVID-19." Paris: OECD Publishing.

Organization for Economic Cooperation and Development(OECD). 2021b. "Decile ratios of gross earnings" [online]. Available from: https://stats.oecd.org/Index.aspx?DataSetCode=DEC_I# [accessed 8 October 2021].

Ortiz, L. M. 2017. "Will Limited-Equity Cooperatives Make a Comeback?" [online]. Shelterforce. 25 April. Available from: https://shelterforce.org/2017/04/25/will-limited-equity-co-ops-make-comeback/ [accessed 6 March 2021].

Ostrom, E. 1990. *Governing the Commons*. Cambridge: Cambridge University Press.

Ostry, J. D., Berg, A. and Tsangarides, C. G. 2014. "Redistribution, inequality, and growth." *IMF Staff Discussion Note*, no.14/02. Washington, DC: IMF.

P2P Foundation. 2021. "7. Case Study: Fairmondo" [online]. Available from: https://primer.commonstransition.org/4-more/5-elements/case-studies/case-study-fairmondo [accessed 26 July 2021].

Parkin-Kelly, M. 2019. "Cooperatives UK Research Report." Available from: https://www.uk.coop/sites/default/files/2020-10/co-operative_survival_1.pdf [accessed 14 March 2023].

Partie, B. 2012. "Local Government Support for Cooperatives." A study by the Philadelphia Area Cooperative Alliance. June 24. Available from: https://institute.coop/sites/default/files/resources/230%202012_PACA_Local%20Government%20Support%20for%20Cooperatives.pdf [accessed 5 July 2021].

Pencavel, J. 2001. *Worker Participation: Lessons from the Worker Co-ops of the Pacific Northwest*. New York: Russell Sage Foundation.

Pencavel, J., Pistaferri, L. and Schivardi, F. 2006. "Wages, Employment and Capital in Capitalist and Worker-Owned Firms." *Industrial and Labor Relations Review*, 60(1), pp. 23~44.

Pérotin, V. 2006. "Entry, Exit and the Business Cycle: Are Cooperatives Different?" *Journal of Comparative Economics*, 34(2), pp.295~316.

Pérotin, V. 2012. "The Performance of Workers' Cooperatives." Battilani, P. and Schröter, H. G.(eds.). *The Cooperative Business Movement, 1950 to the Present*. New York: Cambridge University Press.

Pérotin, V. 2015. "What do we really know about workers' cooperatives?" Webster, A., Shaw, L. and Vorberg-Rugh, R.(eds.). *Mainstreaming Cooperation: An Alternative for the Twenty-First Century?* Manchester: Manchester University Press.

Piketty, T. 2014. *Capital in the Twenty-First Century*. Massachusetts: Harvard University Press.

Piketty, T. 2015. "About Capital in the Twenty-First Century." *American Economic Reviews: Papers & Proceedings*, 105(5), pp.48~53.

Potter, J. 2003. "Chapter 1 Introduction." OECD. *Private Finance and Economic Development: City and Regional Investment*. Paris: OECD Publishing.

Powell, G. H. 1913. *Cooperation in Agriculture*. New York: Macmillan.

Putnam, R. 1994. *Making Democracy Work: Civic Traditions in Modern Italy*. Princeton: Princeton University Press.

Putnam, R. 2000. *Bowling Alone: The Collapse and Revival of American Community*. Simon and Schuster Paperbacks.

Ranicki, C. 2012. "Clean Water, Cooperative Principles." Stories.coop [online]. Available from:

https://stories.coop/stories/clean-water-cooperative-principles/[accessed 4 March 2021].

Ramirez, Á. R. 2014. *The role of Cooperatives to Sustain Small Farms in Organic Agriculture: The CROPP case*. Degree in Business Administration, Universitat Jaume. Available from: https://core.ac.uk/download/pdf/61437363.pdf [accessed 18 August 2020].

Reiss, D. 1997. "Housing Abandonment and New York City's Response." *Review of Law and Change*, 22. Available from: https://brooklynworks.brooklaw.edu/cgi/viewcontent.cgi?article=2231&context=faculty [accessed 7 December 2021].

Resonate. 2021. "The Co-op" [online]. Available from: https://resonate.is/the-coop/ [accessed 23 July 2021].

Ribašauskiene, E., Šumyle, D., Volkov, A., Baležentis, T., Streimikiene, D. and Morkunas, M. 2019. "Evaluating Public Policy Support for Agricultural Cooperatives." *Sustainability*, 11(14).

Robilliard, A. S. and Lawson, A. 2017. "Addressing inequality through EU Development Cooperation—Response to the 2030 Agenda." Final Report submitted by FISCUS Finance Consultants.

Roelants, B., Eum, H. S. and Terrasi, E. 2014. "Cooperatives and employment: a global report" [online]. Available from: https://www.cicopa.coop/wp-content/uploads/2018/03/cooperatives_and_employment_a_global_report_en__web_21-10_1pag.pdf [accessed 12 December 2018].

Rosenblum, D. 2017. "How to Hire a Housekeeper—with a Clean Conscience." *NYNMedia* [online], 6 June. Available from: https://www.nynmedia.com/news/how-to-hire-a-housekeeper-with-a-clean-conscience [accessed 23 July 2021].

Rothschild, J. and Whitt, J. A. 1989. *The Cooperative Workplace: Potentials and Dilemmas of Organizational Democracy and Participation*. Cambridge University Press.

Rowley, C. and Michie, J. 2017. *Mutual, Cooperative and Employee-Owned Businesses in the Asia Pacific: Diversity, Resilience and Sustainable Growth*. Oxon: Routledge.

Russell, R. and Hanneman, R. 1992. "Cooperatives and the business cycle: The Israeli case." *Journal of Comparative Economics*, 16(4), pp.701~705.

SAGUAPAC. 2021. "Historical Background" [online]. Available from: https://www.saguapac.com.bo/quienes-somos/ [accessed 7 December 2021].

Saigal, S., Dahal, G. R. and Vira, B. 2009. "Cooperation in forestry: Analysis of forestry cooperatives in Rajasthan, India." A study implemented by the University of Cambridge with the Center for International Forestry Research(CIFOR) under the Rights and Resources Initiative(RRI). Available from: https://www2.cifor.org/tenure-reform/data/files/india/site_report/sr_india1.pdf [accessed 7 August 2020].

Saint-Paul, G. 1997. "Is Labor Rigidity Harming Europe's Competitiveness? The Effect of Job Protection on the Pattern of Trade and Welfare." *European Economic Review*, 41, pp.499~506.

Salvatori, A. and Manfredi, T. 2019. "Job polarization and the middle class: New evidence on the changing relationship between skill levels and household income levels from 18 OECD countries." *OECD Social, Employment and Migration Working Papers*, no.232. Available from: https://www.oecd-ilibrary.org/docserver/4bf722db-en.pdf?expires=1689324225&id=id&accname=guest&checksum=65A87DF83B50FCC63716520AF26F450E [accessed 4 June 2019].

Schlagwein, D., Schoder, D. and Spindeldreher, K. 2019. "Consolidated, systemic conceptualization, and definition of the "sharing economy.""*Journal of the Association for Information Science and Technology*, 71(7), pp.817~838.

Schwab, K. 2017. The Fourth Industrial Revolution. Crown Business.

Sentama, E. 2009. *Peacebuilding in post-genocide Rwanda: The role of cooperatives in the restoration of interpersonal relationships.* PhD Thesis, Gothenburg University, School of Global Studies.

Serrano, S. B., Bodini, R., Roy, M. and Salvatori, G. 2019. *Financial Mechanisms for Innovative Social and Solidarity Economy Ecosystems.* Geneva: International Labor Office.

Sheffield, H. 2017. "These London taxi drivers have made an app like Uber to save black cabs." *Independent* [online], 14 August. Available from: https://www.independent.co.uk/news/business/indyventure/taxi-app-uber-black-cab-london-hailing-lyft-a7876051.html [accessed 20 September 2021].

Silva, J., Sousa, L. D., Packard, T. G. and Robertson, R. 2021. *Employment in Crisis: The Path to Better Jobs in a Post-COVID-19 Latin America.* World Bank Latin American and Caribbean Studies. Washington, DC: World Bank Publications.

Smart. 2021. "What is Smart?" [online]. Available from: https://smartbe.be/wp-content/uploads/2019/02/What_is_smart.pdf [accessed 24 May 2021].

Stearn, M. 2016. ""Coopify": a new platform bringing broad-based ownership to your smartphone." *Shareable* [online], 22 April. Available from: https://www.shareable.net/coopify-to-bring-cooperatives-into-the-smartphone-age/ [accessed 25 April 2021].

Stocksy United. 2013. "Stocksy transforms stock photo licensing with co-op structure, fair compensation for photographers." Press Release, 25 March. Available from: https://files.stocksy.com/press/stocksy-press-release.pdf [accessed 23 July 2021].

Stories.coop. 2012. "iCOOP KOREA'sPractice for Enhancing Biodiversity in Rice Paddy Ecosystem" [online]. Available from: https://stories.coop/stories/icoop-korea%c2%92s-practice-for-enhancing-biodiversity-in-rice-paddy-ecosystem/ [accessed 3 July 2022].

Sunkist. 2022. "History" [online]. Available from: https://www.sunkist.com/about-us#cooperative-history [accessed 21 February 2022].

SWaCH. 2021. "About us" [online]. Available from: https://swachcoop.com/ [accessed 5 March 2021].

Tesfaw, D. 2021. "Labor-intensive focused industrial policy in Ethiopia: Potential, latecomer's advantage and binding constraints." *Journal of Economic and International Finance*, 13(2), April-June, pp.64~84.

Testoni Ragazzi. 2020. "La Baracca—Testoni Ragazzi." [online] Available from: Testoniragazzi.it/area.php?idarea=1 [accessed 1 June 2020].

The New Humanitarian. 2012. "Vanishing fish income forces livelihood switch" [online].
    Available from:
    https://www.thenewhumanitarian.org/report/95617/kenya-vanishing-fish-income-forces-
    livelihood-switchcorrection [accessed 3 July 2022].
Tittle, C. 2016. "How are nonprofits and co-ops different?" [online]. Cooperative Development
    Institute. 22 March. Available from:
    https://cdi.coop/how-are-nonprofits-and-co-ops-different/ [accessed 29 November 2021].
Toussaint, K. 2021. "How the Drivers Cooperative built a worker-owned alternative to Uber and
    Lyft." *Fast Company* [online], 15 July. Available from:
    https://www.fastcompany.com/90651242/how-the-drivers-cooperative-built-a-worker-o
    wned-alternative-to-uber-and-lyft [accessed 30 September 2021].
United Nations Department of Economic and Social Affairs(UN DESA). 2014. *World
    Urbanization Prospect: The 2014 Revision*. ST/ESA/SER.A/366.
United Nations Department of Economic and Social Affairs(UN DESA). 2019. *World Population
    Prospects 2019* [online]. Available from: https://population.un.org/wpp/Publications/
    [accessed 20 October 2021].
United Nations Guiding Principles Reporting Framework(UNGPRF). 2021. "Civil Society
    Organizations" [online]. Available from:
    https://www.ungpreporting.org/glossary/civil-society-organizations-csos/ [accessed 29
    November 2021].
United Nations System Chief Executives Board for Coordination(UNSCEB). 2017. "Leaving No
    One Behind: Equality and Non-Discrimination at the Heart of Sustainable Development."
    The United Nations System Shared Framework for Action. Available from:
    https://unsceb.org/sites/default/files/imported_files/CEB%20equality%20framework-A4-
    web-rev3.pdf [accessed 21 November 2021].
United Nations(UN). 2001. Cooperatives in social development. Report of the Secretary General.
    A/56/73-E/2001/68. 14 May.
United Nations(UN). 2010. "Cooperatives in social development." Resolution adopted by the
    General Assembly on 18 December 2009. A/RES/64/136. 11 February.
United Nations(UN). 2015. "Concepts of Inequality." *Development Issues*, no. 1. Available from:
    https://www.un.org/development/desa/dpad/wp-content/uploads/sites/45/publication/
    dsp_policy_01.pdf [accessed 8 August 2020].
United Nations(UN). 2018. "Healthcare cooperatives: a reliable enterprise model for health and
    wellbeing" [online]. Available from:
    https://www.un.org/development/desa/cooperatives/wp-content/uploads/sites/25/2019
    /03/190326_ihco_EGM-nairobi.pdf [accessed 1 March 2021].
United Nations(UN). 2019. *The Sustainable Development Goals Report 2019*. New York: United
    Nations Publications.
United Nations(UN). 2020. *World Social Report 2020: Inequality in a rapidly changing world*
    [online]. Available from:
    https://www.un.org/development/desa/dspd/wp-content/uploads/sites/22/2020/02/Wor
    ld-Social-Report2020-FullReport.pdf [accessed 30 March 2021].
United Nations(UN). 2021a. "Remittances matters: 8 facts you don't know about the money

migrants send back home" [online]. Available from:
https://www.un.org/sw/desa/remittances-matter-8-facts-you-don%E2%80%99t-know-abo
ut-money-migrants-send-back-home [accessed 17 November 2021].

United Nations(UN). 2021b. "High-level Political Forum on Sustainable Development" [online].
Available from: https://sustainabledevelopment.un.org/hlpf [accessed 14 December
2021].

Up & Go. 2021. "About" [online]. Available from:
https://www.upandgo.coop/pages/about[accessed 23 July 2021].

Van Lieshout, P., Went, R. and Kremer, M. 2010. *Less Pretension, More ambition: Development
Policy In Times of Globalization.* Amsterdam: Amsterdam University Press.

Vanek, J. 1977. *The Labor-Managed Economy.* Ithaca, NY: Cornell University Press.

Vieta, M. 2019. *Workers' Self-Management in Argentina: Contesting Neo-Liberalism by
Occupying Companies, Creating Cooperatives, and Recuperating Autogestión.* Brill
Academic Publishers.

Voinea, A. 2015. "Why 20 million Brazillians rely on a cooperative for healthcare." *Coopnews*
[online], 20 August.
https://www.thenews.coop/97242/sector/health/20-million-brazilians-rely-co-operative-h
ealthcare/ [accessed 2 September 2022].

Voleníková, L. 2018. "Can cooperatives cross Soviet shadow and boost Georgian agriculture?"
Media about Development [online], 30 September. Available from:
https://mediaaboutdevelopment.wordpress.com/2018/09/30/can-cooperatives-cross-sovi
et-shadow-and-boost-georgian-agriculture/ [accessed 6 May 2021].

Wakyiku, D. N. and Adong, P. 2019. "Digitization of SACCOs in Uganda—Driver and Impact
Study." Asigma and Mercy Corps [online]. Available from:
https://www.mercycorps.org/sites/default/files/2019-11/Digitization%20of%20SACCOs%
20in%20Uganda%20-%20Drivers%20and%20Impact%20Study.pdf [accessed 23 October
2021].

Waldfogel, J. 2009. "3. Economic Dimensions of Social Policy." Midgley, J. and Livermore,
M.(eds.). *The Handbook of Social Policy.* Sage Publications.

Walras, L. 1865. *Les associations populaires de consommation, de production et de credit.* Paris:
Danture.

Wanyama, F. O. 2014. "Cooperatives and the Sustainable Development Goals: A contribution to
the post-2015 development debate." A Policy Brief. Geneva: International Labor Office.

Watkins, W. P. 1986. *Cooperative Principles, Today and Tomorrow.* Manchester: Holyoake
Books.

Wilson, J., Webster, A. and Vorberg-Rugh, R. 2013. "The Co-operative Movement in Britain:
From Crisis to "Renaissance," 1950–2010." *Enterprise & Society,* 14(2).

Woodin, T. and Shaw, L. 2019. *Learning for a Co-operative World: Education, social change
and the Co-operative College.* London: The University College London Institute of
Education Press.

World Bank. 2015. "Inequality, Uprisings, and Conflict in the Arab World." MENA Economic
Monitor. Available from:
https://openknowledge.worldbank.org/server/api/core/bitstreams/2de332d4-1ed9-5ff1-b

0a1-c17130bc59af/content [accessed 23 May 2020].

World Bank. 2016. "Remittances to Developing Countries Edge Up Slightly in 2015." Press Release. 13 April.

World Bank. 2019. *The Changing Nature of Work: World Development Report.* Washington DC: World Bank.

World Bank. 2021. "Small and Medium Enterprises(SMEs) Finance" [online]. Available from: https://www.worldbank.org/en/topic/smefinance [accessed 29 July 2021].

World Bank. 2022a. "Worldwide Governance Indicators" [online]. Available from: https://info.worldbank.org/governance/wgi/ [accessed 24 May 2022].

World Bank. 2022b. "Worldwide Governance Indicators: Time Series Comparison" [online]. Available from: http://info.worldbank.org/governance/wgi/Home/Reports [accessed 12 March 2022].

World Health Organization(WHO). 2017. "10 facts on ageing and health" [online]. 1 May. Available from: https://www.who.int/news-room/fact-sheets/detail/10-facts-on-ageing-and-health [accessed 26 October 2021].

Wulfgramm, M. and Fervers, L. 2015. "Unemployment and Subsequent Employment Stability: Does Labor Market Policy Matters?" *Socio-Economic Review*, 13(4), pp.791~812.

Yunus, M. 2003. *Banker to the Poor.* New York: Public Affairs.

Zamagni, V. 2012. "A World of Variations: Sectors and Forms." Battilani, P. and Schröter, H. G.(eds.). *The Cooperative Business Movement, 1950 to the Present.* New York: Cambridge University Press.

Zenzeleni. 2021. "Our Journey" [online]. Available from: https://zenzeleni.net/our-journey/ [accessed 8 December 2021].

고 재 명

고려대학교 영문학과를 졸업하고 영국 에든버러대학교에서 법학박사 학위를 취득했다. 1998년 제32회 외무고시에 합격하여 외교관으로 활동하고 있다. 외교부 Post-2015 개발의제팀장, 기획재정부 개발협력과장을 역임했으며, 유엔 지속가능발전목표(SDG) 수립 과정에서 유엔고위급패널 자문관 활동 및 정부 간 협상에 참여했다.

또한 아프가니스탄, 이집트, 필리핀, 케냐 대사관 근무를 통해 개발협력 분야에서 현장 경험을 쌓아왔으며, 유엔기후변화협약 사무국이 소재한 주독일대사관 본 분관에서 기후변화 업무를 담당하면서 개발협력과 기후변화 연계 분야도 심도 있게 다루었다. 한국인 최초로 OECD 개발원조위원회(DAC) 부의장(2019~2021)으로 활동했고, OECD 지속가능한 발전 민간재원 전문가 작업반(PF4SD) 공동의장(2020~2021)으로도 활동했다.

개도국에 저탄소 인프라 재원을 조달하는 방안을 다룬 책 *Green Infrastructure Financing: Institutional Investors, PPPs and Bankable Projects*(Palgrave Macmillan, 2018), 반부패에 관한 책 *Suppressing Terrorist Financing and Money Laundering*(Springer, 2006)을 저술하는 등 개발협력 분야에서 현장의 문제의식을 토대로 이론적 해법을 모색하기 위해 노력하고 있다.

이 책의 영문판인 *Cooperative Firms and the Sustainable Development Goals*는 2023년 영국 루틀리지출판사에서 출간된 바 있다.

한울아카데미 2482

협동조합으로 지역경제 살리기
고령화와 자동화 시대의 해법

ⓒ 고재명, 2023

지은이 고재명
펴낸이 김종수
펴낸곳 한울엠플러스(주)
편집 신순남

초판 1쇄 인쇄 2023년 10월 15일
초판 1쇄 발행 2023년 10월 30일

주소 10881 경기도 파주시 광인사길 153 한울시소빌딩 3층
전화 031-955-0655
팩스 031-955-0656
홈페이지 www.hanulmplus.kr
등록번호 제406-2015-000143호

Printed in Korea.
ISBN 978-89-460-7483-5 93330(양장)
      978-89-460-8278-6 93330(무선)

※ 책값은 겉표지에 표시되어 있습니다.
※ 무선제본 책을 교재로 사용하시려면 본사로 연락해 주시기 바랍니다.